今注本二十四史

宋書

梁　沈約　撰

朱紹侯　主持校注

中國社會科學出版社

八　　志〔七〕傳〔一〕

宋書　卷三八

志第二十八

州郡四

益州　寧州　廣州　交州　越州

益州刺史，[1]漢武帝分梁州立，所治別見梁州，[2]領郡二十九，縣一百二十八。[3]户五萬三千一百四十一，口二十四萬八千二百九十三。去京都水九千九百七十。[4]

[1]益州：治成都縣，今四川成都市。

[2]漢武帝分梁州立，所治別見梁州：關於東晋南朝益州沿革，《晋書·地理志上》云："惠帝之後，李特僭號於蜀，稱漢，益州郡縣皆没於特……是時益州郡縣雖没李氏，江左並遥置之。"據《通鑑》卷八五至八九、卷九四等考之，惠帝太安二年（303），李特陷成都，永興元年（304）益州刺史羅尚移屯巴郡；永嘉四年（310），羅尚卒於巴郡，詔以長沙太守下邳皮素代之；尋爲羅尚子宇所殺，建平都尉暴重又殺宇，巴郡亂；三府官屬表巴東監軍南陽韓松爲益州刺史，治巴東；此後益州刺史即寄理巴東；東晋成帝咸

和五年（330），巴東亦入成漢。按：巴郡、巴東郡，《晉書·地理志上》梁州屬郡，以益州刺史治於梁州屬郡，當屬僑置。胡孔福《南北朝僑置州郡考》卷一亦云：“永安後寄理梁州之巴郡，後又移治巴東，所謂置益州刺史於巴東是也。”永和三年（347），桓溫滅成漢，其地復爲晉有，至是益州刺史始還治成都。其後東晉之世，益州又先後爲范賁、苻堅、譙縱割據和占有。義熙平譙縱後，益州入宋版圖，此後即多爲南朝所有。及梁末，承聖二年（553），西魏平蜀，陳乃西守三峽而已。又東晉南朝時之益州形勢，《南齊書·州郡志下》“益州”條云：“益州，鎮成都，起魏景元四年所治也……方面疆鎮，塗出萬里，晉世以處武臣。宋世亦以險遠，諸王不牧……州土壤富，西方之一都焉。”

　　[3]領郡二十九，縣一百二十八：數之，實領二十九郡，一百二十一縣。

　　[4]去京都水九千九百七十：何德章《六朝建康的水陸交通——讀〈宋書·州郡志〉札記之二》（《魏晉南北朝隋唐史資料》第十五輯，武漢大學出版社1997年版）略云：此記建康與成都之間水程爲九千九百七十里，當以“外水”入蜀水程爲准。六朝從建康至成都水路，可由長江上溯到今重慶市轉嘉陵江，在宕渠（今重慶合川市）溯內江（即涪江）至巴西郡（今四川綿陽市）取陸路，或從重慶沿長江上溯至今四川瀘州市，轉溯中江（今沱江）而至牛鞞（今四川簡陽市）上岸陸行，亦可從長江再上溯至犍爲（今四川宜賓市），轉溯岷江直達。但峽江溯流，百丈牽引，非憑風信，建康至成都，行程萬里，周年不達。因而北方政權稍一强盛，進圖蜀地，建康政權鞭長莫及，可輕易得手。正因爲溯水艱難，處理政治經濟中的緊迫問題，陸路則是一種可能的選擇。從建康入蜀陸路快於水路，而要攜帶沉重的行李，則水路雖慢而爲便。

　　蜀郡太守，[1]秦立。晉武帝太康中，改曰成都國，後復舊。[2]領縣五。户一萬一千九百二，口六萬八百七十六。

[1]蜀郡：治成都縣，今四川成都市。

[2]晋武帝太康中，改曰成都國，後復舊：《晋書》卷三《武帝紀》：太康十年，"立皇子乂爲長沙王，穎爲成都王"。是太康十年（289）改蜀郡爲成都國。又成都王司馬穎及二子被害於光熙元年（306），成都王國因無人繼嗣而廢，所謂"後復舊"是也。

成都令，[1]漢舊縣。

郫令，[2]漢舊縣。

繁縣令，[3]漢舊縣。

鞞縣令，[4]二漢、《晋太康地志》並曰牛鞞，屬犍爲，何志晋穆帝度此。

永昌令，[5]孝建二年，以僑户立。

[1]成都：縣名。治今四川成都市。

[2]郫縣：治今四川郫縣。

[3]繁縣：治今四川成都市新都區新繁鎮。

[4]鞞縣：治今四川簡陽市西。

[5]永昌：縣名。確址無考，當在今四川成都市境。

廣漢太守，[1]漢高帝六年立。[2]《晋太康地志》屬梁州。領縣六。户四千五百八十六，口二萬七千一百四十九。去州陸六百。去京都水九千九百。

[1]廣漢：郡名。治雒縣，今四川廣漢市北。

　　[2]漢高帝六年立：《漢書·地理志上》廣漢郡云高帝置，但不明其始置年。《華陽國志·蜀志》：“高祖六年，分置廣漢郡。”

　　　　雒縣令，[1]漢舊縣。
　　　　什邡令，漢舊縣。[2]
　　　　郪縣令，[3]漢舊縣。
　　　　新都令，[4]漢舊縣，晋武帝爲王國，太康六年省爲縣，屬廣漢。[5]
　　　　陽泉令，[6]蜀分綿竹立。
　　　　伍城令，[7]晋武帝咸寧四年立，太康六年省，七年又立。何志劉氏立。[8]

　　[1]雒縣：治今四川廣漢市北。
　　[2]什邡令，漢舊縣：《漢書·地理志上》廣漢郡領汁方，顔師古注引應劭曰：“汁音十。”又《續漢書·郡國志五》益州廣漢郡領什邡。什邡，縣名。治今四川什邡市。
　　[3]郪縣：治今四川中江縣東南。
　　[4]新都：縣名。治今四川成都市新都區西。
　　[5]“晋武帝爲王國”至“屬廣漢”：方愷《新校晋書地理志》云：“又諸王傳有新都王，太康四年薨，則此當作國。”吳翊寅案云：“《武帝紀》，咸寧三年立皇子該爲新都王，太康四年新都王該薨。《武十三王傳》亦云太康四年薨，無子國除。本志（按：謂《晋書·地理志》）新都郡，泰始二年置。是始立爲郡，繼爲國，後省爲縣。惟咸寧三年前當稱郡耳。《州郡志》云太康六年省爲縣，豈國除之後復改爲郡，至六年始省并廣漢耶？或沈志誤也。”又參證其他地志，可知新都郡乃泰始二年（266）分廣漢郡置，咸寧三年（277）改置爲新都國，太康四年（283）國除，復爲新都郡，

太康六年省爲縣，屬廣漢。然則此條所述沿革不全。

　　[6]陽泉：縣名。治今四川德陽市西北。

　　[7]伍城：縣名。治今四川中江縣東南。

　　[8]何志劉氏立：成孺、孫彪所見本無"志"字。成孺《宋州郡志校勘記》云："據志例，'何'下當有'志'字，或'云'字。"又孫彪《考論》卷二："殿本'何'下有'志'字。"又張元濟《校勘記》曰：殿本、汲本作"何志劉氏立"，宋本、北本作"何劉氏立"，"殿本疑是"。按：《元和郡縣圖志》卷三三"劍南道梓州玄武縣"條："本先主所立五城縣也，屬廣漢郡。"又《華陽國志·蜀志》："漢時置五倉，發五縣民，尉部主之，後因以爲縣。"又《晉書·地理志上》廣漢郡領五城縣。"何志劉氏立"是，又本作五城。後省，晉咸寧四年復立。

　　巴西太守，[1]譙周《巴記》，建安六年，劉璋分巴郡墊江以上爲巴西郡。[2]徐志本南陽冠軍流民，寓入蜀漢，晉武帝立。非也。本屬梁州，文帝元嘉十六年度。何志梁、益二州無此郡。領縣九。戶四千九百五十四，口三萬三千三百四十六。

　　[1]巴西：郡名。僑治梓潼郡涪縣，今四川綿陽市東。按：此巴西郡之爲僑郡，考《晉書》卷八《穆帝紀》：永和三年（347）"十二月，振威護軍蕭敬文害征虜將軍楊謙，攻涪城，陷之。遂取巴西，通於漢中……（八年）八月，平西將軍周撫討蕭敬文於涪城，斬之"；又《隋書·地理志上》"金山郡巴西"條："舊曰涪，置巴西郡。西魏改縣曰巴西，開皇初郡廢。"是巴西郡僑涪城，立於東晉。又按：巴西郡寄治涪城，而涪城爲梓潼郡治，則巴西、梓潼二郡同治。《晉書·地理志》巴西、梓潼二郡相鄰，以一郡之地全寄鄰郡，殊可注意者。又據史傳之文，多以一人帶此二郡太守，

即所謂巴西梓潼雙頭郡也。如吳應壽《東晉南朝的雙頭州郡》（《歷史地理研究》第一輯，復旦大學出版社 1986 年版）云：東晉南朝的雙頭州郡可大別爲三類，其一即僑州郡寄治實土州郡。此類雙頭州郡，出現最早，如巴西梓潼二郡。巴西梓潼二郡，《晉書·地理志》屬梁州，本書《州郡志》及《南齊書·州郡志》屬益州，均不言"帖治"，當有脱漏。考巴西郡，東漢末劉璋改巴郡置，治閬中，東晉時僑治梓潼郡的涪縣。僑治的確切時間無考，當在晉穆帝永和三年（347）以前。西晉永嘉後梓潼郡遷治涪縣，永和三年巴西郡亦已治涪縣。又胡阿祥《六朝疆域與政區研究》（西安地圖出版社 2001 年版）第八章：東晉最早出現的可考雙頭郡，推巴西梓潼二郡，穆帝永和三年前即已設置。巴西郡寄治實土梓潼郡，自晉迄梁恒置一太守，合爲巴西梓潼二郡。

　　[2]"譙周《巴記》"至"爲巴西郡"：此段沿革文字當移置本書《州郡志三》"梁州刺史北巴西太守"條下，詳該條注釋。又據李曉傑《東漢政區地理》（山東教育出版社 1999 年版）第九章第二節的考證，建安六年（201），劉璋改巴郡爲巴西郡，而非分巴郡爲巴西郡，詳本書《州郡志三》"荆州刺史巴東公相"條注釋。

　　閬中令，[1]漢舊縣，屬巴郡。

　　西充國令，[2]《漢書·地理志》，巴郡有充國縣。《續漢·郡國志》，和帝永元二年，分閬中立充國縣。二志不同。[3]《晉太康地志》有西、南二充國，屬巴西。

　　南充國令，[4]譙周《巴記》，初平四年，[5]分充國爲南充國。

　　安漢令，[6]舊縣，[7]屬巴郡。

　　漢昌令，[8]和帝永元中立。

晋興令，^[9]徐志不注置立。^[10]

平州令，^[11]晋武帝太康元年，以野民歸化立。

懷歸令，^[12]徐志不注置立。

益昌令，^[13]徐志不注置立。

[1]閬中：縣名。僑治今四川綿陽市境。

[2]西充國：縣名。僑治今四川安縣南。

[3]二志不同：所謂“二志不同”者，其實二志皆不誤。唯《續漢書·郡國志五》益州巴郡充國“永元二年分閬中置”以作“永元二年分閬中復置”爲妥。錢大昕《三史拾遺》卷五云：“《前志》本有充國縣。此疑誤。”又王先謙《後漢書集解》：“前漢縣，後漢初省入閬中，和帝復置，見《一統志》。”

[4]南充國：縣名。僑治今四川綿陽市境。

[5]譙周《巴記》，初平四年：“初平四年”各本並作“初平六年”。成孺《宋州郡志校勘記》：“六年，《續志》巴郡充國注引《巴記》作四年。”中華本校勘記云：“據《續漢書·郡國志》劉昭注引《巴記》改。按初平有四年，無六年。”

[6]安漢：縣名。僑治今四川綿陽市境。

[7]舊縣：《宋州郡志校勘記》：“《兩漢志》巴郡並有安漢縣，‘舊’上當是脫‘漢’字。”中華本校勘記引《宋州郡志校勘記》出校。

[8]漢昌：縣名。僑治今四川江油市南。

[9]晋興：縣名。僑治今四川安縣東北。

[10]徐志不注置立：《晋書·地理志上》“梁州”條：桓溫平蜀後，“又置益昌、晋興二縣，屬巴西郡”。

[11]平州：縣名。僑治今四川綿陽市境。

[12]懷歸：縣名。僑治今四川中江縣西北。

[13]益昌：縣名。僑治今四川安縣東南。參上“晋興令”條

注釋。

　　梓潼太守，[1]《晋太康地志》劉氏分廣漢立。[2]本屬梁州，文帝元嘉十六年，度益州。《永初郡國》又有漢德、新興，徐同。徐云，新興，義熙九年立；漢德，舊縣。案二漢並無漢德縣，《晋太康地志》、王隱並有，疑是劉氏所立。[3]何益、梁二州無此郡。[4]領縣四。户三千三十四，口二萬一千九百七十六。

　　[1]梓潼：郡名。治涪縣，今四川綿陽市東。
　　[2]《晋太康地志》劉氏分廣漢立：《晋書·地理志上》“梁州”條云劉備據蜀時分廣漢郡置梓潼郡。又《續漢書·郡國志五》“廣漢郡梓潼”條劉昭注：“建安二十二年，劉備以爲郡。”《水經注》卷三二《梓潼水》：“劉備嘉霍峻守葭萌之功，又分廣漢以北，别爲梓潼郡，以峻爲守。”按霍峻事及劉備置梓潼郡，《三國志》卷四一《霍峻傳》有記載。
　　[3]疑是劉氏所立：《晋書·地理志上》“梁州”條云劉備據蜀時分廣漢郡置梓潼郡，又立漢德縣。漢德，縣名。治今四川劍閣縣東北。
　　[4]何益、梁二州無此郡：張元濟《校勘記》曰：宋本、殿本同，“何”後“當有志字”。

　　　　涪令，[1]漢舊縣，屬廣漢。
　　　　梓潼令，[2]漢舊縣，屬廣漢。
　　　　西浦令，[3]徐志義熙九年立。
　　　　萬安令，[4]徐志舊縣。二漢、晋並無。[5]

[1]涪：縣名。治今四川綿陽市東。

[2]梓潼：縣名。治今四川梓潼縣。

[3]西浦：縣名。治今四川安縣南。

[4]萬安：縣名。治今四川羅江縣西。

[5]二漢、晋並無：《太平寰宇記》卷八三“劍南東道綿州羅江縣”條：“本涪縣地。晋於梓潼水尾萬安故城置萬安縣，晋末亂，移就潺亭。”

巴郡太守，[1]秦立。領縣四。户三千七百三十四，口一萬三千一百八十三。去州内水一千八百，陸五百，外水二千二百。[2]去京都水六千。

[1]巴郡：治江州縣，今重慶市。

[2]去州内水一千八百，陸五百，外水二千二百：中華本校勘記云：“張森楷《校勘記》云：‘案今重慶至成都，即《宋志》巴郡至益州也。實有一千零二十里。即由合州小路，亦有八百餘里。此云陸五百，疑有誤。’”按：此“内水”指今涪江及嘉陵江一路，“外水”指今四川成都市府河及岷江一路。

江州令，[1]漢舊縣。

臨江令，[2]漢舊縣。

墊江令，[3]漢舊縣，獻帝建安六年度巴西，劉禪建興十五年復舊。

枳令，[4]漢舊縣。

[1]江州：縣名。治今重慶市。

[2]臨江：縣名。治今重慶市忠縣。

[3]墊江：縣名。治今重慶合川市。

[4]枳：縣名。治今重慶市涪陵區東北長江南岸、烏江東岸。

遂寧太守，[1]《永初郡國》有，何無，徐云舊立。[2]領縣四。户三千三百二十。

[1]遂寧：郡名。治巴興縣，今四川蓬溪縣西南。

[2]《永初郡國》有，何無，徐云舊立：《晉書·地理志上》“梁州”條：“及桓温平蜀之後……於德陽界東南置遂寧郡。”又《元和郡縣圖志》卷三三“劍南道遂州”條：“後分廣漢爲德陽縣，東晉分置遂寧郡。”又《太平寰宇記》卷八七“劍南東道遂州”條：“後分廣漢縣，于此置德陽縣，東晉分置遂寧郡，屬益州……其地多獠，官長力弱，不相威攝。宋泰始五年，刺史劉亮表分遂寧爲東西二郡。”

巴興令，[1]徐志不注置立，疑是李氏所立。[2]

德陽令，[3]前漢無，後漢、《晉太康地志》屬廣漢。

廣漢令，[4]漢舊縣，屬廣漢。寧蜀郡復有此縣，未知孰是。[5]

晉興令，[6]徐志不注置立。[7]

[1]巴興：縣名。治今四川蓬溪縣西南。

[2]疑是李氏所立：《太平寰宇記》卷八七“劍南東道遂州長江縣”條：“本東晉巴興縣，穆帝永和十一年置，屬遂寧郡。”此作“疑是李氏所立”者，蓋誤。按：李氏成漢政權，起304年，止347年，347年即東晉穆帝永和三年，是年，桓温平蜀，滅成漢。

巴興縣當立於東晋。

[3]德陽：縣名。治今四川遂寧市東南龍鳳場鄉。

[4]廣漢：縣名。治今四川射洪縣南。

[5]寧蜀郡復有此縣，未知孰是：寧蜀郡廣漢縣爲僑置，詳下"寧蜀太守廣漢令"條注釋。

[6]晋興：縣名。治今重慶潼南縣北。

[7]徐志不注置立：《元和郡縣圖志》卷三三"劍南道遂州青石縣"條："本晋之晋興縣也，本屬巴郡，既置遂寧，乃割屬焉。"又《太平寰宇記》卷八七"劍南東道遂州青石縣"條："亦廣漢之地。東晋孝武帝于此立爲晋興縣，宋因之。"

江陽太守，[1]劉璋分犍爲立。[2]中失本土，寄治武陽。[3]領縣四。户一千五百二十五，口八千二十七。

[1]江陽：郡名。治江陽縣，今四川彭山縣東南。

[2]劉璋分犍爲立：據《華陽國志·蜀志》、《水經注》卷三三《江水》，東漢建安十八年（213）劉璋分犍爲郡置江陽郡。又任乃强《華陽國志校補圖注》（上海古籍出版社1987年版）以爲"建安十八年"當作"建安八年"，"十"乃衍文。

[3]中失本土，寄治武陽：本志"益州刺史東江陽太守"條："何志晋安帝初，流寓入蜀，今新復舊土爲郡。"領漢安、綿水二縣。又《舊唐書·地理志四》"劍南道眉州彭山"條："晋於（犍爲）郡置西江陽郡。"據此，江陽郡没於夷獠，乃寄治武陽；後江陽郡復，置東江陽郡，非僑郡，而江陽僑郡俗又加"西"字耳（洪亮吉《東晋疆域志》卷三江陽郡及領縣列入益州所領實郡縣中，不妥）。

江陽令，[1]漢舊縣，屬犍爲。

縣水令。[2]別見。

漢安令。[3]別見。

常安令,[4]晋孝武立。

[1]江陽:縣名。僑治今四川彭山縣東南。

[2]縣水:縣名。僑治今四川彭山縣南。

[3]漢安:縣名。確址無考,當僑在今四川彭山縣一帶。

[4]常安:縣名。確址無考,當僑在今四川彭山縣、眉山市一帶。

懷寧太守,[1]秦、雍流民,晋安帝立。本屬南秦,文帝元嘉十六年度益州。領縣三。户一千三百一十五,口五千九百五十。寄治成都。[2]

[1]懷寧:郡名。僑治成都縣,今四川成都市。

[2]寄治成都:《隋書·地理志上》“蜀郡成都”條:“舊置懷寧、晋熙、宋興、宋寧四郡,至後周並廢。”此郡蓋先寄在漢中,宋元嘉十六年(439)又移寄成都。按:懷寧郡名雖新創,然所統縣爲僑縣,郡亦因流民所在創立,且寄在他郡,非有實土,故認作僑郡。他皆仿此。

始平令。別見。[1]

西平令,[2]《永初郡國》直云西。何志故屬天水,名西縣。

萬年令,[3]漢舊名,屬馮翊。

[1]始平令。別見:“始平”各本並作“治平”。成孺《宋州郡

志校勘記》："治平令，據本注云'別見'，檢本志無治平令。'別見'者，考雍州始平郡、秦州始平郡、北扶風郡並有始平縣，疑'治'爲'始'字之訛。《南齊志》正作始平。"中華本校勘記引《宋州郡志校勘記》並云據《南齊書‧州郡志》改。始平，縣名。僑今四川成都市境。

[2]西平：縣名。僑治今四川成都市境。

[3]萬年：縣名。僑治今四川成都市境。

　　寧蜀太守，[1]《永初郡國》有而何無，徐云舊立。《永初郡國》及徐並有西墊江縣，今無。領縣四。[2]戶一千六百四十三。

　　[1]寧蜀：郡名。治廣都縣，今四川雙流縣。

　　[2]領縣四：寧蜀太守所領四縣，首縣爲廣漢，云："遂寧郡復有此縣。"又升遷縣下云："《晋太康地志》屬汶山。"西鄉縣卜云："本名南鄉，屬漢中，晋武太康三年更名。"據地望判斷，此三縣均爲僑縣，或即以其縣流人僑置，故皆仍舊名。唯廣都一縣爲實土："漢舊縣，屬蜀郡。"蓋置寧蜀郡後度屬。又據《隋書‧地理志上》蜀郡雙流"舊曰廣都，置寧蜀郡"云云，知寧蜀郡治於廣都實土縣。按：《太平寰宇記》稱："臧榮緒《晋書‧穆帝紀》：'永和八年，平西將軍周撫攻涪，八月戊午克之，斬蕭敬文，益州平，以蜀流人立寧蜀、晋昌二郡。'"而諸《志》於寧蜀郡無寄治之文。據本志寧蜀郡無水陸道里，又因流人而立，當爲僑郡。

　　廣漢令，[1]別見。遂寧郡復有此縣。
　　廣都令，[2]漢舊縣，屬蜀郡。
　　升遷令，[3]《晋太康地志》屬汶山。

西鄉令，[4]本名南鄉，屬漢中，晋武太康三年更名。

[1]廣漢：縣名。僑治今四川雙流縣境。
[2]廣都：縣名。治今四川雙流縣。
[3]升遷：縣名。僑治今四川雙流縣境。
[4]西鄉：縣名。僑治今四川成都市境。

越巂太守，[1]漢武帝元鼎六年立，故邛都國。何志無。領縣八。户一千三百四十九。

[1]越巂：郡名。治邛都縣，今四川西昌市東南。

邛都令，[1]漢舊縣。
新興令，[2]《永初郡國》有。
臺登長，[3]漢舊縣。
晋興長，[4]《永初郡國》有。
會無長，[5]漢舊縣。
卑水長，[6]漢舊縣。
定莋長，[7]漢舊縣。
蘇利長，漢縣曰蘇示，□曰蘇利。[8]

[1]邛都：縣名。治今四川西昌市東南。
[2]新興：縣名。治今四川甘洛縣東北。
[3]臺登：縣名。治今四川冕寧縣南瀘沽鎮。
[4]晋興：縣名。治今四川西昌市北。
[5]會無：縣名。治今四川會理縣西北。

[6]卑水：縣名。治今四川昭覺縣東北。

[7]定莋：縣名。治今四川鹽源縣。

[8]蘇利長，漢縣曰蘇示，□曰蘇利：殿本《宋書》考證：
"諸本示下俱闕一字，疑是宋字。"孫彪《考論》卷二："按示音
祇，後乃作祁，遂誤爲利。《考證》云，闕處疑是宋字。按此當是
蜀字或晋字，必非宋也。"又張元濟《校勘記》曰：宋本、三本作
"蘇禾"，殿本、北本、汲本作"蘇示"，"見《考證》"。按：《三
國志》卷四三《蜀書·張嶷傳》："蘇祁邑君冬逢、逢弟隗渠等，
已降復反。（越嶲太守張）嶷誅逢。"又洪亮吉《東晋疆域志》卷
三益州越嶲郡領縣作"蘇祁"。據此，"利"或爲"祁"之誤，志
文以作"蘇祁長，漢縣曰蘇示，蜀曰蘇祁"爲妥。蘇利，縣名。治
今四川西昌市西北禮州鎮。

汶山太守，[1]《晋太康地志》漢武帝立，孝宣地節
三年合蜀郡，劉氏又立。[2]領縣二。戶一千一百七，口
六千一百五。去州陸一百。去京都水一萬。

[1]汶山：郡名。治都安，今四川都江堰市東。

[2]"《晋太康地志》漢武帝立"至"劉氏又立"：《漢書》卷
六《武帝紀》：元鼎六年（前111），"定西南夷，以爲武都、牂柯、
越嶲、沈黎、文山郡"；又《史記》卷一一六《西南夷列傳》："南
越破後，及漢誅且蘭、邛君，並殺筰侯，冉駹皆振恐，諸臣置吏。
乃以邛都爲越嶲郡，筰都爲沈犁郡，冉駹爲汶山郡，廣漢西白馬爲
武都郡。"又《漢書》卷八《宣帝紀》：地節三年"省文山郡，併
蜀"。按：汶山郡本來即是由蜀郡分出，省後復併於蜀。又《後漢
書》卷八六《西南夷傳》："靈帝時，復分蜀郡北部爲汶山郡。"及
建安年間，汶山郡再併入蜀郡，建安末又爲汶山郡。《三國志》卷
三九《蜀書·陳震傳》："蜀既定，爲蜀郡北部都尉，因易郡名，

爲汶山太守。"按：劉備得蜀在建安十九年（214），故知在該年之後復置汶山郡。又關於汶山郡領縣與置廢頻繁的原因，詳李曉傑《東漢政區地理》第九章第四節。

都安侯相，[1]蜀立。
晏官令，[2]何志魏平蜀立。《晋太康地志》無。

[1]都安：國名。治今四川都江堰市東。
[2]晏官：縣名。治今四川都江堰市東南。

南陰平太守，[1]陰平郡別見。永嘉流寓來屬，寄治萇陽。[2]領縣二。户一千二百四十，口七千五百九十七。

[1]南陰平：郡名。僑治今四川德陽市西北。
[2]永嘉流寓來屬，寄治萇陽：丁福林《校議》云："據《晋書·地理志上》：'桓温滅蜀……省漢原、沈黎而立南陰平、晋原、寧蜀、始寧四郡焉。'則南陰平等四郡之立在晋穆帝時。"又《晋書·地理志上》"梁州"條："尋而梁州郡縣没于李特，永嘉中又分屬楊茂搜，其晋人流寓於梁益者，仍於二州立南北二陰平郡。"據此，梁、益二州各有南、北二陰平郡，是陰平僑郡有四。此爲益州南陰平郡。

陰平令。[1]別見。
緜竹令，[2]漢舊縣，屬廣漢。

[1]陰平：縣名。僑治今四川德陽市西北。
[2]緜竹：縣名。治今四川德陽市北。按：洪亮吉《東晋疆域

志》卷四益州南陰平郡領縣竹僑縣。考縣竹，漢屬廣漢，《晋書·地理志》屬梁州新都郡，非僑縣。

犍爲太守，[1]漢武帝建元六年，開夜郎國立。[2]領縣五。戶一千三百九十，口四千五十七。去州陸九十。去京都水一萬。

[1]犍爲：郡名。治武陽縣，今四川彭山縣東。

[2]漢武帝建元六年，開夜郎國立：據《史記》卷一一六《西南夷列傳》，建元六年（211），漢武帝派唐蒙出使南夷，勸喻巴郡以南的夜郎國及附近小邑歸順漢朝，因之置犍爲郡。犍爲郡地乃合廣漢郡南部及新開的部分南夷地而成。

武陽令，[1]漢舊縣。
南安令，[2]漢舊縣。
資中令，[3]漢舊縣。
僰道令，[4]漢舊縣。
冶官令，[5]晋安帝義熙十年立。

[1]武陽：縣名。治今四川彭山縣東。

[2]南安：縣名。治今四川樂山市。

[3]資中：縣名。治今四川資陽市。

[4]僰道：縣名。治今四川宜賓縣西南安邊鎮。

[5]冶官令：成孺《宋州郡志校勘記》：“冶，毛誤治。今據《南齊志》正。《漢志》犍爲郡武陽、南安並有鐵官，故以‘冶官’名縣。”冶官，縣名。治今四川榮縣西北。

始康太守，[1]關隴流民，晋安帝立。領縣四。户一千六十三，口四千二百二十六。寄治成都。

[1]始康：郡名。僑治成都縣，今四川成都市。

始康令，[1]晋安帝立。
新城子相，[2]晋安帝立。
談令，[3]晋安帝立。
晋豐令，[4]晋安帝立。

[1]始康：縣名。僑今四川成都市。
[2]新城：國名。僑今四川成都市。
[3]談：縣名。僑今四川成都市。
[4]晋豐：縣名。僑今四川成都市。

晋熙太守，[1]秦州流民，晋安帝立。領縣二。户七百八十五，口三千九百二十五。

[1]晋熙：郡名。治今四川綿竹市。

晋熙令，[1]晋安帝立。
萇陽令，[2]晋安帝立。

[1]晋熙：縣名。治今四川綿竹市。
[2]萇陽：縣名。治今四川德陽市西北。

晋原太守，李雄分蜀郡爲漢原，晋穆帝更名。[1]領縣五。戶一千二百七十二，口四千九百六十。去州陸一百二十。去京都水一萬。

[1]"晋原太守"至"晋穆帝更名"：成孺《宋州郡志校勘記》："《南齊志》作'晋康郡'。疑李雄分蜀郡爲漢康，晋穆帝更名晋康。康、原形近，易致訛舛。本志東江陽太守漢安令引《晋太康地志》，'康'誤作'原'可證。"又楊守敬《校補宋書州郡志札記》："晋康太守，誤作晋原。"又《〈宋州郡志校勘記〉校補》楊守敬曰："成氏……據李雄之漢康晋穆帝更名晋康，疑晋原爲晋康之誤……至精確。"又胡阿祥《〈南齊書·州郡志〉札記》（《歷史地理》第十輯，上海人民出版社1992年版）"晋康郡"條謂：《南齊書·州郡志下》"益州領晋康郡。按'晋康'或是'晋原'之誤。《宋志》益州刺史晋原太守：'李雄分蜀郡爲漢原，晋穆帝更名，領縣五。'即江原、臨邛、晋樂、徙陽、漢嘉。《南齊志》益州領江原等五縣者，則晋康郡。考晋康，乃'晋穆帝永和七年（351）分蒼梧立，治元溪'，宋《永初郡國》治龍鄉，元嘉中徙治端溪（《宋志》廣州刺史晋康太守），《南齊志》治威城，屬廣州。可見晋康郡與益州邈不相涉。再檢諸史傳，未見益州晋原郡有改稱晋康郡的記載；諸地志如《隋書·地理志上》（蜀郡晋原'舊曰江原，及置江原郡，後周廢郡，縣改名焉'）、《元和郡縣圖志》（卷三一'劍南道蜀州晋原縣'條：'本漢江原縣，屬蜀郡。李雄時改爲江原，晋爲晋原。周立多融縣，又改爲晋原，屬益州。'）、《太平寰宇記》（'多融縣，後周改爲晋原縣，以縣界晋原山爲名'）等，記叙晋原沿革甚詳備，也都不載晋原曾改晋康，則《南齊志》益州'晋康郡'疑爲'晋原郡'之誤，'康''原'爲字形相似致訛。"《〈南齊書·州郡志〉札記》"晋康郡"條又謂：成孺、楊守敬"疑晋原爲晋康之誤，與本條所論晋康爲晋原之誤恰恰相反。按晋穆帝分廣州蒼梧郡立晋康郡，則不得於益州改漢原郡爲晋康郡以致重

名；且晋原郡或以境内晋原山得名，必不作晋康也”。晋原，郡名。治江原，今四川崇州市西北懷遠鎮。

　　　　江原男相，[1]漢舊縣，屬蜀郡。

　　　　臨邛令，[2]漢舊縣，屬蜀郡。

　　　　晋樂令，[3]何志故屬沈黎。《晋太康地志》無沈黎郡及晋樂縣。

　　　　徙陽令，[4]前漢徙縣屬蜀郡，後漢屬蜀郡屬國都尉。《晋太康地志》有徙陽縣，屬漢嘉。

　　　　漢嘉令，[5]前漢青衣縣屬蜀郡，順帝陽嘉二年更名。[6]劉氏立爲漢嘉郡，[7]晋江右猶爲郡，江左省爲縣。[8]

[1]江原：國名。治今四川崇州市西北懷遠鎮。

[2]臨邛：縣名。治今四川崇州市東南。

[3]晋樂：縣名。治今四川崇州市西北公議場。

[4]徙陽：縣名。治今四川天全縣東南。

[5]漢嘉：縣名。治今四川蘆山縣。

[6]前漢青衣縣屬蜀郡，順帝陽嘉二年更名：《續漢書·郡國志五》“益州蜀郡屬國領漢嘉”條云：“故青衣，陽嘉二年改。”又《水經注》卷三六《青衣水》：“青衣王子心慕漢制，上求内附。順帝陽嘉二年，改曰漢嘉，嘉得此良臣也。”

[7]劉氏立爲漢嘉郡：《後漢書》卷八六《西南夷傳》：“靈帝時，以蜀郡屬國爲漢嘉郡。”是漢靈帝時曾置漢嘉郡。又《晋書·地理志上》“益州”條：“蜀章武元年……以蜀郡屬國爲漢嘉郡。”是漢嘉郡置後又廢，改稱蜀郡屬國，及蜀漢章武元年復改漢嘉郡。

[8]晋江右猶爲郡，江左省爲縣：此“江右”“江左”者，謂

建都洛陽的西晉與建都建康的東晉。洛陽在西而建康在東，"西晉""東晉"之稱因此而來。又"江右""江左"本爲古地區名，古人在地理上以東爲左，以西爲右，站在江北立場，以今安徽蕪湖、江蘇南京間西南南、東北北流向的長江爲准，此以東爲江左，此以西爲江右。西晉都江右洛陽，東晉都江左建康，故此"江右""江左"遂成爲"西晉""東晉"的代稱。

宋寧太守，[1]文帝元嘉十年，免吳營僑立。[2]領縣三。户一千三十六，口八千三百四十二。寄治成都。

[1]宋寧：郡名。僑治成都縣，今四川成都市。

[2]文帝元嘉十年，免吳營僑立：本書卷五《文帝紀》亦云元嘉十年（433）秋七月，"於益州立宋寧、宋興二郡"。其具體情形，本書卷四五《劉道濟傳》有記載：元嘉九年，"蜀土僑舊，翕然並反。（益州刺史劉）道濟惶懼，乃免吳兵三十六營以爲平民，分立宋興、宋寧二郡，又招集商賈及免道俗奴僮，東西勝兵可有四千人"。又宋興郡，本志"益州刺史宋興太守"條："文帝元嘉十年，免建平營立。"關於"吳營""建平營"，高敏《南朝時期兵户制的逐步解體與募兵制的日益興起》（《魏晉南北朝兵制研究》，大象出版社1998年版）云："吳營"爲總稱，它同"建平營"合在一起，共爲"三十六營"。此"三十六營"，所領爲吳人之爲兵户者，而"營"爲管理兵户的基層機構名稱，兵户集中之地被稱爲"營"。兵户包括兵士本人及其家屬，他們同營居住。兵户不是僑民，其身份低於僑民。"免吳營""免建平營"，指免兵户以置縣，而兵户也由此成爲僑民。

欣平令，[1]與郡俱立。
宜昌令，[2]與郡俱立。

永安令，[3]與郡俱立。

[1]欣平：縣名。僑治今四川成都市境。
[2]宜昌：縣名。僑治今四川德陽市西北。
[3]永安：縣名。僑治今四川德陽市西北。

安固太守，[1]張氏於涼州立。晉哀帝時，民流入蜀，僑立此郡。本屬南秦，文帝元嘉十六年度益州。[2]領縣六。戶一千一百二十，口六千五百五十七。去州一百三十。去京都水一萬。

[1]安固：郡名。治今四川都江堰市、汶川、茂縣一帶。
[2]“張氏於涼州立”至“文帝元嘉十六年度益州”：孫彪《考論》卷二：“按《晉志》言，張茂分武鄉（按：‘鄉’爲‘興’之誤）、金城、西平、安故爲定州。安故，漢隴西屬縣，張氏建爲郡，固字蓋又晉僑蜀時所改也。志有去州去京都里數，知當日立實土，而今地志闕不見，以去州百三十言之，當即在成都府境也。”按：據《通鑑》卷九〇建武元年，有安故太守賈騫，胡三省注云：“《晉志》曰：張茂分武興、金城、西平、安故四郡爲定州。蓋張氏分金城、西平二郡地置安故郡也。按安故縣，二漢屬隴西郡……安故郡，蓋即漢之一縣置郡。”然則安固郡，或即安故郡之僑置邪？考張氏始則稱晉正朔，故東晉可僑立其所置郡縣，至十六國北朝之州郡縣，則東晉南朝例不僑立。安固郡疑僑在汶山，《南齊書》卷一《高帝紀》：“義熙中，蜀賊譙縱初平，皇考（蕭承之）遷揚武將軍，安固、汶山二郡太守。”又檢本書《州郡志三》“秦州刺史安固太守”條：“《永初郡國志》有安固郡，又有南安固郡，元嘉十六年度益州。”則安固郡先僑立漢中，後部分流民入蜀，晉哀帝時又分立南安固郡。

略陽令。[1]別見。

桓陵令,[2]張氏立。[3]

臨渭令,[4]《晉太康地志》屬略陽。

清水令。[5]別見。

下邽令,[6]何志漢舊縣。案二漢、晉並無此縣。[7]

興固令,[8]何志新立。

[1]略陽:縣名。治今四川都江堰市、汶川、茂縣一帶。

[2]桓陵:縣名。確址無考。當治今四川都江堰市、汶川、茂縣一帶。

[3]張氏立:謂僑置前的本縣爲前涼張氏立。

[4]臨渭:縣名。治今四川都江堰市、汶川、茂縣一帶。

[5]清水:縣名。治今四川都江堰市、汶川、茂縣一帶。

[6]下邽:縣名。確址無考。當治今四川都江堰市、汶川、茂縣一帶。

[7]何志漢舊縣。案二漢、晉並無此縣:孫彪《考論》卷二:"漢京兆有下邽。"按:《漢書·地理志上》京兆郡領有下邽縣。下邽縣不見於《續漢書·郡國志》,當是東漢初年省。及漢桓帝時,復置下邽縣,考《續漢書·郡國志一》京兆郡鄭劉昭注引《三輔黃圖》:"下邽縣並鄭,桓帝西巡復之。"又《三國志》卷一三《魏書·華歆傳》:"董卓遷天子長安,歆求出爲下邽令。"又《晉書·地理志上》雍州馮翊郡領有下邽縣。據此,"下邽令,何志漢舊縣"是,沈約之按語"二漢、晉並無此縣"疑誤。

[8]興固:縣名。確址無考。當治今四川都江堰市、汶川、茂縣一帶。

　　南漢中太守，[1]晉地記，孝武太元十五年，梁州刺史周瓊表立。徐志，北漢中民流寓，孝武大明三年立。《起居注》，本屬梁州，元嘉十六年度。《永初郡國》屬梁州，領縣與此同。以《永初郡國》及《起居》檢，則是太元所立，而何志無此郡，當是永初以後省，大明三年復立也。[2]領縣五。户一千八十四，口五千二百四十六。

　　[1]南漢中：郡名。確址無考，當僑治今四川德陽市與都江堰市、汶川縣、茂縣之間。

　　[2]“晉地記”至“大明三年復立也”：此條蓋合述梁州漢中郡與益州南漢中僑郡於一處。本書《州郡志三》梁州刺史漢中太守亦引“晉地記”云云，此其一證也。當以“徐志”爲是，即南漢中僑郡及所領僑縣皆大明三年所立。

　　　　南長樂令，[1]徐志與郡俱立。
　　　　南鄭令，[2]徐志與郡俱立。
　　　　南苞中令，[3]徐志與郡俱立。
　　　　南沔陽令，[4]徐志與郡俱立。
　　　　南城固令，[5]徐志與郡俱立。

　　[1]南長樂：縣名。確址無考，當僑治今四川德陽市與都江堰市、汶川縣、茂縣之間。

　　[2]南鄭：縣名。確址無考，當僑治今四川德陽市與都江堰市、汶川縣、茂縣之間。

　　[3]南苞中：縣名。確址無考，當僑治今四川德陽市、汶川縣、茂縣之間。

[4]南沔陽：縣名。確址無考，當僑治今四川德陽市與都江堰市、汶川縣、茂縣之間。

[5]南城固：縣名。確址無考，當僑治今四川德陽市與都江堰市、汶川縣、茂縣之間。

北陰平太守，[1]徐志本屬秦州，文帝元嘉二十六年度。《永初郡國》、何志，秦、梁、益並無。[2]領縣四。戶一千五十三，口六千七百六十四。

[1]北陰平：郡名。僑治陰平縣，今四川江油市東北。

[2]《永初郡國》、何志，秦、梁、益並無：《晉書·地理志上》"梁州"條："尋而梁州郡縣沒于李特，永嘉中又分屬楊茂搜，其晉人流寓於梁、益者，仍於二州立南、北二陰平郡。"據此，梁、益二州各有南、北二陰平郡，是陰平僑郡有四。此爲益州北陰平郡。又楊守敬《隋書地理志考證附補遺》云："按宋、齊《志》梁州、益州並有北陰平郡，此蓋益州之北陰平……《寰宇記》引《興地志》云：晉人流寓於蜀者，乃於益州立北陰平郡。是郡當立於東晉。"

　　　陰平令。[1]已見。
　　　南陽令，[2]徐志本南陽白民流寓立。[3]
　　　桓陵令，[4]徐志本安固郡民流寓立。
　　　順陽令，[5]徐志本南陽民流寓立。

[1]陰平：縣名。僑治今四川江油市東北。

[2]南陽：縣名。確址無考，當僑治今四川江油市一帶。

[3]徐志本南陽白民流寓立：成孺《宋州郡志校勘記》："《晉

志》荆州有南陽國，疑‘白’是‘國’字之訛。”按："白民"亦可作平民解，著白衣、無爵位的平民也。

[4]桓陵：縣名。確址無考，當僑治今四川江油市一帶。

[5]順陽：縣名。確址無考，當僑治今四川江油市一帶。

武都太守，[1]別見。《永初郡國》、何志益州並無此郡。徐志本屬秦州，流寓立。[2]領縣五。戶九百八十二，口四千四百一。

[1]武都：郡名。確址無考。當僑治武都縣，今四川劍閣縣一帶。

[2]流寓立：《元和郡縣圖志》卷三三"劍南道劍州武連縣"條："宋元嘉中，於縣南五里僑立武都郡下辨縣。"

武都令，[1]漢舊名。

下辯令。[2]別見。

漢陽令，漢舊名。[3]

略陽令，漢屬略陽郡，[4]流寓配。

安定令，舊安定郡，[5]流寓配。

[1]武都：縣名。確址無考。當僑治今四川劍閣縣一帶。

[2]下辯：縣名。僑治今四川劍閣縣西南武連鎮南。

[3]漢陽令，漢舊名：漢陽於漢時爲郡，此"漢陽令，漢舊名"疑誤。參本書《州郡志三》"秦州刺史略陽太守"條注釋。漢陽，縣名。確址無考。當僑治今四川劍閣縣一帶。

[4]略陽令，漢屬略陽郡：漢無略陽郡，此"漢屬略陽郡"誤。參本書《州郡志三》"秦州刺史略陽太守"條注釋及"略陽太

守略陽令"條志文。略陽，縣名。確址無考。當僑治今四川劍閣縣一帶。

[5]安定令，舊安定郡：安定郡，漢武帝元鼎三年（前114）置。《漢書·地理志》《續漢書·郡國志》《晉書·地理志》有。安定，縣名。確址無考。當僑治今四川劍閣縣一帶。

新城太守，[1]何志新分廣漢立。[2]領縣二。户七百五十三，口五千九百七十一。去州闕。去京都九千五百三十。

[1]新城：郡名。治北五城縣，今四川三台縣。

[2]何志新分廣漢立：《晉書·地理志下》荆州有新城郡，惠帝改屬梁州，與此郡當無涉。此郡有水陸道里，知其爲新立實郡。

北五城令，何志新分五城立。[1]
懷歸令，[2]何志新立。

[1]北五城令，何志新分五城立："五"或應作"伍"，詳本志"益州刺史廣漢太守伍城令"條注釋。北五城，縣名。治今四川三台縣。

[2]懷歸：縣名。治今四川中江縣西北。

南新巴太守，[1]新巴郡別見。《起居注》新巴民流寓，文帝元嘉十二年，於劍南立。[2]何志新立，新巴民先屬梁州，既立割配。領縣六。户一千七十，口二千六百八十三。

　　[1]南新巴：郡名。僑治劍南，確址無考。當在今四川劍閣縣以南一帶。

　　[2]文帝元嘉十二年，於劍南立：據本書《州郡志三》“梁州刺史新巴太守”條，新巴郡（實郡）爲晉安帝分巴西郡立，領新巴、晉城、晉安三縣，先又有新歸縣，並新立，治新巴；及宋元嘉中，於劍南僑置南新巴郡，領六縣，其新巴、晉城、晉安、漢昌、桓陵均爲僑縣。

　　　　新巴令，[1]何志晉安帝立。

　　　　晉城令，[2]何志晉安帝立。

　　　　晉安令，[3]何志晉安帝立。

　　　　漢昌令，何志晉安帝立。[4]

　　　　桓陵令，[5]何志晉哀帝立。按《起居注》，南新巴，[6]元嘉十二年立。何云新立，則非先有此郡，而云此諸縣晉哀帝、安帝立，不詳。[7]

　　　　綏歸令，[8]何無此。徐有，不注置立。

　　[1]新巴：縣名。僑治今四川劍閣縣以南一帶。

　　[2]晉城：縣名。僑治今四川劍閣縣以南一帶。

　　[3]晉安：縣名。僑治今四川劍閣縣以南一帶。

　　[4]漢昌令，何志晉安帝立：關於漢昌本縣，本書《州郡志三》“梁州刺史北巴西太守”條云：“梁州北巴西是晉末所立也。《永初郡國》領閬中、漢昌二縣。”是漢昌本屬北巴西，不屬新巴。又本書《州郡志三》“梁州刺史北巴西太守”條云：“文帝元嘉十二年，於劍南立北巴西郡，屬益州……尋省。”此“尋省”之北巴西郡爲僑郡，疑領有漢昌僑縣，及北巴西郡省，漢昌僑縣改屬南新巴郡。漢昌，縣名。確址無考。當僑治今四川劍閣縣以南一帶。

[5]桓陵：縣名。確址無考。當僑治今四川劍閣縣以南一帶。

[6]南新巴：成孺《宋書州郡志校勘記》：“巴，毛誤巳，從三本。”

[7]不詳：孫彪《考論》卷二：“據沈引《起居注》及何志，益州南新巴本梁州新巴民流寓割配，梁州新巴爲晋安帝分巴西立，其屬縣有新巴、晋城、晋安，與此益州南新巴同，何志即原梁州爲說，惟梁州無漢昌、桓陵，而漢昌故屬巴西，蓋安帝分巴西立郡後，復分有漢昌縣也。桓陵別見安固郡，張氏據凉州始立，至晋哀帝僑立於蜀，何云哀帝立者以此，然自屬安固，不屬新巴，又未明後有改屬之事，斯以來沈氏疑耳。”

[8]綏歸：縣名。確址無考，當在今四川劍閣縣以南一帶。

南晋壽太守，[1]梁州元有晋壽，文帝元嘉十二年，於劍南以僑流立。[2]領縣五。户一千五十七，口一千九百四十三。去州一百二十。去京都水一萬。

[1]南晋壽：郡名。僑治晋壽縣，今四川彭州市西北。

[2]文帝元嘉十二年，於劍南以僑流立：此郡蓋宋元嘉十年甄法護南城失守後僑立，同時僑立者，又有南新巴等郡。

晋壽令。[1]別見。

興安令。[2]別見。

興樂令，[3]二漢、魏無。《晋太康地記》云：“元年更名。本曰白馬，屬汶山。”何志，漢舊縣。檢二漢益部無白馬縣。[4]

邵歡令。[5]別見。

白馬令。[6]別見。

[1]晋壽：縣名。確址無考。當僑治今四川彭州市西北。

[2]興安：縣名。僑治今四川彭州市一帶。

[3]興樂：縣名。確址無考。當僑治今四川彭州市一帶。

[4]"本曰白馬"至"檢二漢益部無白馬縣"：孫彪《考論》卷二："按二漢，東郡有白馬縣，但非益部地耳。"又金兆豐《校補三國疆域志·蜀疆域志》（商務印書館1935年版）"汶山郡白馬"條："蓋因白馬嶺爲名。按白馬嶺與綿竹鹿頭關對峙，嶺至險陋，有小徑僅容車馬。本三國時營壘，蜀漢因以氏縣。"

[5]邵歡：縣名。確址無考。當僑治今四川彭州市一帶。

[6]白馬令：成孺《宋州郡志校勘記》："案梁州晋壽太守下云，益州南晋壽郡悉有此諸縣，彼領縣四：晋壽、白水、邵歡、興安，而南晋壽獨無白水，疑白馬即白水之訛。今本作白馬者，涉上文兩白馬而致誤耳。"又《〈宋州郡志校勘記〉校補》楊守敬曰：成氏疑白馬爲白水，"至精確"。又《考論》卷二："據梁州晋壽郡云，益州南晋壽悉有此諸縣，今對，唯白水作白馬爲異，蓋涉上文興樂、白馬而誤。《南齊書》此郡領縣有泉，泉即白水二字之誤。"又中華本校勘記云："成孺《宋書州郡志校勘記》云：'白馬疑白水之訛。《南齊志》梁州晋壽郡、益州南晋壽郡並有白水。今本作"白馬"者，涉上文兩白馬而致誤耳。'"白馬，縣名。當作白水縣，確址無考。當僑治今四川彭州市一帶。

宋興太守，[1]文帝元嘉十年，免建平營立。領南陵、建昌二縣。何志無復南陵，有南漢、建忠。徐無建忠，有永川。何云建忠新立。領縣三。戶四百九十六，口一千九百四十三。寄治成都。

[1]宋興：郡名。僑治成都縣，今四川成都市。宋興郡僑置之

具體情形，參見本志“益州刺史宋寧太守”條注釋。

南漢令，[1]何志晋穆帝立。故屬漢中，流寓
來配。[2]

建昌令，[3]何志新立。[4]

永川令，[5]徐志新立。

[1]南漢：縣名。僑治今四川成都市境。

[2]故屬漢中，流寓來配：洪亮吉《東晉疆域志》卷四梁州南
漢中郡領南漢一縣。按：南漢立時，爲梁州漢中實郡領縣，非南漢
中僑郡屬縣至明也。

[3]建昌：縣名。僑治今四川成都市境。

[4]何志新立：各本並脱“志”字。成孺《宋州郡志校勘記》：
“據志例，何下當有志字。”中華本校勘記云：“據成校補。”

[5]永川：縣名。僑治今四川成都市境。

南宕渠太守，[1]徐志本南中民，蜀立。[2]《起居
注》，本屬梁州，元嘉十六年度。[3]《永初郡國》梁州
有宕渠郡，領縣三，與此同，而無“南”字。何同。若
此郡元嘉十六年度益，則何志應在益部，不詳。領縣
三。户五百四，口三千一百二十七。

[1]南宕渠：郡名。治宕渠縣，今四川渠縣東北。

[2]蜀立：《晉書·地理志上》“梁州”條：“劉備據蜀……割
巴郡之宕渠、宣漢、漢昌三縣置宕渠郡，尋省，以縣並屬巴西
郡……惠帝復分巴西置宕渠郡，統宕渠、漢昌、宣漢三縣。”又李
曉傑《東漢政區地理》第九章第二節據《太平寰宇記》《輿地紀

《勝》等以爲宕渠郡析置於東漢建安二十三年（218）。

[3]《起居注》，本屬梁州，元嘉十六年度：本書《州郡志三》"梁州刺史"條："《永初郡國》又有宕渠郡、北宕渠郡。《宋起居注》，元嘉十六年（439），割梁州宕渠郡度益州。今益部宕渠郡曰南宕渠。"又本書《州郡志三》"梁州刺史南宕渠太守"條："《永初郡國》有宕渠郡，領宕渠、漢興、宣漢三縣，屬梁州，元嘉十六年，度屬益州。"

宕渠令，二漢、《晋太康地志》屬巴郡。[1]

漢興令，二漢、魏無，晋地志有，屬興古郡。[2]

宣漢令，前漢無，後漢屬巴郡，《晋太康地志》無。[3]

[1]宕渠令，二漢、《晋太康地志》屬巴郡：《晋書·地理志上》宕渠縣屬梁州巴西郡。宕渠，縣名。治今四川渠縣東北。

[2]"漢興令"至"屬興古郡"：《晋書·地理志上》寧州興古郡確實領有漢興縣（治今貴州興義市境），但與此漢興縣應無關。此漢興，疑即漢昌縣改名。漢昌，《續漢書·郡國志五》益州巴郡領漢昌，"永元中置"，劉昭注引《巴記》曰："分宕渠之北而置之。"漢興，縣名。治今四川巴中市境。

[3]宣漢令，前漢無，後漢屬巴郡，《晋太康地志》無：《續漢書·郡國志五》益州巴郡領有宣漢，劉昭注引《巴漢記》曰："和帝分宕渠之東置。"又據《晋書·地理志上》"梁州"條，晋太康中有宣漢縣。辨詳方愷《新校晋書地理志》之"梁州巴西郡"條。宣漢，縣名。治今四川達州市。

天水太守，[1]別見。《永初郡國》、何志益州無此郡。

徐志與今同。領縣三。户四百六十一。

[1]天水：郡名。確址無考，當僑置在今四川東北部。

宋興令，[1]徐志不注置立。
上邽令。[2]別見。
西縣長。[3]別見。

[1]宋興：縣名。確址無考，當僑置在今四川東北部。
[2]上邽：縣名。確址無考，當僑置在今四川東北部。
[3]西縣：確址無考，當僑置在今四川東北部。

東江陽太守，[1]何志晋安帝初，流寓入蜀，今新復舊土爲郡。領縣二。户一百四十二，口七百四十。去州一千五百八十。去京都水八千九十。

[1]東江陽：郡名。治漢安縣，今四川瀘州市西南大渡口鎮。

漢安令，[1]前漢無，後漢屬犍爲，《晋太康地志》屬江陽。
緜水令，[2]何志晋孝武立。

[1]漢安：縣名。治今四川瀘州市西南大渡口鎮。
[2]緜水：縣名。治今四川江安縣東南二龍口。

沈黎太守，[1]《蜀記》云："漢武元鼎十一年，分蜀西部邛莋爲沈黎郡，十四年罷。”案元鼎至六年，云十一年，非也。又二漢、晉並無此郡，《永初郡國》有，[2]何無，徐云舊郡。領縣四。[3]戶六十五。

[1]沈黎：郡名。治城陽縣，今四川漢源縣東北。

[2]又二漢、晉並無此郡，《永初郡國》有：中華本校勘記云：“按《晉書·地理志》：‘李雄分漢嘉、蜀二郡立沈黎、漢原二郡。’是沈黎郡李雄所置。又《晉志》云：‘桓温滅蜀，省沈黎。’今云《永初郡國》有，蓋宋初復立。”按：《漢書》卷六《武帝紀》：元鼎六年（前111），“定西南夷，以爲武都、牂柯、越嶲、沈黎、文山郡”；又《史記》卷一一六《西南夷列傳》：“南越破後，及漢誅且蘭、邛君，並殺筰侯，冉駹皆振恐，諸臣置吏。乃以邛都爲越嶲郡，筰都爲沈黎郡，冉駹爲汶山郡，廣漢西白馬爲武都郡。”是沈黎郡漢武帝元鼎六年（前111）置。又《華陽國志·蜀志》：“天漢四年，罷沈黎，置兩部都尉，一治旄牛，主徼外羌，一治青衣，主漢民。”《後漢書》卷八六《西南夷傳》所載與此略同。是天漢四年（前97）罷沈黎郡。由置到罷，沈黎郡存在了十四年。又《晉書·地理志上》“益州”條：“李雄又分漢嘉、蜀二郡立沈黎、漢原二郡……桓温滅蜀，其地復爲晉有，省漢原、沈黎。”是成漢李雄復置沈黎郡，東晉永和三年（347）桓温滅成漢後又廢。又“《永初郡國》有”者，蓋東晉中後期或宋初復立。

[3]領縣四：下僅有三縣，此“領縣四”有疑，或脱漏一縣，或“四”爲“三”之訛。

城陽令，[1]徐不注置立。

蘭令，漢舊縣，屬越嶲，作“闌”。[2]《晉太康地志》無。

旄牛令,[3]前漢屬蜀郡，後漢屬蜀郡屬國都尉，《晋太康地志》屬漢嘉。

[1]城陽：縣名。治今四川漢源縣東北。

[2]蘭令，漢舊縣，屬越嶲，作"闌"："蘭""闌"音同形近。蘭，縣名。治今四川甘洛縣西。

[3]旄牛：縣名。治今四川漢源縣南大渡河南岸。

寧州刺史,[1]晋武帝泰始七年分益州南中之建寧、興古、雲南、永昌四郡立。[2]太康三年省，立南夷校尉。[3]惠帝太安二年復立，增牂柯、越嶲、朱提三郡。成帝咸康四年，分牂柯、夜郎、朱提、越嶲四郡爲安州，尋罷并寧州。越嶲後還益州。[4]今領郡十五，縣八十一。[5]户一萬二百五十三。去京都一萬三千三百。[6]

[1]寧州：治味縣，今雲南曲靖市。

[2]晋武帝泰始七年分益州南中之建寧、興古、雲南、永昌四郡立：丁福林《校議》云："《晋書·地理志上》：'泰始七年，武帝以益州地廣，分益州之建寧、興古、雲南，交州之永昌，合四郡爲寧州。'與此所載異。今考之《後漢書·地理志上》，永昌郡爲漢明帝分益州郡立，屬益州。三國時永昌郡爲蜀漢所有，亦屬益州，不當屬交州。則《晋志》非是。"按：丁福林《校議》所謂"《後漢書·地理志上》"，當是《續漢書·郡國志五》之誤。又本志永昌郡屬益州，而上引《晋書·地理志》云屬交州，胡阿祥《六朝疆域與政區研究》第二章第二節云："按蜀漢永昌郡屬庲降都督而隸於益州。此所謂'交州之永昌'者，蓋用《吴地志》之説。吴交州士燮誘降蜀漢南中豪帥雍闓，使遥領永昌太守。雖雍闓

因吕凱守永昌附蜀漢而未到任，但《吳地志》可能列永昌郡屬交州，故《晉志》有此説。參方國瑜《中國西南歷史地理考釋》第二篇‘永昌郡’。”

[3]太康三年省，立南夷校尉：《晉書·地理志上》“寧州”條：“太康三年，武帝又廢寧州入益州，立南夷校尉以護之。”按：洪亮吉《東晉疆域志》卷三“寧州”條云：《晉書》卷七《成帝紀》止云太康三年“罷平州、寧州刺史三年一入奏事”，“而不云廢寧州。疑沈《志》有誤，《晉志》則又承其誤也”。此亦可備一説。又南夷校尉，西晉武帝時置，治寧州，爲治理南中諸郡少數民族之地方官。東晉改稱鎮蠻校尉。

[4]尋罷并寧州。越嶲後還益州：“尋罷并寧州越嶲”各本並作“尋越嶲”，成孺《宋州郡志校勘記》：“案《晉志》，咸康四年分牂牁、夜郎、朱提、越嶲四郡置安州，八年又罷。據此，則‘尋’下當是脱‘省’字。”孫彪《考論》卷二：“尋下脱罷字，後還當是復還。”張元濟《校勘記》曰：宋本、三本、北本、汲本作“後還益州”，殿本作“復還益州”，“復字疑是”。又中華本校勘記云：“各本並脱‘罷并寧州’四字，據《晉書·地理志》補。”今依中華本。又《晉書·地理志上》“寧州”條：“咸康四年，分牂柯、夜郎、朱提、越嶲四郡置安州。八年，又罷并寧州，以越嶲還屬益州，省永昌郡焉。”考《晉書》卷七《成帝紀》，“罷安州”在咸康七年（341）十二月。

[5]今領郡十五，縣八十一：數之，實領十五郡，七十六縣。

[6]去京都一萬三千三百：何德章《六朝建康的水陸交通——讀〈宋書·州郡志〉札記之二》（《魏晉南北朝隋唐史資料》第十九輯，武漢大學文科學報編輯部2002年版）略云：寧州絶大部分郡均由水路至建康。東晉南朝統轄雲貴的寧州，與建康間往來水路，大致主要利用烏江、金沙江及其支流進入川江，或由牂柯江轉湘江、贛江而達，至於本書《州郡志》所記寧州及寧州各郡至建康的水路具體取道，已難詳知，但從所列多達一萬六千里的行程看，

上行時困難程度當遠甚入蜀。又胡阿祥《六朝疆域與政區研究》第二章第二節述東晋南朝寧州略云：東晋南朝西南邊疆爲寧州。按西晋時寧州範圍，大略即蜀漢南中地域，因僻處西南，又主要爲少數民族所聚居，對外隔絶，聯繫不易，故中央政權的控制每有鞭長莫及之感，每藉地方勢力以行施統治，即采取羈縻政策。及東晋南朝，忙於應付與北方政權的爭奪，對西南寧州更是難以顧及。另一方面，寧州南中與益梁之巴蜀、漢中則内部交通稱便，三者構成爲一個較封閉完固的地帶。大凡得勢於漢中、巴蜀者，即可以號令、經略南中。這種形勢，使得東晋南朝寧州的政治隸屬，往往與梁、益二州同步。具體言及東晋、宋寧州：（一）東晋寧州。晋永嘉以後，成李雄據蜀，與晋爭奪寧州。至東晋咸和八年（333），寧州刺史尹奉及建寧太守霍彪並降，於是李雄得寧州地，晋唯保牂柯。《華陽國志·南中志》："咸和八年，南中盡爲李雄所有，惟牂柯謝恕不爲李壽所用，遂保郡獨爲晋。"又《晋書·李壽載記》：壽僭位（時在338年，改國號爲漢）之後，"遣其鎮東大將軍李奕征牂柯，太守謝恕保城拒守者積日，不拔。會奕糧盡，引還"。又《華陽國志·南中志》："謝恕官至撫夷中郎將、寧州刺史。"則東晋移置寧州於牂柯地，不爲漢李氏所有。及永和三年（347）桓温西征滅李勢後，再置寧州。其後寧康元年（373）至淝水戰前，因前秦據有巴蜀之地，寧州西南夷亦附秦。按東晋雖大部分時間保有寧州，其統治却較爲鬆懈。東晋寧州刺史見於記録可考者六人，但無甚事迹，蓋當時掌握寧州實權者爲爨氏。自東漢晚期以來，南中大姓稱强，勢力漸張，經蜀漢、西晋、成漢、東晋，大姓之間長期的爭奪兼併，最後爨氏獨霸。永和三年以後，東晋雖委任刺史，而實爲爨氏稱强。（二）宋寧州。宋對寧州的統治情形，也略同於東晋，即主要爲爨氏所控制。據本書《州郡志》，寧州領十五郡，一萬二百五十三户，如果將之與《晋書·地理志》所記西晋太康初寧州置郡四、户八萬三千的數字相比較，則可以看出，宋寧州領郡增多，而人户却大爲减少，這説明了宋對寧州統治的削弱（按：西晋設寧州以加强統治，而方土大姓抗争，經歷鮮于嬰、李毅、王遜等任寧州刺史、南夷校尉，其統治力量並不薄弱）。宋雖頻繁任命刺史（據《宋書》本紀可考者十四人），沿東晋置鎮蠻校尉（西晋時稱南夷校尉，東晋改名），但無濟於事，所能控制的編户齊民已很少，宋政權實際上是在利用以爨氏爲首的地方勢力來統治寧州。據《爨龍顔碑》記載，龍顔及其祖、父三代並任建甯、晋寧二郡太守，寧州刺史；又《爨寶子碑》載東晋後期人爨寶子曾任建寧太守。然而上述這些顯赫官職都不見於《晋書》、本書的記載，則爨氏官職乃自相襲代，非經朝廷任命。而東晋以後至蕭梁，情況也一直如此，即爨氏掌握寧州實權，刺史則朝廷另外任命。因此，有的研究者認爲：“儘管劉宋王朝不斷派出寧州刺史，穩定了對寧州地區的統治，但寧州仍存在著爨氏大姓一套政權，以與王朝中央所派刺史相對抗。”但爨氏仍奉朝廷正朔，並一直没有公開打出自己的旗號以稱王割據，故宋政權與爨氏間的衝突，乃是圍繞著如何平衡在寧州的統治力量而展開的，如元嘉十八年寧州晋寧太守爨松子起兵，爲刺史徐循討平，這一事件即是宋與爨氏爲争奪寧州統治權而爆發的戰争之一。及大明八年，蕭惠開督益、寧二州，至蜀，廣樹經略，收牂柯、越嶲以爲内地，綏定蠻濮，辟地征租，統治始有所加强。

建寧太守，[1]漢益州郡滇王國，劉氏更名。[2]領縣十三。户二千五百六十二。

[1]建寧：郡名。治今雲南曲靖市西。

[2]漢益州郡滇王國，劉氏更名：《漢書·地理志上》“益州郡”條：“武帝元封二年開。”《續漢書·郡國志五》“益州益州郡”條：“武帝置。故滇王國。”又《史記》卷一一六《西南夷傳》：“元封二年，天子發巴蜀兵擊滅勞浸、靡莫，以兵臨滇……（滇王）舉國降，諸置吏入朝。於是以爲益州郡，賜滇王王印，復長其

民。"又《三國志》卷三三《蜀書·後主傳》：建興"三年春三月，丞相亮南征四郡，四郡皆平。改益州郡爲建寧郡，分建寧、永昌郡爲雲南郡，又分建寧、牂牁爲興古郡"。

味縣令，[1]漢舊縣。

同樂令，晋武帝立。[2]

談稾令，漢舊縣，屬牂牁。晋武帝立。[3]

牧麻令，漢舊縣，作牧靡。[4]

漏江令，漢舊縣，屬牂牁。晋武帝立。[5]

同瀨長，漢舊縣。"同"作"銅"。[6]

昆澤長，[7]漢舊縣。

新定長，[8]《晋太康地志》有。

存䮷□，《晋太康地志》有。[9]

同並長，[10]漢舊縣，前漢作同並，屬牂牁。晋武帝咸寧五年省，哀帝復立。

萬安長，[11]江左立。

毋單長，[12]漢舊縣，屬牂牁，《晋太康地志》屬建寧。

新興長，[13]江左立。

[1]味縣：治今雲南曲靖市。

[2]同樂令，晋武帝立：方國瑜《中國西南歷史地理考釋》（中華書局1987年版）第二篇"建寧郡同樂"條云："兩《漢志》益州郡有同勞縣，宋、齊《志》建寧郡有同樂縣，同勞當即同樂，'勞''樂'爲對音字……又《宋志》曰：'建寧郡同樂縣，晋武帝立。'蓋晋始改名。"同樂，縣名。治今雲南陸良縣東北。

[3]談槀令，漢舊縣，屬牂柯。晋武帝立：《漢書·地理志上》牂柯郡、《續漢書·郡國志五》益州牂牁郡、《晋書·地理志上》寧州建寧郡並有談槀縣。此既云"漢舊縣"，又云"晋武帝立"，蓋東漢後期或蜀漢時省，晋武帝復置。談槀，縣名。確址無考。當治今雲南富源縣至貴州盤縣一帶。

[4]牧麻令，漢舊縣，作牧靡：中華本校勘記云："今本《漢書·地理志》作收靡。《續漢書·郡國志》《水經·存水注》作牧靡。《華陽國志》《新唐書·地理志》作升麻。《晋書·地理志》《南齊書·州郡志》作牧麻同《宋志》。惠棟云：'麻靡古通用。《山海經》有壽麻之國，《吕覽》作壽靡是也。'"按：《漢書·地理志上》益州郡作"收靡"誤，當正爲"牧靡"；又《漢書·地理志上》顏師古注引李奇曰："靡音麻，即升麻，殺毒藥所出也。"是知"牧靡"亦作"升麻"。牧麻，縣名。治今雲南尋甸回族彝族自治縣境。

[5]漏江令，漢舊縣，屬牂柯。晋武帝立：《漢書·地理志上》牂柯郡、《續漢書·郡國志五》益州牂牁郡、《晋書·地理志上》寧州建寧郡並有漏江縣。此既云"漢舊縣"，又云"晋武帝立"，蓋東漢後期或蜀漢時省，晋武帝復置。漏江，縣名。治今雲南瀘西縣境。

[6]同瀨長，漢舊縣。"同"作"銅"：《漢書·地理志上》益州郡作"銅瀨"，《續漢書·郡國志五》益州益州郡、《晋書·地理志上》寧州建寧郡並作"同瀨"。同瀨，縣名。確址無考。當治今雲南馬龍縣、霑益縣一帶。

[7]昆澤：縣名。治今雲南宜良縣東北南盤江北岸。

[8]新定：縣名。確址無考。當治今貴州盤縣、普安縣北部一帶。

[9]存䮫□，《晋太康地志》有：丁福林《校議》云："本處所載縣體例，皆以令在前而長居後。存䮫前有同瀨長等，後有同並長等，疑所缺一字乃'長'也。"按：《漢書·地理志上》犍爲郡、

《晋書·地理志上》寧州建寧郡有存䣖縣，而《續漢書·郡國志》無，據知存䣖縣至遲在東漢順帝永和五年（140）前已省併，而或在蜀漢時復立，故"《晋太康地志》有"。又據下"晋寧太守俞元"條注釋引孫彪《考論》"鼎宜按"所云"尋前後列縣例，類以稱令者列前，稱長者列後"，而通檢本志，除荆州武陵太守、湘州臨慶内史、寧州夜郎太守、梁水太守、交州九德太守五郡國下稱長者有排在稱令者之前外，本志體例，郡國下列縣，皆令在前而長居後。本郡若不破例，據存䣖之前、後新定、同並皆爲"長"，則知此處所缺字亦當爲"長"也。存䣖，縣名。治今雲南宣威市北。

[10]同並：縣名。治今雲南彌勒縣境。

[11]萬安：縣名。確址無考，當在今貴州盤縣、普安縣一帶。

[12]毋單：縣名。治今雲南宜良縣南。

[13]新興：縣名。確址無考，當在今雲南宣威市及貴州盤縣、普安縣一帶。

晋寧太守，[1]晋惠帝太安二年，分建寧西七縣爲益州郡，[2]晋懷帝更名。[3]領縣七。[4]戶六百三十七。去州七百三十。去京都水一萬三千七百。

[1]晋寧：郡名。治建伶縣，今雲南晋寧縣境。

[2]晋惠帝太安二年，分建寧西七縣爲益州郡：成孺《宋州郡志校勘記》："'太'，毛作'永'。案晋惠帝永安紀元無二年。《晋志》，太安二年，惠帝復置寧州，又分建寧以西七縣別立爲益州郡。據此，知'永安'爲'太安'之誤，據正。"中華本校勘記云"據《晋書·地理志》改。按惠帝永安無二年"。按：本有益州郡，詳上"建寧太守"條注釋。此太安二年（377）爲復置益州郡也。

[3]晋懷帝更名：《晋書·地理志上》"寧州"條：懷帝"永嘉二年，改益州郡曰晋寧"。又《晋書》卷八一《王遜傳》：王遜

"遣子澄奉表勸進於元帝，帝嘉之，累加散騎常侍、安南將軍、假節、校尉、刺史如故，賜爵褒中縣公。遜以地勢形便，上分牂柯爲平夷郡，分朱提爲南廣郡，分建寧爲夜郎郡，分永昌爲梁水郡，又改益州郡爲晉寧郡，事皆施行"。按據《通鑑》卷八七、卷九〇，王遜到寧州刺史任爲永嘉四年（310），又上表勸進係於建武元年（317），是《晉書・地理志》與《晉書・王遜傳》異，若晉寧郡果爲王遜改益州郡置，則不會早於永嘉四年。按：永嘉爲晉懷帝年號，計七年，而永嘉元年司馬睿（即後來之晉元帝）已到江東建鄴，故《晉書・王遜傳》晉元帝時"又改益州郡爲晉寧郡"與本志"晉懷帝更名"其實並無不同。

[4]領縣七：《宋州郡志校勘記》："'七'下原注'疑'字，說見下文'屬建寧'條。"孫彪《考論》卷二："後列建伶、連然、滇池、穀昌、秦臧、雙柏六縣，一縣闕，但存'屬建寧'三字，依《南齊書》，應是俞元，俞元亦漢屬益州郡，晉屬建寧也。"

　　建伶令，漢舊縣，屬益州郡，《晉太康地志》屬建寧。[1]

　　連然令，[2]漢舊縣，屬益州郡，《晉太康地志》屬建寧。

　　滇池令，[3]漢舊縣，屬益州郡，《晉太康地志》屬建寧。

　　穀昌長，[4]漢舊縣，屬益州郡，《晉太康地志》屬建寧。

　　秦臧長，[5]漢舊縣，屬益州郡，《晉太康地志》屬建寧。

　　〔俞元長，漢舊縣，屬益州郡，《晉太康地志》〕屬建寧。[6]

雙柏長，[7]漢舊縣，屬益州郡，《晋太康地志》屬建寧。

［1］建伶令，漢舊縣，屬益州郡，《晋太康地志》屬建寧：《漢書·地理志上》益州郡領健伶縣，《續漢書·郡國志五》益州益州郡領建伶縣。又方國瑜《中國西南歷史地理考釋》第二篇"建寧郡建伶"條云："《晋書·地理志》有冷邱，無建伶，洪亮吉《東晋疆域志》以爲冷邱即建伶，其説近是。"建伶，縣名。治今雲南晋寧縣境。

［2］連然：縣名。治今雲南安寧市。

［3］滇池：縣名。治今雲南晋寧縣東北晋城鎮。

［4］穀昌：縣名。治今雲南昆明市東北。

［5］秦臧：縣名。治今雲南禄豐縣東。

［6］〔俞元長，漢舊縣，屬益州郡，《晋太康地志》〕屬建寧："屬建寧"成孺《宋州郡志校勘記》云："'屬'上原注'闕'，下空十四格。案《南齊志》晋寧郡建伶、連然、滇池、俞元、穀昌、秦臧、雙柏，全與宋同，疑此志所闕即俞元也。《兩漢志》益州郡、《晋志》建寧郡並有俞元，據志例當補云'俞元長，漢舊縣，屬益州郡，《晋太康地志》屬建寧'。"又《〈宋州郡志校勘記〉校補》楊守敬曰：成氏此條"至精確"。又孫彪《考論》卷二："按南齊寧州諸郡領縣多與此同，晋寧七縣有俞元，俞元亦漢屬益州郡，晋屬建寧，可據補。鼎宜按：此條當補'俞元長，漢舊縣，屬益州郡，《晋太康地志》屬建寧'十五字。尋前後列縣例，類以稱令者列前，稱長者列後，今俞元闕處正在秦臧長、雙柏長之間，故知當稱長也。"又張元濟《校勘記》曰：宋本作"屬建寧"，殿本闕，"按晋寧太守領縣七，自建伶至雙柏，所列僅六"。又中華本校勘記云"成校是，今訂正"。方國瑜《中國西南歷史地理考釋》第二篇"建寧郡俞元"條云："晋、宋《志》並曰：'惠帝分建寧以西七縣

別立爲益州郡，後改名晉寧郡。'然《宋志》晉寧郡祇領六縣，缺其一，成孺《宋書州郡志校勘記》、洪亮吉《補東晉疆域志》，並以爲所缺者即俞元縣，以地理考之，俞元應屬晉寧郡，《南齊志》晉寧郡亦有俞元縣，所説是也。"按：本志"寧州刺史興古太守律高令"條云："晉武帝咸寧元年，分建寧郡脩雲、俞元二縣間流民復立律高縣。脩雲、俞元二縣，二漢無。"是則以上諸家之補"俞元"縣，仍有疑問，即並不合本志原文；而究竟所缺爲何縣，尚待考。俞元，縣名。治今雲南澄江縣北。

[7]雙栢：縣名。治今雲南雙柏縣東南。

牂柯太守，[1]漢武帝元鼎六年立。[2]領縣六。户一千九百七十。去州一千五百。去京都水一萬二千。

[1]牂柯太守：成孺《宋州郡志校勘記》："《漢志》作牂柯，師古曰：舩杙也。《華陽國志》，楚莊蹻滅夜郎，以且蘭有枕舩牂柯處，乃改其名爲牂柯。志作牂柯，六朝俗字也。"《〈宋州郡志校勘記〉校補》楊守敬曰："《水經注》作'牂柯'。"又《〈宋州郡志校勘記〉校補》譚其驤曰："殿本《史記·西南夷傳》《南越傳》，《續志》《宋志》《晉志》並作'牂牁'，'牁'涉'牂'而誤。《南齊志》作'牂柯'。"又周振鶴《西漢政區地理》（人民出版社1987年版）下篇第二章第三節云："牂柯本是南夷地區一古國，《管子·小匡》已見牂柯之名。元光年間，司馬相如開西夷，即'南至牂柯爲徼'。"按："柯"爲正字，説是。然牂柯取義及何以名郡，各説不同，可參張澍《養素堂文集》卷一〇《廢牂柯郡考》，莫與儔《貞定先生遺集》卷一《牂牁考》，鄭珍《巢經巢文集》卷二"牂柯考"。牂柯，郡名。治萬壽縣，今貴州翁安縣東北。

[2]漢武帝元鼎六年立：《漢書·地理志上》"牂柯郡"條："武帝元鼎六年開。"又《史記》卷一一六《西南夷傳》："平南夷

爲牂柯郡。"又周振鶴《西漢政區地理》下篇第二章第一節曰："牂柯郡乃以犍爲南部合新開南夷地置。"

萬壽令，晋武帝立。[1]

故且蘭令，[2]漢舊縣云故且蘭，《晋太康地志》無。[3]

毋斂令，[4]漢舊縣。

晋樂令，[5]江左立。

丹南長，[6]江左立。

新寧長，[7]何、徐不注置立。

[1]萬壽：縣名。治今貴州翁安縣東北。

[2]故且蘭令：中華本校勘記云："各本無'故'字，而下條'毋斂令'上有'故'字。按兩漢皆有故且蘭，而無曰故毋斂，今移'毋斂'上'故'字於'且蘭'之上。"按：《漢書·地理志上》牂柯郡、《續漢書·郡國志五》益州牂牁郡並治故且蘭縣，是中華本校勘記之"按兩漢皆有故且蘭"不誤。然考《晋書·地理志上》益州牂柯郡、《南齊書·州郡志下》寧州南牂牁郡皆領且蘭縣，吳增僅《三國郡縣表附考證》以爲三國蜀漢時改"故且蘭"爲"且蘭"。又本志下云"漢舊縣云故且蘭"，則中華本校勘記易"且蘭令"爲"故且蘭令"亦不妥，蓋易爲"故且蘭令"後，"漢舊縣云故且蘭"一句即無所著落。又按："且蘭"，據《史記》卷一一六《西南夷傳》，或作"頭蘭"，爲小國名，乃《漢書·地理志上》"故且蘭"縣之前身，"且蘭""頭蘭"者，爲譯音，其義不詳。故且蘭，當作且蘭，縣名。治今貴州黃平縣西南。

[3]《晋太康地志》無：《晋書·地理志上》益州牂柯郡有且蘭縣，此言"《晋太康地志》無"，未詳。

[4]毋斂令：各本"毋斂令"上有"故"字。按：《漢書·地理志上》牂柯郡、《續漢書·郡國志五》益州牂柯郡、《晉書·地理志上》益州牂柯郡、《南齊書·州郡志下》寧州南牂柯郡並無"故"字，"故"當爲衍字，可逕删去。毋斂，縣名。治今貴州獨山縣北境。

[5]晉樂：縣名。確址無考。當治今貴州貴陽市西北一帶。

[6]丹南：縣名。治今貴州雷山縣北。

[7]新寧：縣名。治今貴州獨山縣南境。

平蠻太守，[1]晉懷帝永嘉五年，寧州刺史王遜分牂柯、朱提、建寧立平夷郡，[2]後避桓温諱改。[3]領縣二。户二百四十五。去京都水一萬三千。

[1]平蠻：郡名。治平蠻縣，今貴州畢節市境。

[2]晉懷帝永嘉五年，寧州刺史王遜分牂柯、朱提、建寧立平夷郡：丁福林《校議》云："《晉書·地理志上》：'永嘉二年，改益州郡曰晉寧，分牂柯立平夷、夜郎二郡。'與此有異。今考之《晉書·王遜傳》記王遜於永嘉四年被任爲南夷校尉、寧州刺史後，'與孟俱進，道遇寇賊，逾年乃至'，至州後，'又遣子澄奉表勸進於元帝，帝嘉之，累加散騎常侍、安南將軍、假節，校尉、刺史如故，賜爵褒中縣公。遜以地勢形便，上分牂柯爲平夷郡，分朱提爲南廣郡，分建寧爲夜郎郡，分永昌爲梁水郡，又改益州郡爲晉寧郡，事皆施行'，又與以上所載有異，且郡之立，又在東晉元帝時也。未知孰是。"按：據《通鑑》卷八七、卷九〇，王遜到寧州刺史任爲永嘉四年（310），又上表勸進係於建武元年（317），是《晉書·地理志》與《晉書·王遜傳》異。又《晉書》卷五《孝愍帝紀》建興四年（316）有平夷太守雷炤，《華陽國志·南中志》則以平夷郡爲"晉元帝世"王遜分立。考"晉元帝世"，舊時書法

可包括晉懷帝永嘉年間與晉愍帝建興年間，蓋永嘉（307—313）、建興（313—317）雖分別爲晉懷帝、晉愍帝年號，而永嘉元年司馬睿已到江東建鄴，故《晉書》卷八一《王遜傳》晉元帝時"分牂柯爲平夷郡"與本志"晉懷帝永嘉五年"云云其實並無矛盾。又方國瑜《中國西南歷史地理考釋》第二篇"牂柯郡"條云：平夷郡與朱提、建寧接界，"然無二郡分地，《宋志》所説誤也"。

[3]後避桓溫諱改：桓溫字元子，其父名彝。改平夷郡爲平蠻郡者，乃避桓溫父諱。

平蠻令，[1]漢舊縣，屬牂柯。故名平夷。[2]
鼈令，漢舊縣，屬牂柯。[3]

[1]平蠻：縣名。治今貴州畢節市境。
[2]故名平夷：《漢書·地理志上》牂柯郡、《續漢書·郡國志五》益州牂柯郡、《晉書·地理志上》益州牂柯郡並作"平夷"。當是東晉時與郡同時改名平蠻，以避東晉權臣桓溫父諱。
[3]鼈：縣名。治今貴州遵義市西。

夜郎太守，[1]晉懷帝永嘉五年，寧州刺史王遜分牂柯、朱提、建寧立。[2]領縣四。户二百八十八。去州一千。去京都水一萬四千。

[1]夜郎：郡名。治夜郎縣，今貴州關嶺布依族苗族自治縣境。
[2]晉懷帝永嘉五年，寧州刺史王遜分牂柯、朱提、建寧立：丁福林《校議》云："此條與其後之'西平太守''東河陽太守'二條俱云元嘉（按：應爲"永嘉"）五年時王遜立，與《晉書》所載異，亦未知孰是。"按：《晉書·地理志上》"寧州"條：懷帝"永嘉二年，改益州郡曰晉寧，分牂柯立平夷、夜郎二郡"。又

《晋書》卷八一《王遜傳》：王遜"遣子澄奉表勸進於元帝，帝嘉之，累加散騎常侍、安南將軍、假節，校尉、刺史如故，賜爵褒中縣公。遜以地勢形便，上分牂柯爲平夷郡，分朱提爲南廣郡，分建寧爲夜郎郡，分永昌爲梁水郡，又改益州郡爲晋寧郡，事皆施行"。據《通鑑》卷八七、卷九〇，王遜到寧州刺史任爲永嘉四年（310），又上表勸進系於建武元年（317），是《晋書·地理志》與《晋書·王遜傳》異。又《華陽國志·南中志》亦以夜郎郡爲"晋元帝世"王遜分夜郎以南立。按"晋元帝世"，舊時書法可包括晋懷帝永嘉年間，蓋永嘉（307—313）雖爲晋懷帝年號，而永嘉元年司馬睿（即後來之晋元帝）已到江東建鄴，故《晋書·王遜傳》晋元帝時"分建寧爲夜郎郡"與本志"晋懷帝永嘉五年"云云其實並無矛盾。又方國瑜《中國西南歷史地理考釋》第二篇"牂柯郡"條云：夜郎郡與朱提、建寧接界，"然無二郡分地，《宋志》所説誤也"。

夜郎令，[1]漢舊縣，屬牂柯。
廣談長，[2]《晋太康地志》屬牂柯。[3]
談樂長，[4]江左立。
談栢令，漢舊縣，屬牂柯。[5]

　[1]夜郎：縣名。治今貴州關嶺布依族苗族自治縣境。

　[2]廣談：縣名。治今貴州平壩縣東北。

　[3]《晋太康地志》屬牂柯：《晋書·地理志上》益州牂柯郡領縣無廣談，而《華陽國志·南中志》牂柯郡所屬有廣談縣，方國瑜《中國西南歷史地理考釋》第二篇"牂柯郡廣談"條以爲東晋增設廣談縣。

　[4]談樂：縣名。治今貴州羅甸縣境。

　[5]談栢令，漢舊縣，屬牂柯：成孺《宋州郡志校勘記》："案

《兩漢志》有談指，無談柏，《晋志》雖訛爲指談，然亦作指，不作柏也。當據以訂正。"又方國瑜《中國西南歷史地理考釋》第二篇"牂牁郡談指"條云：《宋志》曰"漢舊縣"，"以《漢志》校之，'談柏'當是'談指'之誤"。又中華本校勘記云："'談柏'《南齊書·州郡志》同。漢書·地理志》《續漢書·郡國志》《華陽國志》作'談指'。《晋書·地理志》作'指談'。"談柏，當作談指，縣名。治今貴州貞豐縣西北。

朱提太守，[1]劉氏分犍爲立。[2]領縣五。户一千一十。去州七百二十。去京都水一萬四千六百。

[1]朱提：郡名。治朱提縣，今雲南昭通市。

[2]劉氏分犍爲立：此"劉氏"謂劉備政權。《華陽國志·南中志》："建安十九年，劉先主定蜀，遣安遠將軍南郡鄧方以朱提太守、庲降都督治南昌縣。"又云："至建安二十年，鄧方爲都尉，先主因易名太守。"按：此"建安十九年""建安二十年"者，蓋年頭年尾之故，非誤也。《水經注》卷三六《若水》亦曰"建安二十年立朱提郡"。又《三國志》卷四五《蜀書·楊戲傳》載《季漢輔臣贊》云：鄧方"以荆州從事隨先主入蜀。蜀既定，爲犍爲屬國都尉，因易郡名，爲朱提太守，選爲安遠將軍、庲降都督，住南昌縣"。

朱提令，[1]前漢屬犍爲，後漢屬犍爲屬國都尉。[2]

堂狼令，[3]前漢屬犍爲，"狼"作"琅"。後漢、《晋太康地志》屬朱提。[4]

臨利長，[5]江左立。

漢陽長，[6]前漢屬犍爲，後漢無，[7]《晋太康地志》屬朱提。

南秦長，本名南昌，晋武帝太康元年更名。[8]

[1]朱提：縣名。治今雲南昭通市。

[2]前漢屬犍爲，後漢犍爲屬國都尉：《漢書·地理志上》犍爲郡、《續漢書·郡國志五》益州犍爲屬國、《晋書·地理志上》益州朱提郡並領“朱提”。《續漢書·郡國志五》“益州犍爲屬國”條云：“故郡南部都尉，永初元年以爲屬國都尉，別領二城。”

[3]堂狼：縣名。治今雲南巧家縣東。

[4]後漢、《晋太康地志》屬朱提：成孺《宋州郡志校勘記》：“案《續志》無堂狼令，《晋志》益州朱提郡下云蜀置，故《續志》亦無朱提郡，不得云後漢屬朱提也。疑‘後漢’下脱‘無’字。”《〈宋州郡志校勘記〉校補》楊守敬曰：“堂狼令，本志云：後漢、《晋太康地志》屬朱提。成氏以《續志》無朱提、堂狼，據《晋志》朱提郡下云蜀置，疑志‘後漢’下脱‘無’字。案積古齋有漢洗云：漢安二年朱提堂狼造。又有章和元年堂狼造、永建元年朱提造等洗。近日著録又有元和四年堂狼造，永元二年堂狼造，皆後漢有朱提郡、堂狼縣之證。《續志》漏（或後漢末省），《晋志》説未足據也。”又云：“成説非也。今有元和四年堂狼造洗，又有延光二年堂狼造洗，皆後漢有堂狼縣之證。《續志》漏也，《晋志》説不足據。又有章和元年堂狼造，永建元年朱提造，漢安二年朱提堂狼造。又按《華陽國志》，朱提郡，建安二十年鄧方爲犍爲屬國都尉，先主因易爲郡，非後漢原有。”又《〈宋州郡志校勘記〉校補》譚其驤曰：“楊説可疑。所稱諸堂狼造洗，堂狼非必縣名。漢安二年一洗，若堂狼是縣，朱提當是郡，據常璩《志》則是時尚稱犍爲屬國，不得有朱提郡也。疑朱提乃縣名，堂狼係鄉名。《續志》不漏。”又李曉傑《東漢政區地理》第九章第五節云：堂琅不見《續

漢志》，可知至遲在順帝永和五年（140）前已省併。而由堂琅地望可知，此縣蓋安帝永初元年（107）前已省併入朱提縣，否則是年析置犍爲屬國時不應祇轄朱提、漢陽二縣。又置朱提郡後，朱提郡轄縣當有堂琅，蓋堂琅省併以後，在東漢末又復立也，故《華陽國志·南中志》載朱提郡領有堂琅縣。又方國瑜《中國西南歷史地理考釋》第二篇"朱提郡堂琅"條云："'狼'字作'琅'，又作'蜋'，作'蜋'，並對音字。"中華本校勘記引《宋州郡志校勘記》出校。按：以上成説、譚説及中華本校勘記疑是，而楊説、李説可能不確。因爲即便堂琅縣在東漢末又復立，按書法，也當云劉氏立，本志述郡縣沿革時所謂"後漢"，往往即指《續漢書·郡國志》，而《續漢書·郡國志》確實"無堂狼縣，亦無朱提郡"。

［5］臨利：縣名。在今雲南彝良縣境。

［6］漢陽：縣名。治今貴州威寧彝族回族苗族自治縣東。

［7］後漢無：孫彪《考論》卷二："按後漢在犍爲屬國，沈失檢。"中華本校勘記引《考論》出校。按《三國志》卷四一《蜀書·費詩傳》："建興三年，隨諸葛亮南行，歸至漢陽縣。"是三國蜀漢亦有漢陽縣。

［8］南秦長，本名南昌，晉武帝太康元年更名：《〈宋州郡志校勘記〉校補》楊守敬曰："據《華陽國志》，朱提郡有南秦，又有南昌，然則晉武併南昌於南秦也。"方國瑜《中國西南歷史地理考釋》第二篇"朱提郡南秦"條則曰："南秦本名南昌，秦、昌二字音相近。《南中志》朱提郡有南秦、南昌二縣，當誤。"按：方説疑是。又《漢書·地理志》《續漢書·郡國志》無南昌縣。按《華陽國志·南中志》："建安十九年，劉先主定蜀，遣安遠將軍南郡鄧方以朱提太守、麻降都督治南昌縣。"又《三國志》卷四五《蜀書·楊戲傳》載《季漢輔臣贊》云鄧方"爲朱提太守，選爲安遠將軍、麻降都督，住南昌縣"，是東漢末年劉備初置南昌縣爲重鎮。南秦，縣名。治今雲南鎮雄縣境。

南廣太守，晉懷帝分朱提立。[1]領縣四。戶四百四十。去州水二千三百。去京都水一萬四百。

[1]南廣太守，晉懷帝分朱提立：錢大昕《考異》卷二三《宋書‧州郡志四》：懷帝，"一本作武帝，非是"；又云："據《晉書‧王遜傳》，分朱提爲南廣，亦遜所請也。"又成孺《宋州郡志校勘記》："'懷'，毛作'武'，從三本。案《晉志》及《太康地志》，南廣縣尚屬朱提郡，知南廣郡非武帝所分立也。"又《〈宋州郡志校勘記〉校補》楊守敬曰："案《華陽國志》，南廣郡，蜀延熙中置；建武元年有王遜移朱提郡治南廣；李雄定寧，復置郡，則亦非晉懷帝立也。"又方國瑜《中國西南歷史地理考釋》第二篇"朱提郡"條述南廣郡之設置曰：蜀漢延熙中置南廣郡（《華陽國志‧南中志》《水經‧江水注》），西晉初蓋廢（《晉書‧地理志上》益州朱提郡領南廣縣），晉懷帝時復置（《晉書‧王遜傳》），建興四年有南廣太守孟桓（《晉書‧愍帝紀》），東晉元帝初年曾移朱提郡治南廣，即以南廣併入朱提，成帝時李雄復置南廣郡（《華陽國志‧南中志》、金兆豐《校補三國疆域志‧蜀疆域志》）。然則"由於紀録錯落，疑莫能決也"。又丁福林《校議》云："據《晉書‧王遜傳》，南廣似亦爲晉元帝立，與此異。"南廣，郡名。治南廣縣，今四川筠連縣西南。

南廣令，[1]漢舊縣，屬犍爲，《晉太康地志》屬朱提。

新興令，何志不注置立。[2]

晉昌令，[3]江左立。

常遷長，[4]江左立。

　　［1］南廣：縣名。治今四川筠連縣西南。

　　［2］新興令，何志不注置立：方國瑜《中國西南歷史地理考釋》第二篇"朱提郡新興"條云：《華陽國志·南中志》有新興無晉昌，於新興不注建置沿革，"疑李雄時晉昌改名新興，因惡晉昌之名也，而《宋志》並録晉昌、新興之名，姑作此推測"。新興，縣名。確址無考，當在今雲南鹽津、綏江、大關及四川筠連等縣一帶。

　　［3］晉昌：縣名。確址無考，當在今雲南鹽津、綏江、大關及四川筠連等縣一帶。

　　［4］常遷：縣名。確址無考，當在今雲南鹽津、綏江、大關及四川筠連等縣一帶。

　　建都太守，[1]晉成帝分建寧立。領縣六。户一百七。去州二千。去京都水一萬五十。

　　［1］建都：郡名。確址無考，當治今雲南武定縣、禄勸彝族苗族自治縣等縣一帶。

　　　　新安令[1]晉成帝立。
　　　　經雲令，[2]晉成帝立。
　　　　永豐令，[3]晉成帝立。
　　　　臨江令，[4]晉成帝立。
　　　　麻應長，[5]晉成帝立。
　　　　遂安長，[6]晉成帝立。

　　［1］新安：縣名。確址無考，當治今雲南武定縣、禄勸彝族苗族自治縣等縣一帶。

[2]經雲：成孺《宋州郡志校勘記》：“《南齊志》作綏雲。”孫彪《考論》卷二：“按《南齊書》作綏雲，疑是。”又中華本校勘記云：“‘經雲’《南齊書·州郡志》作‘綏雲’。”經雲，縣名。確址無考，當治今雲南楚雄彝族自治州及禄勸彝族苗族自治縣一帶。

[3]永豐：縣名。確址無考，當治今雲南楚雄彝族自治州及禄勸彝族苗族自治縣一帶。

[4]臨江：縣名。確址無考，當治今雲南楚雄彝族自治州及禄勸彝族苗族自治縣一帶。

[5]麻應：《宋州郡志校勘記》：“《南齊志》作麻雅。”中華本校勘記云：“‘麻應’《南齊書·州郡志》作‘麻雅’。”麻應，縣名。確址無考，當治今雲南楚雄彝族自治州及禄勸彝族苗族自治縣一帶。

[6]遂安：縣名。確址無考，當治今雲南楚雄彝族自治州及禄勸彝族苗族自治縣一帶。

西平太守，[1]晋懷帝永嘉五年，寧州刺史王遜分興古之東立。何志晋成帝立，非也。[2]《永初郡國》、何志並有西寧縣，何云晋成帝立，今無。[3]領縣五。户一百七十六。去州二千三百。去京都水一萬五千三百。

[1]西平：郡名。治西平縣，今廣西西林縣東南西平。

[2]“晋懷帝永嘉五年”至“非也”：錢大昕《考異》卷二三《宋書·州郡志四》：“案：《王遜傳》不言分立西平郡。《華陽國志》：‘西平郡，刺史王遜時，爨量保盤南，遜出軍攻討，不能克。遜薨後，刺史尹奉募徼外夷刺殺量，盤南平，乃割興古、雲南之盤江、南如、南零三縣爲郡。’是西平非遜所分矣。”又方國瑜《中國西南歷史地理考釋》第二篇“興古郡”條云：“乃割興古雲南之盤江”當作“乃割興古盤南之盤江”。按：據上《考異》引《華陽

國志・南中志》，西平郡乃寧州刺史尹奉時立。考《華陽國志》作者常璩與尹奉爲同時人，且曾爲同事，故《華陽國志》所述應爲可信。又檢萬斯同《晉方鎮年表》《東晉方鎮年表》，西晉永嘉元年（307）十二月，王遜拜寧州刺史，四年始至鎮，及東晉太寧元年（323）四月王遜卒，遜子堅代任，三年（325），尹奉爲寧州刺史。按太寧三年八月明帝崩，繼位者爲成帝。尹奉爲寧州刺史至成帝咸和八年（333），是年，寧州降成漢李氏。如此，則何承天《志》所云西平郡“晉成帝立”是也，沈約《州郡志》此處所云晉懷帝永嘉五年寧州刺史王遜立西平郡實誤。

　　[3]“《永初郡國》”至“今無”：《南齊書・州郡志下》寧州西平郡有西寧縣。又西寧縣及以下之西平、溫江、都陽、晉綏、義成五縣，何承天《志》並云“晉成帝立”，沈約於本志則加按語云“此五縣應與郡俱立”，即不應爲“晉成帝立”（所謂西平郡“何志晉成帝立，非也”），應爲晉懷帝永嘉五年寧州刺史王遜分興古郡立西平郡時立。按：何承天《志》所云西寧縣及西平等五縣並“晉成帝立”者是，而沈約非，詳參上條。

　　　　西平令，[1]何志晉成帝立。
　　　　溫江令，[2]何志晉成帝立。
　　　　都陽令，[3]何志晉成帝立。案《晉起居注》，太康二年置興古之都唐縣。疑是。[4]
　　　　晉綏長，[5]何志晉成帝立。
　　　　義成長，[6]何志晉成帝立。案此五縣應與郡俱立。[7]

　　[1]西平：縣名。治今廣西西林縣東南。
　　[2]溫江：縣名。治今廣西田林縣西北。
　　[3]都陽：縣名。治今廣西鳳山縣北。

　　[4]太康二年置興古之都唐縣。疑是：成孺《宋州郡志校勘記》：“《晋志》寧州興古郡作‘都簹’。”又方國瑜《中國西南歷史地理考釋》第二篇“興古郡都夢”條云：“西平郡所領五縣，《何志》並曰：‘晋成帝立。’又曰：‘五縣應與郡俱立。’則太康二年置都唐縣，不應爲都陽。”

　　[5]晋綏：縣名。確址無考，當治今廣西百色市一帶。

　　[6]義成：縣名。確址無考，當治今廣西百色市一帶。

　　[7]案此五縣應與郡俱立：此語係照應“西平太守，晋懷帝永嘉五年，寧州刺史王遜分興古之東立”。此五縣“何志晋成帝立”其實不誤。參上“西平太守”條注釋。

　　西河陽太守，晋成帝分河陽立。[1]領縣三。户三百六十九。去州二千五百。去京都水一萬五千五百。

　　[1]西河陽太守，晋成帝分河陽立：“西河陽”各本並作“西河”，孫彪《考論》卷二：“‘西河’下脱‘陽’字。按《南齊書》作西河陽，沈云分河陽立，應亦有陽字，而東河陽下引《永初郡國》有西河陽，領楪榆、遂段、新豐三縣。依志例，合著在此，疑不能定，南齊列楪榆三縣屬西河郡，復無陽字，河作阿，又異，蓋一時簿籍差互，各據所見，非盡由後來誤刻也。”又中華本校勘記云：“各本並脱‘陽’字，據《南齊書·州郡志》補。按《南齊書·州郡志》，西河陽郡，領比蘇、建安、成昌三縣。與此領縣並同。”按：此以後出之《南齊書·州郡志》改先前之《宋書·州郡志》，而又別無依據，不妥。畢沅《晋書地理志新補正》、洪亮吉《東晋疆域志》卷三、汪士鐸《南北史補志》卷五、譚其驤主編《中國歷史地圖集》（中國地圖出版社1982年版）第四册，均作“西河郡”，應是。蓋晋成帝時分河陽郡西部立西河郡，而原河陽郡也改稱東河陽郡。西河，郡名。治芘蘇縣，今雲南雲龍縣境。

芘蘇令，[1]前漢屬益州郡，後漢、《晋太康地
志》屬永昌。"芘"作"比"。[2]

成昌令，[3]晋成帝立。

建安長，[4]晋成帝立。

[1]芘蘇：縣名。治今雲南雲龍縣境。

[2]"芘"作"比"：成孺《宋州郡志校勘記》："《南齊志》
亦作'比'。"按：《漢書·地理志上》益州郡、《續漢書·郡國志
五》益州永昌郡、《晋書·地理志上》寧州永昌郡並領"比蘇"。

[3]成昌：縣名。確址無考，當治今雲南雲龍、瀘水二縣一帶。

[4]建安：縣名。確址無考，當治今雲南雲龍、瀘水二縣一帶。

東河陽太守，[1]晋懷帝永嘉五年，寧州刺史王遜分
永昌、雲南立。[2]《永初郡國》又有西河陽，領楪榆、
遂段、新豐三縣，[3]何、徐無。遂段、新豐二縣，二漢、晋並
無。[4]領縣二。户一百五十二。去州二千。去京都水一萬
五千。

[1]東河陽：郡名。治東河陽縣，今雲南大理市東鳳儀鎮。

[2]"晋懷帝永嘉五年"至"雲南立"：錢大昕《考異》卷二
三《宋書·州郡志四》："案：《王遜傳》不言分立東河陽郡。"孫
彪《考論》卷二："按河陽名郡始此，當本無東字，成帝分郡時
加。"按：《水經注》卷三六《温水》"後立河陽郡，治河陽縣"熊
會貞按："《華陽國志》四，河陽郡寧州刺史王遜分雲南立，郡治
河陽縣……宋、齊《志》謂之東河陽郡東河陽縣。"又《晋書·地
理志上》寧州、畢沅《晋書地理志新補正》、洪亮吉《十六國疆域

志》卷六，成漢李氏時有河陽郡，洪亮吉《東晉疆域志》卷三：
“永昌郡，漢置。東晉分出東河陽、西河等郡。”又譚其驤主編
《中國歷史地圖集》第四册“東晉”（太元七年）作“河陽郡”，
“劉宋”（大明八年）作“東河陽郡”，南齊建武四年“寧州”作
“東河陽郡”（治東河陽）、“西河陽郡”（治楪榆）。據此，則先有
河陽郡，東晉始分立爲東河陽郡（治東河陽）、西河陽郡（治楪
榆）。

　　[3]“《永初郡國》”至“新豐三縣”：各本並作“西河陽”，
中華本改“西河陽”爲“西阿”，中華本校勘記云：“‘西阿’各本
並作‘西河陽’，據《南齊書·州郡志》改。按《南齊志》，西阿
郡領楪榆、新豐、遂段三縣，與此領縣並同。”按：此以後出之
《南齊書·州郡志》改先前之《宋書·州郡志》，而又別無依據，
不妥。譚其驤主編《中國歷史地圖集》第四册南齊建武四年“寧
州”東河陽郡（治東河陽）、西河陽郡（治楪榆）、西河郡（治比
蘇）並列，如此，則應改《南齊書·州郡志》“西阿郡”爲“西河
陽郡”，而不應改此處“西河陽”爲“西阿”。參上條按語。

　　[4]遂段、新豐二縣，二漢、晉並無：方國瑜《中國西南歷史
地理考釋》第二篇“雲南郡”條云：前漢“設葉榆一縣，轄境甚
廣，初因荒僻，後漸開發。至東晉以此一縣地分設一郡，領二縣。
蓋新設之東河陽縣在其北境，後又分設新豐、遂段二縣在其北部偏
西之地，時已分作四縣，即由於已多開發”，即東晉時東河陽郡實
領東河陽、楪榆、遂段、新豐四縣，又云新豐、遂段二縣當在今雲
南蘭坪等縣一帶。

　　　東河陽令，[1]何不注置立，疑與郡俱立。
　　　楪榆長，[2]前漢屬益州郡，後漢屬永昌，《晉太
康地志》屬雲南。前漢“楪”作“葉”。

[1]東河陽：縣名。治今雲南大理市東鳳儀鎮。

[2]楪榆：縣名。治今雲南大理市西北喜洲鎮。

雲南太守，[1]《晋太康地志》云，故屬永昌。何志劉氏分建寧、永昌立。[2]領縣五。疑[3]户三百八十一。去州一千五百。去京都水一萬四千五百。

[1]雲南：郡名。治雲南縣，今雲南祥雲縣東南雲南驛鎮。

[2]何志劉氏分建寧、永昌立：方國瑜《中國西南歷史地理考釋》第二篇"雲南郡"云："《三國志·蜀後主傳》：'建興三年，分建寧、永昌郡爲雲南郡。'《南中志》：'建興三年，分建寧、越嶲置雲南郡。'《晋書·地理志》：'雲南郡，蜀置，統縣九。'按雲南郡屬縣，僅梇棟一縣原屬建寧，餘八縣原屬永昌及越嶲郡。"按：據《晋書·地理志上》，寧州雲南郡統雲平、雲南、梇棟、青蛉、姑復、邪龍、楪榆、遂久、永寧九縣。

[3]領縣五。疑：此云領縣五，而下祇四縣。成孺《宋州郡志校勘記》云："'五'下原注'疑'字。案《南齊志》雲南郡東古復、西古復、雲平下有邪龍，即《晋志》雲南郡之邪龍縣也。疑《宋志》本有邪龍縣，而傳寫者失之。"中華本校勘記引《宋州郡志校勘記》之説並云："邪龍，《漢志》屬益州郡，《續漢志》屬永昌郡，《晋志》屬雲南郡。疑'西姑復長'一行後奪：'邪龍□，漢舊縣，屬益州郡，後漢屬永昌，《晋太康地志》屬雲南'二行。"邪龍，縣名。治今雲南巍山彝族回族自治縣境。

雲南令，[1]前漢屬益州郡，後漢屬永昌，《晋太康地志》屬雲南。

雲平長，[2]晋武帝咸寧五年立。

東古復長，[3]漢屬越嶲，《晉太康地志》屬雲南，並云姑復。《永初郡國》、何並云東古復。何不注置立。

西古復長，[4]《永初郡國》有。何不注置立。

[1]雲南令：方國瑜《中國西南歷史地理考釋》第二篇"雲南郡"條云："謝肇淛《滇略》曰：'漢武時，彩雲見白崖，縣在其南，故曰雲南。'此望文生訓。"雲南，縣名。治今雲南祥雲縣東南雲南驛鎮。

[2]雲平：縣名。治今雲南賓川縣境。

[3]東古復：縣名。治今雲南永勝縣東。

[4]西古復：縣名。治今雲南永勝縣西北。

興寧太守，[1]晉成帝分雲南立。領縣二。戶七百五十三。去州一千五百。去京都水一萬四千五百。

[1]興寧：郡名。治梇棟縣，今雲南姚安縣北。

梇棟令，漢舊縣，屬益州，《晉太康地志》屬雲南。[1]

青蛉令，[2]漢舊縣，屬越嶲，《晉太康地志》屬雲南。

[1]梇棟令，漢舊縣，屬益州，《晉太康地志》屬雲南：中華本校勘記云："'梇棟'《續漢書·郡國志》《廣韻》同。《漢書·地理志》《華陽國志》《南齊書·州郡志》《水經·若水注》作'弄棟'。"按：《説文解字》曰："梇，木也。從木弄聲，益州有梇棟

縣。"則當作"梌棟"。此縣於《漢書·地理志》屬益州郡，於《續漢書·郡國志》屬益州郡，於《晋書·地理志》屬寧州雲南郡。梌棟，縣名。治今雲南姚安縣北。

[2]青蛉：縣名。治今雲南大姚縣。

　　興古太守，[1]漢舊郡，《晋太康地志》故牂牁。何志劉氏分建寧、牂牁立，則是後漢末省也。[2]領縣六。戶三百八十六。去州二千三百。去京都水一萬六千。

[1]興古：郡名。治漏臥縣，今雲南羅平縣境。
[2]"漢舊郡"至"後漢末省也"：成孺《宋州郡志校勘記》："案'興古太守漢舊郡'七字當是舊志文。檢《兩漢志》實無興古郡，沈約意謂據何志云劉氏分建寧、牂牁立，則是後漢末置也，'省'疑是'置'字之訛。"按：《水經注》卷三六《温水》："劉禪建興三年，分牂牁置興古郡。"楊守敬按："《蜀志·後主傳》，建興三年，分建寧、牂牁爲興古郡。《華陽國志》四同，《宋志》引何《志》亦云劉氏分建寧、牂柯立。此脱'建寧'二字。"又《宋州郡志校勘記》改"省"爲"置"不妥，蓋改爲"置"後，於文意有所不通（既云"漢舊郡"，又云"則是後漢末置也"，不合本志行文習慣；又劉禪建興三年，也不得云"後漢末"）。今原沈約志文本意，是謂興古爲漢舊郡，及後漢末年省興古郡，蜀漢劉氏時又立。

　　漏臥令，[1]漢舊縣，屬牂牁。[2]
　　宛暖令，漢舊，屬牂牁。[3]本名宛温，爲桓温改。
　　律高令，漢舊縣，屬益州郡，後省。[4]晋武帝

咸寧元年，分建寧郡脩雲、俞元二縣間流民復立律
高縣。脩雲、俞元二縣，二漢無。[5]

西安令，江左立。[6]

句町令，漢舊縣，屬牂柯。[7]

南興長，[8]江左立。

[1]漏卧：縣名。治今雲南羅平縣境。

[2]漢舊縣，屬牂柯：《漢書·地理志上》牂柯郡、《續漢書·郡國志五》益州牂柯郡、《晋書·地理志上》寧州興古郡並領漏卧縣。

[3]宛暖令，漢舊，屬牂柯：中華本校勘記云：“據志例，疑‘漢舊’下脱‘縣’字。”《漢書·地理志上》牂柯郡、《續漢書·郡國志五》益州牂柯郡、《晋書·地理志上》寧州興古郡並領宛温縣。宛暖，縣名。治今雲南硯山縣北。

[4]律高令，漢舊縣，屬益州郡，後省：《漢書·地理志上》益州郡、《續漢書·郡國志五》益州益州郡、《晋書·地理志上》寧州興古郡並領律高縣。此“後省”，《水經注》卷三七《葉榆水》楊守敬按曰：“蜀省，晋咸寧元年復置。”又方國瑜《中國西南歷史地理考釋》第二篇“興古郡律高”條云：“《宋志》咸寧元年復立律高縣，或因蜀漢已廢，晋設寧州後復置。”律高，縣名。治今雲南彌勒縣南竹園鎮。

[5]脩雲、俞元二縣，二漢無：孫彪《考論》卷二：“按俞元二漢皆有，在益州郡，沈偶失檢。前晋寧郡七縣，據南齊有俞元，而志亦闕。”按：《晋書·地理志上》寧州建寧郡有修雲縣，治今雲南彌勒縣南。本志無脩雲縣，當已併於律高縣。

[6]西安令，江左立：中華本校勘記云：“‘西安’《南齊書·州郡志》作‘西中’。”又《中國西南歷史地理考釋》第二篇“興古郡都夢”條云：“太康二年置都唐縣……又都唐屬興古郡，則爲

興古郡之一縣，而《宋志》無此縣，有西安縣，則所謂‘江左立’者，即江左改名，而《宋志》誤注於都陽耳。”參本志“寧州刺史西平太守都陽”條注釋。西安，縣名。治今雲南文山縣境。

[7]句町令，漢舊縣，屬牂柯：《漢書·地理志上》牂柯郡、《續漢書·郡國志五》益州牂柯郡、《晋書·地理志上》寧州興古郡並領句町縣。句町，縣名。治今雲南廣南縣境。

[8]南興：縣名。治今貴州興義市境。

梁水太守，[1]晋成帝分興古立。[2]領縣七。户四百三十一。去州水三千。去京都水一萬六千。

[1]梁水：郡名。治梁水縣，今雲南開遠市境。

[2]晋成帝分興古立：錢大昕《考異》卷二三《宋書·州郡志四》：“按《王遜傳》，遜以地勢形便上分永昌爲梁水郡。此云晋成帝立，又以爲分興古地，皆不合。洪亮吉曰：案《水經注》，劉禪分興古之盤南，置郡於梁水縣。則蜀時已有此郡，東晋復立耳。”又吳增僅《三國郡縣表附考證》楊守敬《補正》曰：“《水經·温水注》：又東南，逕梁水郡南。是以劉禪分興古之盤南，置郡於梁水縣也。則梁水郡亦蜀置。而《華陽國志》云王遜分置在興古之盤南。《晋書·王遜傳》：分永昌郡爲梁水郡。《宋志》云：梁水太守，晋成帝分興古立，梁水縣與郡俱立。趙一清疑本爲蜀立，旋廢，至東晋成帝復立也。”又胡阿祥《六朝疆域與政區研究》第二章第二節指出：寧州瀕臨邊疆之郡，爲永昌郡與梁水郡。兩晋永昌郡與梁水郡。西晋永昌郡的地域範圍，基本上沿襲蜀漢未變，邊疆地界亦基本上未曾改動，即西北抵今中、印、緬三國交接地帶，西部越過今緬甸伊洛瓦底江，南至今雲南西雙版納傣族自治州邊境，東南部與興古郡西隨縣的西部地界相接。及西晋元康（291—299）末，吕祥爲永昌太守，“值南夷作亂，閩濮（即緬戎，係孟高棉系

統的民族）反，（郡治）乃南移永壽（今雲南耿馬傣族佤族自治縣境），去故郡（按：故郡治在今雲南保山市東北）千里，遂與州隔絕。"（《華陽國志・南中志》）永昌郡與内地的聯繫也更爲懸遠，統治愈加鬆弛下來。至咸康八年（342），便索性撤銷了永昌郡。永昌郡被撤銷之後，對永昌郡西北部、西部和南部邊疆便失去了控制力。但當時永昌郡邊界之外並不存在另一個強大的國家，所以原永昌郡之地也並不曾爲任何其他國家侵占。又梁水郡爲西晉末東晉初王遜分興古郡置，其南部邊疆有西隨縣（治今雲南金平苗族瑤族傣族自治縣境），邊界狀況亦沿蜀漢、西晉之舊，即東鄰交州西北界，南部邊界則在今越南萊州省西部和南部地帶（約拾宋早再山以東北一綫）。劉宋永昌郡與梁水郡。作爲寧州西南邊疆的永昌郡，不見載於本書《州郡志》，研究者認爲其原因是宋元嘉中永昌郡内少數民族闇濮的反抗，雖然爨龍顏"收合精鋭，五千之衆，身佂矢石，撲碎千計"（《爨龍顏碑》），將之鎮壓下去，却未能將永昌郡重新建立起來。永昌郡的不能復立，説明宋對寧州西南邊疆的統治仍然鬆弛。又寧州南部邊境，則本志寧州梁水郡仍有西隋縣。西隋縣界東接交州，南部邊界仍在今越南萊州省的西部和南部地帶。蕭齊永昌郡與梁水郡。《南齊書・州郡志下》雖有了永昌郡的記載，但"有名無民，曰空荒不立"，形同虚設。至於寧州南部的梁水郡及西隨縣，則《南齊書・州郡志下》與本志的記載相同，説明蕭齊寧州南部的邊疆狀況與宋基本一致。

梁水令，[1] 與郡俱立。

騰休長，[2] 漢舊縣，屬益州郡，《晋太康地志》屬興古，何志故屬建寧，晋武帝徙興古治之，遂以屬焉。

西隋令，[3] 漢舊縣，屬牂柯，《晋太康地志》屬興古。並作"隨"。[4]

毋棳令，^[5]漢舊縣，屬益州郡，《晋太康地志》
屬興古。劉氏改曰西豐，晋武帝泰始五年，復爲
毋棳。

新豐長，^[6]何志不注置立。

建安長，^[7]何志不注置立。

鐔封長，^[8]漢舊縣，屬牂牁，《晋太康地志》屬
興古。

[1]梁水：縣名。治今雲南開遠市境。

[2]騰休：成蓇《宋州郡志校勘記》："騰，《兩漢志》作勝，
《晋志》作滕，《南齊志》亦作勝。"中華本校勘記云："'騰休'
《漢書·地理志》《續漢書·郡國志》《華陽國志》《南齊書·州郡
志》《水經·温水注》作'勝休'。《晋書·地理志》作'滕休'。"
按：此"騰休"，疑以形近而誤，當作"勝休"。騰休，當作勝休，
縣名。治今雲南江川縣北。

[3]西隋：縣名。治今雲南金平苗族瑶族傣族自治縣境。

[4]《晋太康地志》屬興古。並作"隨"：《宋州郡志校勘記》：
"《南齊志》亦作'隨'，與漢、晋同。"按：《晋書·地理志上》寧
州興古郡領縣中無西隨。方國瑜《中國西南歷史地理考釋》第二篇
"興古郡進桑條"云："《華陽國志》梁水郡亦有西隨縣，則《晋
志》應補此縣。"

[5]毋棳：《宋州郡志校勘記》："《續志》《晋志》並作'母
掇'，與此同。《班志》作'毋棳'，師古曰：毋讀與無同，棳字從
木。據莽曰有棳，則作'母'讀'無'者是。"又《〈宋州郡志校
勘記〉校補》楊守敬曰："《水經注》作'毋棳'。"又張元濟《校
勘記》曰：宋本作"毋掇令"，殿本作"母掇令"，"母字誤，見
《晋書·地志上》"。又中華本校勘記云："'毋棳'各本並作'毋
掇'，據《漢書·地理志》《水經·温水注》改。《續漢書·郡國

志》、《華陽國志》、《晉書·地理志》、舊本《南齊書·州郡志》亦並作毋掇。《漢書》顏師古注曰：'掇音之悦反。其字從木。'錢大昕《廿二史考異》云：'《説文》，掇，從木，此從手誤。《前志》亦作掇。'"毋掇，縣名。治今雲南華寧縣境。

［6］新豐：縣名。治今雲南蒙自縣境。

［7］建安：縣名。治今雲南建水縣境。

［8］譚封：縣名。治今雲南丘北縣境。

　　廣州刺史，[1]吳孫休永安七年，分交州立。[2]領郡十七，縣一百三十六。[3]户四萬九千七百二十六，口二十萬六千六百九十四。去京都水五千二百。

　　［1］廣州：治番禺縣，今廣東廣州市。

　　［2］吳孫休永安七，年分交州立：丁福林《校議》云："《晉書·地理志下》云：'吳黃武五年，分交州之南海、蒼梧、郁林、高梁四郡立爲廣州，俄復舊。永安六年（丁福林按：應是七年，見《三國志·吳書·三嗣主傳》）復分交州置廣州。'則廣州之立實在吳孫權黃武五年，《三國志·吳書·吳主傳》所載可爲之證。至孫休永安七年，乃復立耳，此直云'永安七年，分交州立'，非是。"按：吳黃武五年（226）分交州東部置廣州，旋復舊。永安七年（264）復分交州置廣州。見《三國志》卷四七《吳書·吳主傳》、卷四八《吳書·孫休傳》、卷六〇《吳書·吕岱傳》。

　　［3］領郡十七，縣一百三十六：王鳴盛《十七史商榷》卷五七云："廣州刺史領郡十七，而今數之，實十八，多一郡。"按：又數之，縣一百五十八。又本志廣州所領郡、縣之標準年代並非大明八年（464），而大略是宋末，如大明八年時，廣州領有臨漳郡，而志中臨漳太守屬越州（越州泰始七年立）；又蒼梧太守領思安、封興、蕩康、僑寧四縣，此四縣本屬晉康郡，"疑是宋末度此也"，而建陵

縣大明八年時屬蒼梧郡，志中屬湘州始建國，"宋末度"；又新寧太守領縣中無永城，"永城當是大明八年以後省"；又永平太守領縣中無盧平、連寧、開城三縣，此三縣"當是大明八年以後省"，等等皆是。

南海太守，[1]秦立。秦敗，尉他王此地，至漢武帝元鼎六年開，屬交州。[2]領縣十。戶八千五百七十四，口四萬九千一百五十七。

[1]南海：郡名。治番禺縣，今廣東廣州市。

[2]尉他王此地，至漢武帝元鼎六年開，屬交州："尉他"指秦南海尉趙佗。先是秦始皇三十三年（前214）取五嶺以南陸梁地置爲南海、桂林、象郡。秦亡以後，南海尉趙佗擁三郡自立南越國。漢興，無力用兵嶺南，趙氏政權延續近百年之久。漢武帝元鼎六年（前111）平南越，置郡（有九郡、七郡、十郡三説），南海郡其一也。元封五年（前106）置十三刺史部，南海郡屬交趾刺史部。《漢書·地理志下》"南海郡"條："武帝元鼎六年開，屬交州。"

番禺男相，[1]漢舊縣。

熙安子相，文帝立。[2]

增城令，[3]前漢無，後漢有。

博羅男相，[4]漢舊縣。二漢皆作"傅"字，[5]《晋太康地志》作"博"。

酉平令，[6]《永初郡國》有。

龍川令，舊縣。[7]

懷化令，[8]晋安帝立。

綏寧男相，[9]文帝立。

高要子相，[10]漢舊縣，屬蒼梧，文帝廢。[11]

始昌令，[12]文帝立。

[1]番禺：國名。治今廣東廣州市。

[2]熙安子相，文帝立：此“文帝”謂宋文帝。熙安，國名。治今廣東廣州市西北。

[3]增城：縣名。治今廣東增城市東北。

[4]博羅：國名。治今廣東博羅縣。

[5]二漢皆作“傅”字：洪頤煊《諸史考異》卷四《博羅》：“今本《漢書·地理志》《續漢書·郡國志》皆作博羅，無作博（按：‘博’當是‘傅’之誤）字者。”成孺《宋州郡志校勘記》：“今本兩《漢志》並作‘博’。”按：沈約既言之鑿鑿，則《漢書·地理志》《續漢書·郡國志》或本作“傅羅”，後人誤作“博羅”？而據《續漢書·郡國志五》“交州南海郡博羅”條劉昭注“有羅浮山，自會稽浮往博山，故置博羅縣”，果如此，則本作“博羅”，沈約所見本《漢書·地理志》《續漢書·郡國志》誤？

[6]酉平：縣名。治今廣東惠州市惠陽區西北。

[7]龍川令，舊縣：成孺《宋州郡志校勘記》：“《兩漢志》南海郡並有龍川縣，疑舊上脫‘漢’字。”中華本校勘記引《宋州郡志校勘記》並云：“按《漢書·地理志》《續漢書·郡國志》並有此縣。”按：龍川，秦縣，趙佗秦末爲南海郡龍川縣令。《漢書·地理志下》南海郡有龍川縣，依本志書法，“舊”上脫“漢”字。龍川，縣名。治今廣東龍川縣西南佗城鎮。

[8]懷化：縣名。治今廣東廣州市東南。

[9]綏寧：國名。治今廣東增城市西南。

[10]高要：國名。治今廣東肇慶市。

[11]漢舊縣，屬蒼梧，文帝廢：高要縣，《漢書·地理志下》、

《續漢書·郡國志五》交州、《晋書·地理志下》廣州屬蒼梧郡，本志、《南齊書·州郡志上》屬南海郡。此作"文帝廢"，"廢"或是"度"之誤，言本屬蒼梧郡，宋文帝度屬南海郡，故下"蒼梧太守"條云："《永初郡國》又有高要、建陵、寧新、都羅、端溪、撫寧六縣……高要何志無，餘與《永初郡國》同。"又或"文帝廢"後脱"後復置"三字。

〔12〕始昌：縣名。治今廣東四會市北。

蒼梧太守，[1]漢武帝元鼎六年立。《永初郡國》又有高要、建陵、寧新、都羅、端溪、撫寧六縣。建陵、寧新，吳立。都羅，晋武分建陵立。晋武帝太康元年，改新寧曰寧新。[2]端溪、別見。撫寧始見《永初郡國》。高要何志無，餘與《永初郡國》同。徐志無建陵、寧新、撫寧三縣。何、徐二志並有懷熙一縣。思安、封興、蕩康、僑寧四縣，疑是宋末度此也。今領縣十一。户六千五百九十三，口萬一千七百五十三。去州水八百。去京都水五千五百九十。

〔1〕蒼梧：郡名。治廣信縣，今廣西梧州市。
〔2〕晋武帝太康元年，改新寧曰寧新：此言吳立新寧，晋武帝太康元年改曰寧新。"寧新，吳立"者，承上"《永初郡國》又有……寧新"云云而言也。

廣信令，[1]漢舊縣。
猛陵令，[2]漢舊縣。
懷熙令，[3]文帝立。
思安令，[4]《永初郡國》有，及何志並屬晋康，徐志度此。

封興令，[5]《永初郡國》有，及何志並屬晉康，徐志度此。

蕩康令，[6]《永初郡國》有，及何志並屬晉康，徐志度此。

僑寧令，[7]《永初郡國》有，及何志並屬晉康，徐志度此。

遂成令，[8]《永初郡國》有。

丁留令，[9]晋武帝太康七年，以蒼梧蠻夷賓服立，□作“丁溜”。溜音留。

廣陵令，[10]《永初郡國》有。

武化令，[11]徐志以前無，疑是宋末所立。

[1]廣信：縣名。治今廣西梧州市。

[2]猛陵：縣名。治今廣西蒼梧縣西北。

[3]懷熙：縣名。確址無考，當在今廣西梧州市及其周邊一帶。

[4]思安：縣名。確址無考，當在今廣西梧州市及其周邊一帶。

[5]封興：縣名。治今廣東封開縣東北。

[6]蕩康：縣名。確址無考，當在今廣西梧州市及其周邊一帶。

[7]僑寧：縣名。確址無考，當在今廣西梧州市及其周邊一帶。

[8]遂成令：中華本校勘記云：“‘遂成’《隋書·地理志》同。《南齊書·州郡志》《元和郡縣志》作‘遂城’。”遂成，縣名。治今廣西蒼梧縣。

[9]丁留：縣名。確址無考，當在今廣西梧州市及其周邊一帶。

[10]廣陵：縣名。確址無考，當在今廣西梧州市及其周邊一帶。

[11]武化：縣名。確址無考，當在今廣西梧州市及其周邊

一帶。

晋康太守，[1] 晋穆帝永和七年分蒼梧立，治元溪。《永初郡國》治龍鄉。何志無復龍鄉縣，[2] 當是晋末立，元嘉二十年前，以龍鄉併端溪也。《永初郡國》又有封興、蕩康、思安、遼安、開平縣。何志無遼安、開平二縣，餘與《永初郡國》同。封興、蕩康、思安、別見。遼安、開平，應是晋末立，元嘉二十年前省。[3] 今領縣十四。户四千五百四十七，口一萬七千七百一十。去州水五百。去京都水五千八百。

[1] 晋康：郡名。治端溪縣，今廣東德慶縣。

[2] 何志無復龍鄉縣：“何志”下各本並脱“無”字。成孺《宋州郡志校勘記》云：“據下云元嘉二十年前，以龍鄉併端溪，疑何志下脱‘無’字。”又孫彭《考論》卷二：“殿本作‘何復有’，似剜改，按當作‘何志無’三字。或云‘何志無復’連下‘龍鄉縣’爲句。”又張元濟《校勘記》曰：宋本、三本、北本、汲本作“何志復龍鄉縣”，殿本作“何復有龍鄉縣”，“殿本疑是”。中華本校勘記云：“各本並脱‘無’字，據成校補。”按：張元濟誤，成、孫、中華本校勘記是。龍鄉，縣名。治今廣東羅定市南，宋元嘉中廢，南朝齊復置。

[3] “封興”至“元嘉二十年前省”：封興、蕩康、思安“别見”者，“别見”上“蒼梧太守”條。又此處標點作“封興、蕩康、思安、别見。遼安、開平，應是晋末立，元嘉二十年前省”，與“蒼梧太守思安令”“封興令”“蕩康令”條不合。推詳此段志文，應是“封興、蕩康、思安、别見”與“遼安、開平，應是晋末立，元嘉二十年前省”兩層意思，其第一層意思，有“蒼梧太守思

安令”“封興令”“蕩康令”條志文爲證；其第二層意思，是就“《永初郡國》又有……遼安、開平縣。何志無遼安、開平二縣”所作的推論與補充說明。如此，則此段志文應讀作：“封興、蕩康、思安，別見。遼安、開平，應是晉末立，元嘉二十年前省。”

　　端溪令，漢舊縣，何志屬蒼梧，[1]徐志屬此。
　　晋化令，[2]何志不注置立，疑是晉末所立。
　　都城令，何志晋初分建陵立，今無建陵縣。按《太康地志》唯有都羅、武城縣。[3]
　　樂城令，[4]何志無，徐志有。
　　賓江令，[5]何志無，徐志有。
　　説城令，[6]何志無，徐志有。
　　元溪令，[7]《晋太康地志》屬蒼梧。
　　夫阮令，[8]《永初郡國》有。
　　僑寧令，[9]何志云漢舊縣，檢二漢《地理》《郡國》，無。蒼梧又有僑寧縣。[10]
　　安遂令，[11]文帝立。
　　永始令，[12]文帝立。
　　武定令，[13]文帝立。
　　文招令，[14]何志無，徐志有二文招，一屬綏建，一屬晉康。
　　熙寧令，[15]何志無，徐志有。

　　[1]端溪令，漢舊縣，何志屬蒼梧：《漢書·地理志下》蒼梧郡、《續漢書·郡國志五》交州蒼梧郡、《晋書·地理志下》廣州蒼梧郡並領“端溪”。端溪，縣名。治今廣東德慶縣。

［2］晋化：縣名。治今廣東郁南縣東南。

［3］"都城令"至"唯有都羅、武城縣"：《晋書·地理志下》廣州蒼梧郡領有建陵、都羅、武城，唯建陵在今廣西荔浦縣境，武城在今廣西平南縣境，都羅雖不可考，亦當在今廣西梧州市以西。如此，治今廣東郁南縣的都城縣，與建陵、都羅、武城三縣並無分合關係，都城縣當是宋新置。又"晋初分建陵立"者，據上"蒼梧太守"條爲都羅，所謂"都羅，晋武分建陵立"是也。又"今無建陵縣"者，若謂晋康郡無建陵縣則不誤，若謂當時無建陵縣則誤，檢本書《州郡志三》"湘州刺史始建内史"條："建陵男相，吳立，屬蒼梧，宋末度。"即此建陵縣。都城，縣名。治今廣東郁南縣。

［4］樂城：縣名。治今廣東德慶縣東悦城鎮。

［5］賓江：縣名。治今廣東德慶縣東。

［6］説城：縣名。治今廣東德慶縣東北。《南齊書·州郡志上》廣州晋康郡作"悦城"。

［7］元溪：縣名。治今廣東德慶縣東。

［8］夫阮：縣名。治今廣東羅定市西。

［9］僑寧：縣名。確址無考，當在今廣西梧州市與廣東郁南縣、羅定市一帶。

［10］蒼梧又有僑寧縣：此"僑寧"疑即蒼梧郡之僑寧，志文"蒼梧太守僑寧令"條云："《永初郡國》有，及何志並屬晋康，徐志度此。"

［11］安遂：縣名。治今廣東郁南縣東南連灘鎮。

［12］永始：縣名。確址無考，當在今廣東郁南縣、羅定市一帶。

［13］武定：縣名。確址無考，當在今廣東郁南縣、羅定市一帶。

［14］文招：縣名。治今廣東德慶縣東北。

［15］熙寧：縣名。確址無考，當在今廣東郁南縣、羅定市

一帶。

　　新寧太守，[1]晉穆帝永和七年，分蒼梧立。《永初郡國》有平興、永城縣，何、徐志有永城，無平興。此二縣當是晉末立。平興當是元嘉二十年以前省，永城當是大明八年以後省。何志又有熙寧縣，云新立，當是文帝所立。徐志無，當是元嘉二十年後省也。今領縣十四。戶二千六百五十三，口一萬五百一十四。去州水六百二十。去京都水五千六百。

　　[1]新寧：郡名。治今廣東新興縣東北。

　　南興令，何志漢舊縣。[1]檢二漢《地理》《郡國》《晉太康地志》並無。《永初郡國》有。
　　臨允令，漢舊縣，屬合浦，《晉太康地志》屬蒼梧。[2]何志，吳度蒼梧。
　　新興令，[3]《永初郡國》有，何志不注置立。
　　博林令，[4]《永初郡國》有，何志不注置立。
　　甘東令，[5]《永初郡國》有，何志不注置立。
　　單牒令，[6]《永初郡國》有，何志不注置立。
　　威平令，[7]《永初郡國》有，何志不注置立。
　　龍潭令，[8]文帝立。
　　平鄉令，[9]文帝立。
　　城陽令，[10]文帝立。
　　威化令，[11]文帝立。
　　初興令，[12]文帝立。

撫納令，[13]徐志有。

歸順令，[14]徐志有。

[1]南興令，何志漢舊縣：孫彪《考論》卷二："按漢五原郡有南興，何蓋謂此，然非其地也。"按：《漢書·地理志下》五原郡有南興縣，治今內蒙古准格爾旗境，與此南興縣邈不相及，何承天所謂"漢舊縣"，當非指五原郡之南興縣，《考論》想當然耳。南興，縣名。治今廣東新興縣東北。

[2]臨允令，漢舊縣，屬合浦，《晉太康地志》屬蒼梧：《漢書·地理志》合浦郡、《晉書·地理志下》廣州蒼梧郡領臨允縣，《續漢書·郡國志五》交州合浦郡作"臨元"，按："元"爲"允"字之誤。臨允，縣名。治今廣東新興縣南新興江東。

[3]新興：縣名。治今廣東新興縣。

[4]博林：縣名。治今廣東高要市西南。

[5]甘東：縣名。治今廣東陽春市西北。成孺《宋州郡志校勘記》："《南齊志》作'甘泉'"。《〈宋州郡志校勘記〉校補》楊守敬曰："此當從《齊志》作'甘泉'。"中華本校勘記云："'甘東'《南齊書·州郡志》作'甘泉'。"

[6]單牒：縣名。治今廣東新興縣東。

[7]威平：縣名。確址無考，當在今廣東高要市、陽春市之間。

[8]龍潭：縣名。治今廣東陽春市東北。

[9]平鄉：縣名。確址無考，當在今廣東高要市、陽春市之間。

[10]城陽：縣名。確址無考，當在今廣東高要市、陽春市之間。

[11]威化：縣名。確址無考，當在今廣東高要市、陽春市之間。

[12]初興：縣名。確址無考，當在今廣東高要市、陽春市之間。

[13]撫納：縣名。治今廣東高要市南。

[14]歸順：縣名。確址無考，當在今廣東高要市、陽春市之間。

永平太守，[1]晋穆帝升平五年，分蒼梧立。《永初郡國》有雷鄉、盧平、員鄉、逋寧、開城五縣，當是與郡俱立。何、徐志無雷鄉、員鄉，[2]又有熙平，云新立，疑是文帝所立。雷鄉、員鄉當是元嘉二十年以前省。盧平、逋寧、開城當是大明八年以後省。今領縣七。疑[3]户一千六百九，口一萬七千二百二。去州水一千二百。去京都水五千四百。

[1]永平：郡名。治安沂縣，今廣西岑溪市西北。

[2]何、徐志無雷鄉、員鄉："何徐志"各本並作"何志徐"。孫彪《考論》卷二："當云何、徐志。"張元濟《校勘記》曰：宋本、三本作"何志徐無當鄉員鄉"，殿本、北本、汲本作"何志徐無雷鄉員鄉"，"雷字疑是"。又中華本校勘記云"據孫彪説改"。

[3]今領縣七。疑：中華本校勘記云："按此云領縣七，而下衹六縣，故校者注云疑。永平太守序中有熙平，疑即《南齊書·州郡志》中之毗平。此所闕一縣，或即熙平。"

安沂令，[1]《永初郡國》有，何志不注置立。

豐城令，[2]吴立，屬蒼梧。《永初郡國》併安沂，當是宋初併。何志有，當是元嘉中復立。

蘇平令，[3]《永初郡國》有，何志不注置立。徐曰藉平。[4]

敝安令，[5]《永初郡國》有，何志不注置立。

夫寧令，[6]《永初郡國》有，何志不注置立。
武林令，[7]文帝立。

[1]安沂：縣名。治今廣西岑溪市西北。
[2]豐城：縣名。確址無考，當在今廣西岑溪市及其周邊一帶。
[3]蘇平：縣名。確址無考，當在今廣西岑溪市及其周邊一帶。
[4]藉平：成孺《宋州郡志校勘記》："'藉'南本作'籍'。"
[5]畝安：縣名。確址無考，當在今廣西岑溪市及其周邊一帶。
[6]夫寧：縣名。治今廣西藤縣東北。
[7]武林：縣名。治今廣西平南縣東南。

鬱林太守，[1]秦桂林郡，屬尉他，武帝元鼎六年復，
更名。[2]《永初郡國》有安遠、程安、威定、三縣別見。
中冑、歸化五縣。中冑疑即桂林之中溜。[3]歸化，二漢、
《晉太康地志》無，疑是江左所立。何志無中冑、歸化，
餘三縣屬桂林，徐志同。[4]今領縣十七。戶一千一百二
十一，口五千七百二十七。去州水一千六百。去京都水
七千九百。

[1]鬱林：郡名。治布山縣，今廣西桂平市西南古城。
[2]武帝元鼎六年復，更名：《漢書・地理志下》"鬱林郡"
條："故秦桂林郡，屬尉佗。武帝元鼎六年開，更名。"又《續漢
書・郡國志五》"交州鬱林郡"條："秦桂林郡，武帝更名。"
[3]中冑疑即桂林之中溜：中溜沿革清楚，宋時又爲桂林郡治，
其與中冑各別爲縣。
[4]徐志同：謂徐志安遠、程安、威定三縣亦屬桂林郡。按：
徐志鬱林郡有中冑、歸化二縣，見下。

布山令，[1] 漢舊縣。

領方令，[2] 漢舊縣，吳改曰臨浦，晋武復舊。

阿林令，[3] 漢舊縣。

鬱平令，[4] 吳立曰陰平，晋武太康元年更名。

新邑令，吳立。[5]

建初令，[6]《永初郡國》有，何志不注置立，徐同。

賓平令，[7]《永初郡國》有，何志不注置立。

威化令，[8]《永初郡國》有，何志不注置立。

新林令，[9]《永初郡國》有，何志不注置立。

龍平令，[10]《永初郡國》有，何志不注置立。

安始令，[11] 吳立曰建始，晋武帝太康元年更名。

懷安令，[12] 何志吳改，未知先何名。《吳録》地理無懷安縣名，《太康地志》無，《永初郡國》有。

晋平令，[13] 吳立曰長平，晋武帝太康元年更名。

綏寧令，[14]《永初郡國》併領方，何無徐有。

歸代令，[15] 徐志有。

中胄令，[16] 徐志有。

建安令，[17]《永初郡國》有，何無，徐有。

[1]布山：縣名。治今廣西桂平市西南古城屯。

[2]領方：縣名。治今廣西賓陽縣西南古城。參下"新邑令"條注釋。

［3］阿林：縣名。治今廣西桂平市東南油麻鎮。

［4］鬱平：縣名。治今廣西貴港市。參下"新邑令"條注釋。

［5］新邑令，吳立：吳增僅《三國郡縣表附考證》吳交廣二州鬱林郡考證云："《後漢書·南蠻傳》：靈帝建寧三年，谷永爲鬱林太守，招降烏滸人十餘萬內屬，開置七縣。考沈《志》《元和志》諸書，吳時鬱林郡屬當有新邑、長平、建始、陰平、臨浦、懷安、武安七縣，與谷永新開縣數適合，又皆同屬鬱林，而沈《志》云新邑、昌平（按：當作"長平"）、建始、武安四縣爲吳所立；懷安爲吳改名，未知其先何縣；《元和志》又謂吳改廣鬱爲陰平，改領方爲臨浦。竊謂《後漢·郡國志》於安、順後所置郡縣即不復載，漢末大亂，鬱林地處南徼，聲息隔絶，沈約《志序》謂三國無志，置縣不書，是彼時已無可徵。以事求之，疑新邑等七縣皆谷永所置，吳初省廣鬱入陰平，省領方入臨浦，省某縣入懷安，後又分武安置桂林郡。後世徒見吳時有此七縣，遂謂縣爲吳所立、爲吳所改，而谷永所開七縣，致無可考，於此不能無疑焉。"又李曉傑《東漢政區地理》第十章第六節以爲吳説"當是"。按：《後漢書》卷八六《南蠻傳》："靈帝建寧三年，鬱林太守谷永以恩信招降烏滸人十餘萬內屬，皆受冠帶，開置七縣。"新邑，縣名。確址無考，當在今廣西柳州、桂平、南寧三市之間。

［6］建初：縣名。確址無考，當在今廣西柳州、桂平、南寧三市之間。

［7］賓平：縣名。確址無考，當在今廣西柳州、桂平、南寧三市之間。

［8］威化：縣名。確址無考，當在今廣西柳州、桂平、南寧三市之間。

［9］新林：縣名。治今廣西上林縣北。

［10］龍平：縣名。確址無考，當在今廣西柳州、桂平、南寧三市之間。

［11］安始：縣名。確址無考，當在今廣西柳州、桂平、南寧三

市之間。參上"新邑令"條注釋。

　　[12]懷安：縣名。治今廣西貴港市西南。參上"新邑令"條注釋。

　　[13]晉平：縣名。確址無考，當在今廣西柳州、桂平、南寧三市之間。參上"新邑令"條注釋。

　　[14]綏寧：縣名。治今廣西賓陽縣東。

　　[15]歸代令：成孺《宋州郡志校勘記》："《南齊志》作'歸化'，疑'代'是'化'字形近之訛。本志鬱林太守下云徐志無中冑、歸化，亦其證。"中華本校勘記云："'歸代'《南齊書·州郡志》作'歸化'。"歸代，當作歸化，縣名。治今廣西昭平縣西北。

　　[16]中冑：縣名。確址無考，當在今廣西柳州、桂平、南寧三市之間。

　　[17]建安：縣名。確址無考，當在今廣西柳州、桂平、南寧三市之間。

　　桂林太守，[1]本縣名，屬鬱林。[2]吳孫晧鳳皇三年，分鬱林，[3]治武熙縣，[4]不知何時徙。《永初郡國》有常安、夾陽二縣。夾陽，晉武帝太康元年分龍岡立。常安，《太康地志》有而王隱無。[5]何、徐並無此二縣。今領縣七。戶五百五十八，口二千二百五。去州水一千五百七十五。去京都水六千八百。

　　[1]桂林：郡名。治中溜縣，今廣西武宣縣西南。

　　[2]本縣名，屬鬱林：桂林縣，《漢書·地理志下》鬱林郡領縣，治今廣西象州縣東南。又本有桂林郡，周振鶴《西漢政區地理》第四章述其始末曰：秦始皇三十三年（前214）取五嶺以南陸梁地置爲南海、桂林、象郡，其中桂林郡治今廣西桂平市西南古城，約當《漢書·地理志下》蒼梧郡全部與鬱林、合浦兩郡東半

部。秦亡以後，南海尉趙佗擁三郡自立南越國。漢武帝元鼎六年（前111）平南越，將故秦三郡析置成南海、蒼梧、合浦、鬱林、象郡等五郡，其蒼梧、鬱林兩郡由秦桂林郡所分，合浦郡有秦桂林郡之一部分。

［3］分鬱林：孫彪《考論》卷二："'分鬱林'下脱'立'字。"

［4］治武熙縣：應曰"治武安縣"。吳孫晧鳳皇三年（274）分鬱林郡立桂林郡時，縣名武安，晋太康元年（280）更名武熙。見下"武熙令"條。又《晋書·地理志下》廣州桂林郡首縣潭中，是西晋太康時已移治潭中，而武熙還屬鬱林；本志桂林郡首縣中溜，是宋時又移治中溜。

［5］"《永初郡國》"至"王隱無"："有長安、夾陽二縣"成孺《宋州郡志校勘記》："長，三本作常，下'立長安'同。"孫彪《考論》卷二以上兩"常安"作"長安"，云："'長安'殿本作'常安'。"

中溜令，[1]漢舊縣，屬鬱林，《晋太康地志》無。

龍定令，[2]晋武帝太康元年立桂林之龍岡，疑是。《永初郡國》、何、徐並云龍定。

武熙令，本曰武安，應是吳立，[3]晋武帝太康元年更名。故屬鬱林。

陽平令，[4]《永初郡國》、何、徐並有。何云新置。按晋武帝太康元年，立桂林之洋平縣，疑是。[5]

安遠令，[6]晋武帝太康六年立，屬鬱林。《永初郡國》猶屬鬱林，何、徐屬此。

　　　　程安令，[7]《永初郡國》屬鬱林，何、徐屬此。
疑是江左立。

　　　　威定令，[8]《永初郡國》屬鬱林，何、徐屬此。
疑是江左立。

　　[1]中溜：成孺《宋州郡志校勘記》：“《續志》同，班《志》
作‘中留’，《南齊志》亦作‘留’。”《〈宋州郡志校勘記〉校補》
楊守敬曰：“《水經注》作‘中留’。”中華本校勘記云：“‘中溜’
《續漢書·郡國志》同。《漢書·地理志》《南齊書·州郡志》《水
經·温水注》作‘中留’。顏師古曰：‘留音力救反。水名。’”中
溜，縣名。治今廣西武宣縣西南。

　　[2]龍定：縣名。治今廣西宜州市。

　　[3]武熙令，本曰武安，應是吳立：參上“鬱林太守新邑令”
條注釋、“桂林太守”條注釋。武熙，縣名。治今廣西柳江縣東南。

　　[4]陽平：縣名。確址無考，當在今廣西武宣縣、宜州市、柳
江縣一帶。

　　[5]立桂林之洋平縣，疑是：《宋州郡志校勘記》：洋縣，“據
《晉志》作‘羊（按：《歷代地理志彙編》本作“洋”）平’，疑
‘洋’下脱‘平’字。”中華本校勘記云：“各本並脱‘平’字，據
《晉書·地理志》補。”

　　[6]安遠：縣名。確址無考，當在今廣西武宣縣、宜州市、柳
江縣一帶。

　　[7]程安：縣名。確址無考，當在今廣西武宣縣、宜州市、柳
江縣一帶。

　　[8]威定：縣名。確址無考，當在今廣西武宣縣、宜州市、柳
江縣一帶。

高凉太守，[1]二漢有高凉縣，屬合浦，漢獻帝建安

二十三年，[2]吳分立，治思平縣，不知何時徙。[3]吳又立高熙郡，[4]太康中省併高涼，宋世又經立，尋省。《永初郡國》高涼又有石門、廣化、長度、宋康四縣。何、徐並無宋康，當是宋初所立，元嘉二十年以前省，其餘當是江左所立。[5]領縣七。户一千四百二十九，口八千一百二十三。去州水一千一百，去京都水六千六百。

[1]高涼：郡名。治今廣東陽江市西。

[2]漢獻帝建安二十三年：成孺《宋州郡志校勘記》：“《續志》合浦郡高涼注：建安二十五年，孫權立高涼郡。‘三’字疑有誤。”又中華本校勘記云：“‘二十三年’《續漢書·郡國志》作‘二十五年’。按建安二十五年，即魏黄初元年。”按：《續漢書·郡國志五》“交州合浦郡高涼”條劉昭注：“建安二十五年，孫權立高梁郡。”涼、梁同音異書，當以“涼”爲是，《三國志》卷六〇《吳書·吕岱傳》正作“涼”。

[3]治思平縣，不知何時徙：此既云“治思平縣，不知何時徙”，而下領縣之首縣又爲思平，此亦沈約自亂其例也。據《晉書·地理志》及《南齊書·州郡志上》，高涼郡治安寧，疑本志亦治安寧，譚其驤主編《中國歷史地圖集》第四册宋幅高涼郡正治安寧。蓋高涼郡先治思平，及西晉平吳，徙治安寧。

[4]吳又立高熙郡：金兆豐《校補三國疆域志·吳疆域志》“高興郡”條云：“《晉志》無高熙郡，疑即高興郡也。”按：洪亮吉、吳增僅、謝鍾英諸家三國疆域補志補表皆無高熙郡而有高興郡，《晉書·地理志下》廣州亦有高興郡無高熙郡，且高興郡治廣化縣，及《永初郡國》廣化縣屬高涼郡（參本條下文及“廣州刺史宋康太守廣化令”條）。據此，此高熙郡當爲高興郡之誤，蓋“熙”“興”形近而訛。

[5]其餘當是江左所立：本志“廣州刺史宋康太守廣化令”

條："《晋太康地志》有，屬高興，《永初郡國》屬高凉。"則廣化乃吳置，而非江左（東晋）立。

  思平令，[1]《晋太康地志》有。

  莫陽令，[2]《晋太康地志》有，屬高興。

  平定令，[3]何志有，不注置立。

  安寧令，[4]吳立。

  羅州令，[5]何志新立。

  西鞏令，[6]何志新立。

  禽鄉令，[7]何志新立。

[1]思平：縣名。治今廣東恩平市東北。

[2]莫陽：縣名。治今廣東陽春市西南漠陽江西。

[3]平定：縣名。確址無考，當在今廣東恩平、高州二市之間。

[4]安寧：縣名。治今廣東陽江市西

[5]羅州：縣名。治今廣東高州市西。

[6]西鞏：縣名。確址無考，當在今廣東恩平、高州二市之間。

[7]禽鄉：縣名。確址無考，當在今廣東恩平、高州二市之間。

  新會太守，[1]晋恭帝元熙二年，分南海立。《廣州記》云："永初元年，分新寧立，治盆允。"未詳孰是。[2]領縣十二，戶一千七百三十九，口萬五百九。去州三百五十。

[1]新會：郡名。治宋元縣，今廣東江門市新會區境。

[2]"晋恭帝元熙二年"至"未詳孰是"：晋恭帝元熙二年即宋永初元年，元熙二年六月，劉裕代晋建宋，改元熙二年爲永初元

年，而《晋書·地理志下》“廣州”條云：“恭帝分南海立新會郡。”則新會立郡在元熙二年六月前。又一云分南海立，一云分新寧立；考諸形勢，當是分南海立，蓋新會郡始立治盆允，而下“盆允令”條即云“《永初郡國》故屬南海，何、徐同”。

　　宋元令，[1]《永初郡國》無，文帝元嘉九年，割南海、新會、新寧三郡界上新民立宋安、新熙、永昌、始成、招集五縣。二十七年，改宋安爲宋元。

　　新熙令。[2]

　　永昌令。[3]

　　始成令。[4]

　　招集令。[5]

　　盆允令，[6]《永初郡國》故屬南海，何、徐同。

　　新夷令，吴立曰平夷，晋武帝太康元年更名，[7]故屬南海。

　　封平令，[8]《永初郡國》云故屬新寧，何云故屬南海，徐同。

　　封樂令，[9]文帝元嘉十二年，以盆允、新夷二縣界歸化民立。

　　初賓令，[10]何志新立。

　　義寧令，[11]何志新立。

　　始康令，[12]何志新立。

[1]宋元：縣名。治今廣東江門市新會區境。

[2]新熙：縣名。確址無考，當在今廣東江門市及其周邊一帶。

[3]永昌：縣名。確址無考，當在今廣東江門市及其周邊一帶。

[4]始成：縣名。確址無考，當在今廣東江門市及其周邊一帶。

[5]招集：縣名。確址無考，當在今廣東江門市及其周邊一帶。

[6]盆允：縣名。治今廣東江門市新會區北。

[7]新夷令，吳立曰平夷，晋武帝太康元年更名：洪亮吉《東晉疆域志》卷三"廣州新會郡新夷"條云："《晉書·地理志》尚名平夷。"《宋志》云云"似誤"。新夷，縣名。治今廣東江門市新會區西。

[8]封平：縣名。治今廣東江門市新會區西南。

[9]封樂：縣名。治今廣東江門市新會區西北。

[10]初賓：縣名。治今廣東開平市西北。

[11]義寧：縣名。治今廣東開平市西北天露山東。

[12]始康：縣名。治今廣東江門市新會區南。

東官太守，[1]何志故司鹽都尉，[2]晋成帝立爲郡。《廣州記》，晋成帝咸和六年，分南海立。領縣六。户一千三百三十二，口一萬五千六百九十六。去州水三百七十。去京都水五千六百七十。

[1]東官：郡名。治寶安縣，今廣東深圳市南山區。

[2]何志故司鹽都尉：中華本校勘記云："'司鹽都尉'各本並作'司監都尉'。張森楷《校勘記》云：'司監都尉官不經見，疑是司鹽都尉之誤。'按張校是。《通典·職官典·晋官品》有司鹽都尉。今訂正。"按：《太平寰宇記》卷一五七"嶺南道廣州東莞縣"條："吳孫晧以甘露元年置始興郡，以其地置司鹽都尉。"又"南海縣"條："《郡國志》云：'東官郡有蕪城，即吳時司鹽都尉壘。'"

寶安男相，《永初郡國》、何、徐並不注置立。[1]

安懷令，[2]《永初郡國》、何、徐並不注置立。

興寧令，[3]江左立。

海豐男相，[4]《永初郡國》、何、徐並不注置立。

海安男相，[5]吳曰海寧，晉武改名。《太康地志》屬高興。

欣樂男相，[6]本屬南海，宋末度。

[1]寶安男相，《永初郡國》、何、徐並不注置立：《元和郡縣圖志》卷三四“嶺南道廣州東莞縣”條：“本漢博羅縣地，晉成帝咸和六年於此置寶安縣。”則縣與郡同時立。寶安，縣名。治今廣東深圳市南山區。

[2]安懷令：“安懷”，成孺《宋州郡志校勘記》：“《南齊志》作‘懷安’。”又中華本校勘記云：“‘安懷’《南齊書·州郡志》作‘懷安’。”安懷，縣名。治今廣東惠東縣西北梁化。

[3]興寧：縣名。治今廣東興寧市西北。

[4]海豐：縣名。治今廣東海豐縣。

[5]海安：縣名。治今廣東台山市西南。

[6]欣樂：縣名。治今廣東惠州市惠陽區北。

義安太守，[1]晋安帝義熙九年，分東官立。領縣五。户一千一百一十九，口五千五百二十二。去州三千五百。去京都水八千九百。

[1]義安：郡名。治海陽縣，今廣東潮安縣東北。

海陽令,[1]何志晉初立。《晉太康地志》無。晉地記故屬東官。[2]

綏安令,[3]何志與郡俱立。晉地記故屬東官。

海寧令,[4]何志與郡俱立。晉地記故屬東官。

潮陽令,[5]何志與郡俱立。晉地記故屬東官。

義招令,[6]晉安帝義熙九年,以東官五營立。[7]

[1]海陽:縣名。治今廣東潮安縣東北。

[2]晉地記:依本志書法,此《晉地記》非《太康地志》,亦非王隱《晉書·地道記》,而爲別一書。

[3]綏安:縣名。治今福建漳浦縣西南。

[4]海寧:縣名。治今廣東惠來縣西。

[5]潮陽:縣名。治今廣東汕頭市潮陽區西北。

[6]義招:縣名。治今廣東大埔縣。

[7]晉安帝義熙九年,以東官五營立:《太平寰宇記》卷一五八"嶺南道潮州潮陽縣"條:"按《南越志》云:義安郡有義昭縣,昔流人營也。義熙元年(按:當作"九年")立爲縣。"

宋康太守,[1]本高凉西營,文帝元嘉九年立。領縣九。戶一千五百一十三,口九千一百三十一。去州水九百五十。去京都水五千九百七十。

[1]宋康:郡名。治廣化縣,今廣東陽江市西。

廣化令,[1]《晉太康地志》有,屬高興,《永初郡國》屬高凉。

單城令，[2]何志新立。

逐度令，[3]何志新立。

海鄰令，[4]何志新立。

化隆令，[5]何志新立。

開寧令，[6]何志新立。

綏定令，[7]何志新立。

石門長，[8]何志故屬高涼。

威覃長，[9]徐志有。

[1]廣化：縣名。治今廣東陽江市西。

[2]單城：縣名。確址無考，當在今廣東陽江市及其周邊一帶。

[3]逐度：成孺《宋州郡志校勘記》、中華本校勘記云《南齊書·州郡志》作"遂度"。逐度，縣名。確址無考，當在今廣東陽江市及其周邊一帶。

[4]海鄰：縣名。確址無考，當在今廣東陽江市及其周邊一帶。

[5]化隆：縣名。確址無考，當在今廣東陽江市及其周邊一帶。

[6]開寧：縣名。確址無考，當在今廣東陽江市及其周邊一帶。

[7]綏定：縣名。確址無考，當在今廣東陽江市及其周邊一帶。

[8]石門：縣名。確址無考，當在今廣東陽江市及其周邊一帶。

[9]威覃：縣名。確址無考，當在今廣東陽江市及其周邊一帶。

綏建太守，[1]文帝元嘉十三年立。孝武孝建元年，有司奏化注、永固、綏南、宋昌、宋泰五縣，舊屬綏建，中割度臨賀，相去既遠，疑還綏建。[2]今唯有綏南，餘並無。何、徐又有新招縣，[3]云本屬蒼梧，元嘉十九年改配。徐志晉康復有此縣，疑誤。[4]今領縣七。疑[5]戶三千七百六十四，口一萬四千四百九十一。去州闕

[1]綏建：郡名。治今廣東廣寧縣南綏江南岸。

[2]疑還綏建：孫虨《考論》卷二：“殿本‘疑’作‘宜’，剜改。”又張元濟《校勘記》曰：宋本、三本、北本、汲本作“疑”，殿本作“宜”，“按疑字似當旁注”。按：殿本作“宜”，於語義更勝。

[3]何、徐又有新招縣：各本並脱“有”字。成孺《宋州郡志校勘記》：“‘又’，疑當作‘志’。”《考論》卷二：“‘又’下脱‘有’字。”中華本校勘記云“據孫虨説補”。按：《宋州郡志校勘記》似爲未得，《考論》説更勝。今據孫説補。又此“新招縣”，應爲“文招縣”之誤，詳下條。

[4]徐志晉康復有此縣，疑誤：《考論》卷二：“按晉康徐志是文招。”按：檢本志廣州刺史晉康太守領有文招縣，云“文招令，何志無，徐志有二文招，一屬綏建，一屬晉康”。據此，晉康郡何志無文招縣，而徐志有，徐志綏建郡又有文招，則上志文所謂“何、徐又有新招縣”，當作“何、徐又有文招縣”。又原此段志文之義，也不應有“新招縣”，蓋“新招令”已見下文“新招令”條，云“新招令，本四會之官細鄉，元嘉十三年分爲縣”，與此“本屬蒼梧，元嘉十九年改配”之縣沿革不合。

[5]今領縣七。疑：中華本校勘記云：“按此云領縣七，而下祇有六縣，故校者注云疑。《南齊書·州郡志》綏建郡領縣尚有化注縣，疑《宋志》奪化注。”按：中華本校勘記疑誤。上文已云“化注、永固、綏南、宋昌、宋泰五縣”，“今唯有綏南，餘並無”，則何來“化注”？所奪一縣待考。

新招令，[1]本四會之官細鄉，元嘉十三年分爲縣。

化蒙令，[2]本四會古蒙鄉，元嘉十三年分爲縣。

懷集令，[3]本四會之銀屯鄉，元嘉十三年分爲縣。

四會男相，[4]漢舊縣，屬南海。

化穆令，[5]何志新立。

綏南令，[6]《永初郡國》、徐並無。

[1]新招：縣名。治今廣東廣寧縣西南賓亨鎮一帶。

[2]化蒙：縣名。治今廣東廣寧縣東南綏江北岸。

[3]懷集：縣名。治今廣東懷集縣。

[4]四會：國名。治今廣東四會市。

[5]化穆：縣名。治今廣東廣寧縣東南。

[6]綏南：縣名。確址無考，當治今廣東廣寧、懷集等縣一帶。

海昌太守，[1]文帝元嘉十六年立。何有覃化縣，徐無。領縣五。戶一千七百二十四，口四千七十四。去州水六百五十。去京都水五千四百九十四。

[1]海昌：郡名。治寧化縣，今廣東高州市東北。

寧化令，[1]徐志新立。

威寧令，[2]徐志新立。

永建令，[3]徐志新立。

招懷令，[4]徐志新立。

興定令，[5]文帝元嘉九年立，屬新會，後度此。

[1]寧化：縣名。治今廣東高州市東北。

［2］威寧：縣名。確址無考，當在今廣東高州、信宜二市一帶。
［3］永建：縣名。確址無考，當在今廣東高州、信宜二市一帶。
［4］招懷：縣名。確址無考，當在今廣東高州、信宜二市一帶。
［5］興定：縣名。確址無考，當在今廣東高州、信宜二市一帶。

宋熙太守，[1]文帝元嘉十八年，以交州流寓立昌國、義懷、綏寧、新建四縣爲宋熙郡，今無此四縣。二十七年，更名宋隆。孝武孝建中，復改爲宋熙。領縣七。户二千八十四，口六千四百五十。去州水三百四十五，去京都水五千二百。

［1］宋熙：郡名。治平興縣，今廣東佛山市高明區西古城。

平興令，[1]徐志新立。
初寧令，[2]徐志新立。
建寧令，[3]徐志新立。
招興令，[4]徐志新立。
崇化令，[5]徐志新立。
熙穆令，[6]徐志新立。
崇德令，[7]徐志新立。

［1］平興：縣名。治今廣東佛山市高明區西古城。
［2］初寧：縣名。治今廣東佛山市高明區西境。
［3］建寧：縣名。治今廣東佛山市高明區西境。
［4］招興：縣名。治今廣東佛山市高明區西境。
［5］崇化：縣名。治今廣東佛山市高明區西境。
［6］熙穆：縣名。治今廣東佛山市高明區西境。

[7]崇德：縣名。治今廣東佛山市高明區西境。

寧浦太守，[1]《晋太康地志》，武帝太康七年改合浦屬國都尉立。《廣州記》，漢獻帝建安二十三年，吳分鬱林立，[2]治平山縣。《吳録》，孫休永安三年，分合浦立爲合浦北部尉，[3]領平山、興道、寧浦三縣。[4]又云晋分平山爲始定，寧浦爲澗陽，未詳孰是。[5]《永初郡國》有安廣縣，無始定縣。何、徐並無此郡。領縣六。

[1]寧浦：郡名。治澗陽縣，今廣西橫縣西南六十里鬱江南岸。

[2]《廣州記》，漢獻帝建安二十三年，吳分鬱林立：張元濟《校勘記》曰：宋本、三本、汲本作"建安二十三年"，殿本、北本作"建安二十二年"。又李曉傑《東漢政區地理》第十章第六節云："惠棟引《廣州記》之文，以爲建安二十三年吳分鬱林立寧浦郡，王先謙以爲《廣州記》不足據，漢末無寧浦郡（《後漢書集解》）。王氏之説甚是。"

[3]《吳録》，孫休永安三年，分合浦立爲合浦北部尉：成孺《宋州郡志校勘記》："'尉'上疑脱'都'字。"中華本校勘記引《宋州郡志校勘記》出校。按：洪亮吉《補三國疆域志》云："遍檢諸地志，吳時所置郡，皆無寧浦，明郡係太康中所置，吳時止有合浦北部都尉也，《廣州記》及《晋·地理志》皆不足據。"又謝鍾英《補三國疆域志補注》云："沈《志》既引《吳録》以爲永安三年分合浦立合浦北部都尉，又引《廣州記》謂建安二十三年吳分鬱林立寧浦郡，治平山，自嫌歧誤，故於寧浦太守下引《太康地志》云武帝太康七年改合浦屬國都尉立寧浦郡，折衷《太康志》《廣州記》之誤自明。"又胡阿祥《六朝疆域與政區研究》第五章第二節云："據《宋書·州郡志》廣州寧浦太守條，吳永安三年分合浦郡立合浦北部都尉，晋太康七年改合浦屬國都尉立寧浦郡。疑

晋滅吴後，改合浦北部都尉爲合浦屬國都尉。"關於諸部都尉與屬國都尉，另詳本書《州郡志二》"江州刺史建安太守"條注釋。

［4］領平山、興道、寧浦三縣：據下文，所領三縣應爲平山、連道、昌平。按：吴時有連道無興道，有昌平無寧浦。

［5］未詳孰是：此"未詳孰是"者，應指前所引《晉太康地志》《廣州記》及《吴録》之不同的説法，非指"領平山、興道、寧浦三縣。又云晉分平山爲始定，寧浦爲澗陽"。如此，"未詳孰是"前，當作句號，作逗號不確。

澗陽令，[1]晉武帝太康七年立。《永初郡國》作"簡陽"。[2]

興道令，[3]晉武帝太康元年，以合浦北部營之連道立。《吴録》有此縣，未詳。

寧浦令，《晉太康地記》本名昌平，武帝太康元年更名。《吴録》有此縣，未詳。[4]

吴安令，[5]《吴録》無。

平山令，[6]《晉太康地記》有。

始定令，[7]《晉太康地記》有，《永初郡國》無。

［1］澗陽：縣名。治今廣西橫縣西南六十里鬱江南岸。成孺《宋州郡志校勘記》："'澗'，毛作'潤'。案寧浦太守下云'寧浦爲澗陽'，知'潤'爲'澗'字之訛。今據正。下《永初郡國》作'簡陽'，《南齊志》亦作'簡'，可證。"又孫彭《考論》卷二："'澗'，殿本作'潤'，誤。"又張元濟《校勘記》曰：宋本作"潤陽"，殿本"同誤"，"當作澗"。

［2］簡陽：張元濟《校勘記》曰：殿本、北本、汲本作"簡

陽", 宋本作"菌陽"。按:《南齊書·州郡志上》廣州寧浦郡亦作
"簡陽"。

　　[3]興道:縣名。治今廣西橫縣東南。

　　[4]"寧浦令"至"未詳":《宋州郡志校勘記》:"寧浦令以
下二十七字, 毛並脫, 從三本補。《南齊志》寧浦郡亦有寧浦縣。"
寧浦, 縣名。治今廣西橫縣西南七里鬱江南岸。

　　[5]吳安:縣名。治今廣西橫縣西。

　　[6]平山:縣名。治今廣西橫縣東北平山。

　　[7]始定:縣名。確址無考, 當治今廣西橫縣一帶。

　　晉興太守,[1]晉元帝太興元年, 分鬱林立。

　　[1]晉興:郡名。治晉興縣, 今廣西南寧市南鬱江(邕江)
南岸。

　　　　晉興。[1]
　　　　熙注。[2]
　　　　桂林。[3]
　　　　增翊。[4]
　　　　安廣。[5]
　　　　廣鬱。[6]
　　　　晉城。[7]
　　　　鬱陽。[8]

　　[1]晉興:縣名。治今廣西南寧市南鬱江(邕江)南岸。
　　[2]熙注:縣名。在今廣西南寧市以西境。
　　[3]桂林:縣名。在今廣西南寧市以西境。

［4］增翊：縣名。治今廣西隆安縣西北。

［5］安廣：縣名。治今廣西橫縣西北。

［6］廣鬱：縣名。治今廣西凌雲縣東境。

［7］晋城：縣名。治今廣西崇左市東北左州鎮。

［8］鬱陽：縣名。在今廣西南寧市以西境。

樂昌郡。[1]

［1］樂昌郡：王鳴盛《十七史商榷》卷五七《廣州刺史多一郡》云：“凡各州所領之郡，皆書某太守，不言郡。獨此州之末書樂昌郡不言太守，皆未詳。”中華本校勘記引《十七史商榷》出校。樂昌，郡名。治今廣東四會市北。

樂昌令。[1]

始昌令。[2]

宋元令。[3]

樂山令。[4]

義立令。[5]

安樂令。[6]

［1］樂昌：縣名。治今廣東四會市北。

［2］始昌：縣名。治今廣東四會市北。

［3］宋元：縣名。當在今廣東四會市北。

［4］樂山：縣名。治今廣東四會市北。

［5］義立：縣名。治今廣東四會市北。

［6］安樂：縣名。治今廣東四會市北。

交州刺史，[1]漢武帝元鼎六年開百越，交趾刺史治龍編。[2]漢獻帝建安八年，改曰交州，治蒼梧廣信縣，[3]十六年，[4]徙治南海番禺縣。及分爲廣州，治番禺，交州還治龍編。[5]領郡八，[6]縣五十三。[7]戶一萬四百五十三。去京都水一萬。

[1]交州：治龍編縣，今越南北寧省仙遊縣東。

[2]漢武帝元鼎六年開百越，交趾刺史治龍編：丁福林《校議》云："據《晉書·地理志下》云：'（漢）武帝元鼎六年，討平呂嘉，以其地爲南海、蒼梧、鬱林、合浦、日南、九真、交阯七郡，蓋秦時三郡之地。元封中，又置儋耳、珠崖二郡，置交阯刺史以督之。'則漢置交阯刺史並治龍編乃在武帝元封時。證之《漢書·武帝紀》所載，元封五年（前106）時初置刺史部十三州，自是年起刺史始有常治之所也。此條云元鼎六年（前111）開百越時即有交阯刺史治龍編事，非是，蓋當在此年之後五年，即元封五年時也。疑此條有脫文。"按：漢武帝元封五年（前106），始置十三刺史部，交阯其一也。

[3]漢獻帝建安八年，改曰交州，治蒼梧廣信縣：牟元珪《關於西漢十三刺史部治所問題》（《歷史地理研究》第二輯，復旦大學出版社1990年版）謂：《續漢書·郡國志五》交州蒼梧郡廣信注引《漢官》曰："刺史治，去洛陽九千里。"同志交州注引王範《交廣春秋》曰："交州治羸陘縣，元封五年移治蒼梧郡廣信縣。"如此，則武帝置交阯刺史部之初即治廣信。本志"交州刺史"條下云："漢武帝元鼎六年開百越，交阯刺史治龍編。"疑是東漢永和以後制度，非武帝時交州刺史治龍編。本志以治蒼梧廣信縣在建安八年，與《漢官》及《交廣春秋》說異。其間治所演變情況，因史料不足，難以考定，但《漢官》及《交廣春秋》治蒼梧廣信縣之說必有所據，或有多次移徙，致本志之說不同。但本志謂建安八年

（203）始改交趾爲交州，則失之過晚。西漢末揚雄的《十二州箴》中即有“交州箴”。東漢光武即位後，有交州刺史部，見《續漢書·百官志》，又以順帝永和五年（140 年）的簿籍作的《續漢書·郡國志》亦爲交州刺史部。可見西漢末以後即爲交州，不始於建安八年。按：以上交趾改交州及其治所問題，自來頗多異説。以上牟元珪的説法，大體本於顧頡剛，而依譚其驤的意見，本志此段志文大體不誤，即西漢但曰交趾刺史部，東漢建安八年始立爲交州，但交州之稱是否在建安八年以前就有，則不明白。參考譚其驤《討論兩漢州制致顧頡剛先生書》（原刊《復旦學報》1980 年第 3 期，收入譚其驤撰《長水集》，人民出版社 1987 年版）、《簡明中國歷史地圖集》（中國地圖出版社 1991 年版）“西漢時期圖説”“東漢時期圖説”。

　　[4]十六年：王鳴盛《十七史商榷》卷五七《建安十六年交州治番禺》：“案‘十六年’，司馬彪《續漢書》劉昭注及《晋書·地理志》，俱作十五年。”中華本校勘記云：“劉昭《續漢書·郡國志》注、《晋書·地理志》並作‘十五年’。”又《水經·泿水注》：交州“建安二十二年，遷州番禺，築立城郭”，則又一説。

　　[5]及分爲廣州，治番禺，交州還治龍編：吳黃武五年（226）分交州東部置廣州，旋復舊。吳永安七年（264）再分交州置廣州。參本志“廣州刺史”條注釋。

　　[6]領郡八：中華本校勘記云：“王鳴盛《十七史商榷》云：‘交州刺史領郡八，而今數之祇七郡，少一郡。’按脱去新昌郡。”按：關於脱新昌郡，參下“武平太守”條注釋。又本志交州的標準年代亦非大明八年（464），如所領義昌郡便是“宋末立”，而大明八年時屬交州的合浦郡、宋壽郡，本志屬泰始七年（471）始立的越州。

　　[7]縣五十三：以下交州七郡，依郡沿革中所述領縣數相加，爲四十八縣；數之，則四十三縣。蓋有脱誤。參下“武平太守”條注釋。

交趾太守，[1]漢武帝元鼎六年開。[2]領縣十二。户四千二百三十三。

[1]交趾：郡名。治龍編縣，今越南北寧省仙遊縣東。

[2]漢武帝元鼎六年開：周振鶴《西漢政區地理》下篇第四章：漢吕后、文帝時，趙佗南越國之勢鼎盛，以兵威邊，滅象郡以南之安陽國，置交趾、九真二郡。元鼎六年（前111），漢武帝平南越，交趾郡歸漢。又《漢書·地理志下》交趾郡治嬴陵，《續漢書·郡國志五》交州交趾郡治龍編。

龍編令，[1]漢舊縣。

句漏令，[2]漢舊縣。

朱䳒令，[3]漢舊縣。

吳興令，[4]吳立。

西于令，[5]漢舊縣。

定安令，[6]漢舊縣。

望海令，漢光武建武十九年立。[7]

海平令，[8]吳立曰軍平，晋武改名。

武寧令，[9]吳立。

嬴力知反婁令，漢舊縣。[10]

曲易音陽令，[11]漢舊縣。

南定令，[12]吳立曰武安，晋武改。何志無。

[1]龍編：縣名。治今越南北寧省仙遊縣東。

[2]句漏令，漢舊縣：成孺《宋州郡志校勘記》：“《漢志》作

苟扁，《續志》作苟漏，《晋志》亦作苟扁。師古曰：扁與漏同。《南齊志》與本志同。”句漏，縣名。治今越南河西省西北石室縣。

[3]朱䳸：縣名。治今越南興安省西北快州縣附近。

[4]吳興：縣名。確址無考，當在今越南紅河口一綫以北境。

[5]西于：縣名。治今越南河内市北東英一帶。

[6]定安令：成孺《宋州郡志校勘記》：“《續志》同，班《志》《晋志》並作安定。”《〈宋州郡志校勘記〉校補》楊守敬曰：“作‘安定’是，《魏志·陳留王紀》吕興都督交州，封定安侯。”《〈宋州郡志校勘記〉校補》譚其驤曰：“‘安定’當作‘定安’，傳寫者之誤。”中華本校勘記云：“‘定安’《續漢書·郡國志》同。《漢書·地理志》《水經·葉榆水注》《晋書·地理志》作‘安定’。”按：《三國志》卷四《魏書·陳留王奂紀》有“以（吕）興爲督交阯諸軍事、上大將軍、定安縣侯”語，則“《〈宋州郡志校勘記〉校補》譚其驤曰”之“安定”當作“定安”，此傳寫者之誤也。又據《三國志·魏書·陳留王奂紀》，似作“定安”爲長。定安，縣名。治今越南河南省、南定省紅河西南岸一帶。

[7]望海令，漢光武建武十九年立：《後漢書》卷二四《馬援傳》：“援奏言西于縣户有三萬二千，遠界去庭千餘里，請分爲封溪、望海二縣，許之。”又《續漢書·郡國志五》交州交阯郡有封溪、望海二縣，“建武十九年置”。又交阯郡在建武十六年（40）至十八年曾爲征側、征貳所領導的起義軍占領，十八年，起義軍爲馬援擊敗。封溪、望海二縣之置，或與此有關。望海，縣名。治今越南北江省西南橋江北岸。

[8]海平：縣名。治今越南廣寧省東北先安縣附近。

[9]武寧：縣名。治今越南北寧省北寧市。

[10]嬴力知反婁令，漢舊縣：《宋州郡志校勘記》：“《漢志》作嬴陵，《續志》作嬴陵，《晋志》作嬴陵，《南齊志》同班。”中華本校勘記云：“‘嬴婁’，《漢書·地理志》《南齊書·州郡志》《水經·葉榆水注》作‘嬴陵’。《續漢書·郡國志》作‘嬴陵’。

《晋書·地理志》《元和郡縣志》《廣韻》作'羸隓'。孟康曰：
'羸音連。'按本字當作'羸隓'，此蓋借羸爲羸，省隓作嫂。"羸
嫂，縣名。治今越南河內市西北。

[11]曲易：縣名。治今越南海陽省海陽市附近。

[12]南定：縣名。治今越南南定省南定市東南。

武平太守，吳孫晧建衡三年討扶嚴夷，以其地
立。[1]領縣六。[2]户一千四百九十。去州水二百一十，[3]
陸下闕。[4]

[1]武平太守，吳孫晧建衡三年討扶嚴夷，以其地立：《三國
志》卷四八《吳書·孫晧傳》：建衡三年（271），"諸將破扶嚴，
置武平郡"。又《晋書》卷五七《陶璜傳》："晧以璜爲使持節、都
督交州諸軍事、前將軍、交州牧。武平、九德、新昌土地阻險，夷
獠勁悍，歷世不賓，璜征討，開置三郡，及九真屬國三十餘縣。"
武平，郡名。治今越南永福省永安市東南。

[2]領縣六：殿本《宋書》所附考證："按此郡言領縣六，後
止列三縣，其三縣沿革失載。"成孺《宋州郡志校勘記》："《考
證》：此郡言領縣六，止列三縣，其三縣沿革失載。"按：殿本
《宋書》所附考證、《宋州郡志校勘記》之語未得之。下三縣非武
平太守所領，參下注釋。

[3]去州水二百一十：《宋州郡志校勘記》作"去州水二百一
十六"，並云："毛闕'百一十六'四字，從三本補。"又張元濟
《校勘記》曰：宋本、北本作"去州水二百一十陸"，殿本作"去
州水二百一十六"，"六字疑誤。按去州水若干，陸若干，去京都若
干，爲本志書法慣例。陸字下當有脱誤。"又汲本作"去州水二百
五十去京都水七千"，三本作"去州水二□□□□□□□□"。
按：據《宋州郡志校勘記》，知三朝本有"六"字，今脱。然

"六""陸"通用，三朝本或因不知"陸"字下本有所闕，以爲"陸"字置於此處頗不安，徑易"陸"作"六"也未可知。參下。

[4]陸下闕：孫彪《考論》卷二："據《南齊書》，吴定、新道、晉化三縣並屬新昌郡，而武平郡自領武定、封溪、平道、武興、根寧、南移六縣，與此《志》不同。此上云交州領郡八，今數之，祇七郡，蓋脱去新昌一郡。又案《通鑑》宋大明八年，胡三省據沈約《志》列是年州郡數，交州有新昌，又梁大同十一年引沈約《志》，吴孫晧建衡三年分交趾立新興郡，並立嘉寧縣，晉武帝太康三年，更郡曰新昌。鼎宜按：此謂武平郡失去所領六縣，而所列吴定、新道、晉化三縣自屬新昌郡，是志文又失去新昌郡小序也。"又中華本校勘記云"孫彪之説極是"，"陸"字下三朝本蓋脱去一葉，並云："《晉書·地理志》武平郡統縣七，武寧、武興、進山、根寧、安吴、扶安、封溪。《南齊書·州郡志》武平郡領武定、封溪、平道、武興、根寧、南移六縣。《宋志》武平太守領縣六，蓋即《南齊書》之武平郡六縣。《通鑑》梁武帝大同十一年胡三省注云：'沈約志，吴孫晧建衡三年，分交趾立新興郡，並立嘉寧縣。晉武帝太康三年，更郡曰新昌。'此即《宋志》此葉脱去之佚文。又據《晉書·地理志》，新昌郡統縣六，麊泠、嘉寧、吴定、封山、臨西、西道。《南齊書·州郡志》，新昌郡領范信、嘉寧、封山、西道、臨西、吴定、新道、晉化八縣。疑《宋志》新昌郡領縣數當與《南齊志》相接近。"按：《考論》、中華本校勘記是。又本志武平郡六縣、新昌郡若果領八縣，則交州八郡實領縣數，數之爲五十四縣，與交州序所言"縣五十三"接近。參上"交州刺史"條注釋。作爲參考，兹釋《南齊書·州郡志》交州武平郡及所領六縣、新昌郡及所領八縣今地如下：武平郡，治今越南永福省永安市東南；武定縣，治今越南永福省永安市東南；封溪縣，治今越南永福省東南安朗縣；平道縣，治今越南永福省福安市東南；武興、根寧、南移三縣，確址無考，當在今越南永福省、富壽省及其周邊一帶。新昌郡，治今越南永福省安朗縣東下雷；范信縣，治今越南永福省安朗

縣東下雷；嘉寧縣，治今越南永福省西南永祥縣；封山縣，治今越南河内市西北一帶；西道縣，治今越南安沛省安沛市附近；臨西縣，治今越南富壽省西北錦溪縣附近；吴定縣，治今越南宣光省宣光市一帶；新道、晋化二縣，確址無考，當在今越南永福省、富壽省、河内市及其周邊一帶。

上闕《吴録》無，《晋太康地志》有。[1]

吴定長，[2]吴立。

新道長，[3]江左立。

晋化長，[4]江左立。

[1]上闕《吴録》無《晋太康地志》有：張元濟《校勘記》曰：宋本、殿本同，"按此爲某縣沿革之文。據上文云領縣六，而此以下所記，僅得三縣，則'《吴録》無'句上必有脱葉。殿本前既誤陸爲六，又以'《吴録》無'句徑接六字下，尤誤"。

[2]吴定：縣名。治今越南河宣省宣光市南。

[3]新道：縣名。確址無考，當在今越南永福省、富壽省、河内市及其周邊一帶。

[4]晋化：縣名。確址無考，當在今越南永福省、富壽省、河内市及其周邊一帶。

九真太守，[1]漢武元鼎六年立。[2]領縣十二。疑[3]户二千三百二十八。去州水八百。去京都水一萬一百八十。

[1]九真：郡名。治今越南清化省清化市西北馬江南岸。

[2]漢武元鼎六年立：周振鶴《西漢政區地理》下篇第四章：

漢吕后、文帝間，趙佗南越國之勢鼎盛，以兵威邊，滅象郡以南之安陽國，置交趾、九真二郡。元鼎六年（前111），漢武帝平南越，九真郡歸漢。又《漢書·地理志下》、《續漢書·郡國志五》交州、《晋書·地理志下》交州之九真郡皆治胥浦。

[3]領縣十二。疑：丁福林《校議》云："此云'領縣十二'而數之僅有十一縣之數。"按：下領縣，數之，爲十一縣，故校者注云"疑"。

　　　　移風令，[1]漢舊縣。故名居風，吳更名。
　　　　胥浦令，[2]漢舊縣。
　　　　松原令，[3]晋武帝分建初立。
　　　　高安令，[4]何志晋武帝立。《太康地志》無。《吳録》晋分常樂立。
　　　　建初令，[5]吳立。
　　　　常樂令，[6]吳立。
　　　　軍安長，[7]何志晋武帝立。《太康地志》無此縣，而交趾有軍平縣。[8]
　　　　武寧令，[9]吳立，何志武帝立。《太康地志》無此縣而交趾有。
　　　　都龐音龍長，漢舊縣。《吳録》有，[10]《晋太康地志》無。
　　　　寧夷長，[11]何志晋武帝立，《太康地志》無。
　　　　津梧長，[12]晋武帝分移風立。

[1]移風：縣名。治今越南清化省清化市西北馬江南岸。
[2]胥浦：縣名。治今越南清化省清化市西北東山陽舍村。

［3］松原：縣名。治今越南清化省清化市西南。

［4］高安：縣名。治今越南清化省清化市東南。

［5］建初：縣名。治今越南清化省農貢縣附近。

［6］常樂：縣名。治今越南清化省清化市東南。

［7］軍安：縣名。治今越南清化省安定縣東馬江南岸。

［8］交趾有軍平縣：按軍平、軍安自爲二縣，軍平吳立，軍安晉武帝立。

［9］武寧：縣名。在今越南清化省境。

［10］都龐音龍長，漢舊縣。《吳錄》有：《漢書·地理志下》九真郡都龐注：“應劭曰：‘龐音龍。’師古曰：‘音聾。’”又《續漢書·郡國志五》交州九真郡無都龐，蓋東漢初省。“《吳錄》有”者，疑東漢末或孫吳時復立，而據《三國志》卷五三《吳書·薛綜傳》，吳初已有此縣，蓋東漢末復立。都龐，縣名。治今越南清化省石城附近。

［11］寧夷：縣名。在今越南清化省境。

［12］津梧：縣名。治今越南清化省清化東北。

九德太守，[1]故屬九真，吳分立。何志領縣七，今領縣十一。[2]戶八百九。去州水九百。去京都水一萬九百。

［1］九德：郡名。治浦縣，今越南乂安省榮市東南。

［2］今領縣十一：中華本校勘記云：“孫彧《宋書考論》云：‘疑祇領十縣。’按此云領縣十一，而下祇有十縣，故孫彧疑之。”按：中華本校勘記所引孫彧《考論》與原文有異，詳下“浦陽令”條注釋。

浦陽令，[1]晉武帝分陽遠立。陽遠，吳立曰陽成，太康二年更名，後省。[2]

九德令，[3]何志吳立。

咸䮕令，[4]漢舊縣。

都龐長，[5]何志晉武帝分九德立。

西安長，[6]何志晉武帝立。《太康地志》無，《吳録》亦無。

南陵長，[7]何志晉武帝立。《太康地志》無，王隱有。

越常長，[8]何志吳立，《太康地志》無。

宋泰令，[9]宋末立。

宋昌令，[10]宋末立。

希平令，[11]宋末立。

[1]浦陽：縣名。治今越南乂安省榮市東南。

[2]“陽遠”至“後省”：孫彪《考論》卷二：“按陽遠既省，何以又列爲縣，且不著是令是長，亦非志例，蓋與上浦陽令實一條耳。又案去陽遠，則九德實領縣十，云今領縣十一者，衍字，何志與《南齊》俱七縣，無宋末所立三縣，以此參之，尤信也。”按：依本志書法慣例，“陽遠”云云當另爲一縣，《考論》之說疑非。又殿本“陽遠”云云，正是另行，爲九德郡十一縣之一。唯此處“陽遠”後，脱一“令”或“長”字，而又以脱一“令”字的可能性爲大，蓋其前後浦陽、九德皆爲令也。陽遠，縣名。治今越南河静省德壽西。又按《讀史方輿紀要》，宋大明後陽遠省入浦陽。

[3]九德：縣名。治今越南乂安省榮市。

[4]咸䮕：縣名。治今越南乂安省演州縣西。

[5]都龐長：成孺《宋州郡志校勘記》“都汱長”云：“汱，《南齊志》作洨。”《考論》卷二：“都汱，晉、南齊俱作都洨。”中華本校勘記云：“‘都龐’《晉書·地理志》《南齊書·州郡志》作

'吉龐'。"按：此"都龐"當爲誤字。九真太守下已有都龐長，則不得於此重出。《宋書》舊本（如殿本）《州郡志》作"都沇"，《南齊書·州郡志》作"都洨"，此當從舊本正作"都沇"。又中華本校勘記亦非，檢《晋書·地理志下》交州九真郡既無"都龐"，也無"吉龐"，而九德郡有"都洨"；又《南齊書·州郡志》交州九真郡有"吉龐"，九德郡有"都洨"。據此，此條中華本校勘記或當移於九真太守都龐長下言之，然又與《晋書·地理志》不合。又疑此是誤排，與校勘者本意其實不合；又據實際情況，此條中華本校勘記或應出爲：都沇長"都沇"《晋書·地理志》《南齊書·州郡志上》作"都洨"。都龐，當作都沇，縣名。治今越南乂安省演州縣西。

[6]西安：縣名。治今越南河静省香山縣附近。

[7]南陵：縣名。治今越南河静省錦川縣附近。

[8]越常：縣名。治今越南河静省干禄縣附近。

[9]宋泰：縣名。確址無考，當在今越南乂安、河静省境。

[10]宋昌：縣名。確址無考，當在今越南乂安、河静省境。

[11]希平：縣名。確址無考，當在今越南乂安、河静省境。

日南太守，[1]秦象郡，漢武元鼎六年更名，[2]吳省，晋武帝太康三年復立。[3]領縣七。户四百二。去州水二千四百。去京都水一萬六百九十。

[1]日南：郡名。確址無考，當僑治今越南河内市、北寧省、北江省、永福省、富壽省、海陽省、興安省及其周邊一帶。

[2]秦象郡，漢武元鼎六年更名：此係據《漢書·地理志下》"日南郡，故秦象郡，武帝元鼎六年開，更名"及《續漢書·郡國志下》"日南郡，秦象郡，武帝更名"。象郡的地望與沿革，歷來衆説不一，較晚出之周振鶴《西漢政區地理》下篇第四章第三節

云："秦始皇三十三年，略定楊越，於五嶺以南置南海、桂林、象郡。其中象郡相當《漢志》鬱林、合浦兩郡西半部及牂柯郡毋斂縣，武陵郡鐔城縣地……秦亡後，趙佗割據南海，擊並桂林、象郡，自立爲南越武王。呂后、文帝間，趙佗滅象郡以南之安陽國，置交趾、九真二郡。漢武帝元鼎六年，平南越，將故秦三郡析置成南海、蒼梧、合浦、鬱林、象郡等五郡……象郡比秦時爲小；又在交趾、九真二郡以南設置日南郡……元封五年置十三刺史部，以象郡屬益州刺史部……元鳳五年罷象郡，以其地分屬鬱林、牂柯二郡，鬱林郡遂有《漢志》所載之規模……（日南郡）領域自元鼎六年至漢末無所變化，如《漢志》所載。"

[3] 吳省，晉武帝太康三年復立：《三國志》卷四八《吳書·孫晧傳》：建衡三年，"（虞）氾、（陶）璜破交阯，禽殺晉所置諸將，九真、日南皆還屬"。又《三國志》中日南郡名多見。吳增僅《三國郡縣表附考證》、謝鍾英《三國疆域表》、洪亮吉《補三國疆域志》、金兆豐《校補三國疆域志》等諸家，於吳交州俱列日南郡。《晉書·地理志下》交州亦有日南郡。此"吳省，晉武帝太康三年復立"不知依據何在。又關於兩晉南朝日南郡之形勢，胡阿祥《六朝疆域與政區研究》第二章第三節指出：交州南部日南郡地界，因與林邑國接壤而進退不定。孫吳時，日南郡與林邑的交界在壽泠一帶，近北緯 17 度處。西晉之日南郡有今越南廣平省、廣治省、承天省之地，而東晉末年日南郡的大部分地方爲林邑國占有，東晉所保者唯今廣平省北部的一片地方而已。南朝時期，自劉宋以來，交州南部與林邑之間的邊界又從朱吾縣浦（朱吾縣在橫山以南、壽泠以北，今越南廣平省美麗一帶；朱吾縣浦即今美麗西南部的河流）北縮到橫山一綫，且基本穩定了下來，東晉還能控制的橫山南部一部分日南郡之地，到此爲林邑占奪，《南史·林邑傳》即稱："林邑國，本漢日南郡象林縣……其地縱廣可六百里……北接九德郡。"是九德郡南部的橫山以南原日南郡之地，已全部爲林邑所有。至於"本書《州郡志》和《南齊書·州郡志》於交州屬郡內雖然

仍列有日南郡，祇是形式而已，反映了宋齊統治階級不願意承認日南郡之地爲林邑所占"（尤中《中國西南邊疆變遷史》第二章第三節之二，雲南教育出版社 1987 年版）。又吳應壽《〈六朝疆域與政區研究〉序》認爲："至於僑州郡縣，過去都認爲東晉南朝設置在北方邊地的長江兩岸附近及其以北的淮河流域、黃河流域，以南是不設置僑州郡縣的。最近我發現一條史料，似我國南方，即使交州境內，也設置有僑郡縣。唯北方邊地的僑郡縣，主要由南來北方流民設置；交州境內的僑郡縣，由北來南方流民設置，爲不同罷了。《宋書·州郡志》交州宋平郡：'孝武世，分日南立宋平縣，後爲郡。'這條史料，過去早有人注意到，祇是解釋有問題。如解放前黎正甫所著《郡縣時代之安南》與越南學者陶維英所著《越南歷代疆域》均認爲宋平郡應是交阯郡地，絕不可能是日南郡地，《宋書》所載有誤。這種看法，其實不自黎、陶二人始，清張賢駒《元和郡縣志》交州宋平縣《考證》即有此説。按宋宋平郡，隋唐爲宋平縣，爲交阯郡治。張賢駒等所以認爲《宋書》所載有誤，實起因於唐人。唐人已不知《宋書》時橫山以南的漢日南郡（治西卷縣）已爲林邑國所有，日南郡已向北僑於交阯郡境內，致唐李吉甫《元和志》嶺南道交州宋平縣云：'本漢日南郡西卷縣地，宋分立宋平縣，屬九德郡，後爲宋平郡。'所謂'本漢日南郡西卷縣地'，不見《宋書·州郡志》，而是唐人對《宋書·州郡志》'分日南立宋平'一語所作的錯誤理解與推論。"按：以上胡阿祥所引尤中"不願意承認"説與吳應壽"僑置"説，兩説不同。按吳應壽説需要補充的是，本志"交州刺史日南太守"條仍有去州去京都水路里程，而既有去州去京都水路里程，則本志交州刺史日南太守及其領縣，便不是按照僑置後的情況記載的，故雖然本志日南郡確如吳應壽之説爲僑郡，且僑在交阯郡境內（交阯郡治所、境域及轄縣見上交阯太守及所領十二縣各條，而日南郡究竟僑於交阯郡境何處則待考），但沈約的此條記載仍然是按照未爲林邑國所占前的日南郡（實郡）情況記載的。又胡阿祥、吳應壽兩説的相同之處在於，都認爲本書《州郡志》日南郡領域實際上已不爲宋所有。以此，以下日南郡七縣今地的注釋，取本書《州郡志》大體上的標準年代即大明八年時的僑置情況。

　　西卷令，[1] 漢舊縣作"捲"。
　　盧容令，[2] 漢舊縣。
　　象林令，[3] 漢舊縣。
　　壽泠令，[4] 晋武太康十年，分西卷立。[5]
　　朱吾令，[6] 漢舊縣。
　　無勞長，[7] 晋武分北景立。
　　北景長，[8] 漢舊縣。

　　[1] 西卷令：中華本校勘記云："'西卷'《續漢書‧郡國志》《晋書‧地理志》同。《漢書‧地理志》《南齊書‧州郡志》作'西捲'。"西卷，縣名。確址無考，當僑治今越南河内市、北寧省、北江省、永福省、富壽省、海陽省、興安省及其周邊一帶。

　　[2] 盧容：縣名。確址無考，當僑治今越南河内市、北寧省、北江省、永福省、富壽省、海陽省、興安省及其周邊一帶。

　　[3] 象林：縣名。確址無考，當僑治今越南河内市、北寧省、北江省、永福省、富壽省、海陽省、興安省及其周邊一帶。

　　[4] 壽泠令：成孺《宋州郡志校勘記》："'泠'，毛誤'冷'，從三本。"《〈宋州郡志校勘記〉校補》楊守敬曰："《水經注》作'泠'。"張元濟《校勘記》曰：宋本作"冷"，殿本、北本、汲本作"泠"，三本"字迹不明"。胡阿祥《〈南齊書‧州郡志〉札記》（《歷史地理》第十輯，上海人民出版社1992年版）：《南齊書‧州郡志上》"交州日南郡領壽冷縣。《宋書‧州郡志》、《隋書‧地理志》、成孺《宋州郡志校勘記》、《水經‧溫水注》、《三國郡縣表附

考證》等，均作‘壽泠’。按作‘壽泠’是。”壽泠，縣名。確址無考，當僑治今越南河内市、北寧省、北江省、永福省、富壽省、海陽省、興安省及其周邊一帶。

[5]晉武太康十年，分西卷立：吳增僅《三國郡縣表附考證》楊守敬《補正》曰：“據《水經・溫水注》有壽泠縣，云魏正始九年林邑進侵至壽泠，則吳赤烏十一年。沈《志》云晉武帝太康十年分西捲立，恐誤。”

[6]朱吾：縣名。確址無考，當僑治今越南河内市、北寧省、北江省、永福省、富壽省、海陽省、興安省及其周邊一帶。

[7]無勞：縣名。確址無考，當僑治今越南河内市、北寧省、北江省、永福省、富壽省、海陽省、興安省及其周邊一帶。

[8]北景長：殿本《宋書》考證：“《後漢書・郡國志》北景作比景。”《宋州郡志校勘記》：“案兩漢、晉、南齊《志》並作‘比景’。如淳曰：日中於頭上，景在己下，故名之。據此，則作‘北’者非，當訂正。”《〈宋州郡志校勘記〉校補》楊守敬曰：“《水經注》作‘比景’，又《水經注》引闞駰云：‘比’讀蔭庇之‘庇’。《水經注》作‘日中頭上，影當身下，與影爲比。’《舊唐志》作‘北景’，吳仁傑《刊誤》云云。”中華本校勘記云：“‘北景’《漢書・地理志》《續漢書・郡國志》《晉書・地理志》《南齊書・州郡志》《水經・溫水注》《隋書・地理志》並作‘比景’。《水經・溫水注》云：‘比景縣，日中頭上，影當身下，與影爲比。如淳曰：“故以比影名縣。”闞駰曰：“比讀蔭庇之庇。影在己下，言爲身所庇也。”’《舊唐書・地理志》作‘北景’。吳仁傑《考古編》云：‘《舊唐志》景州北景縣，晉將灌邃破林邑，五月五日，即其地立表，表在北，日景在南，故郡名曰南，縣名北景。’全祖望云：‘斗南以“比景”爲“北景”，豈所見前後《漢志》有別本歟？《宋書・州郡志》亦作“北景”，後來傳習成訛，立爲異義耳。’熊會貞云：‘按《文選・吳都賦》注，漢武帝置北景縣。《後漢紀》，梁冀更封北景都鄉侯。乃兩漢又作“北景”之據。’”北

景，縣名。確址無考，當僑治今越南河内市、北寧省、北江省、永
福省、富壽省、海陽省、興安省及其周邊一帶。

義昌郡，宋末立。[1]

[1]義昌郡，宋末立：本書《州郡志》書法，凡各州所領之
郡，皆書某太守，不言郡。此交州義昌郡及下宋平郡單言郡而不言
太守，未詳所以。又《南齊書·州郡志上》"交州義昌郡"條：
"永元二年，改沃屯置。"按："永元"爲齊東昏侯紀年。義昌，郡
名。確址無考，當在今越南橫山以北境。

宋平郡，[1]孝武世，分日南立宋平縣，後爲郡。

[1]宋平郡：治今越南河内市。

越州刺史，[1]明帝泰始七年立。[2]

[1]越州：治今廣西合浦縣東北舊州鎮東。
[2]明帝泰始七年立：王鳴盛《十七史商榷》卷五七《無屬縣
之郡》云："越州所領之郡，凡九郡，祇有合浦一郡領縣七，其餘
八郡皆無屬縣，蓋在荒外，不可以内地常例論。且此州是明帝泰始
七年方立，屬郡亦多有'新立'字，規制殆皆未定。"按：越州設
置的經過，《南齊書·州郡志上》"越州"條云："鎮臨漳郡，本合
浦北界也。夷獠叢居，隱伏岩障，寇盗不賓，略無編户。宋泰始
中，西江督護陳伯紹獵北地，見二青牛驚走入草，使人逐之不得，
乃誌其處，云'此地當有奇祥'。啓立爲越州。七年，始置百梁、
隴蘇、永寧、安昌、富昌、南流六郡，割廣、交朱戴三郡屬。元徽
二年，以伯紹爲刺史，始立州鎮，穿山爲城門，威服俚獠。土有瘴

氣殺人。漢世交州刺史每暑月輒避處高，今交土調和，越瘴獨甚。刺史常事戎馬，唯以貶伐爲務。"按所謂"西江督護"，《南齊書·州郡志上》"廣州"條云："俚獠猥雜，皆樓居山險，不肯賓服。西南二江，川源深遠，別置督護，專征討之。捲之資，富兼十世。"此即西江督護、南江督護（後又置東江督護）。督護一職，一般以郡守充任（如高要太守多領西江督護），得開府置佐，掌握軍隊，配置僚屬，有自己獨立的經費開支，大多實力雄厚。又所謂"割廣、交朱戴三郡屬"者，語義不明，考朱戴爲本志交州刺史交趾太守領縣，在可知史料範圍内，朱戴未嘗立爲郡，依據本志的記述，越州臨漳郡先屬廣州，越州合浦郡、宋壽郡先屬交州，如此，"割廣、交朱戴三郡屬"，指臨漳、合浦、宋壽三郡，"朱戴"二字爲衍文無疑。

     百梁太守，[1]新立。
     懽蘇太守，[2]新立。

[1]百梁：郡名。治今廣西合浦縣東北。
[2]懽蘇：郡名。治今廣西浦北縣北蘇村附近。中華本校勘記云："'懽蘇'《南齊書·州郡志》作'龍蘇'，越州序下又作'隴蘇'。"

     永寧太守，[1]新立。
     安昌太守，[2]新立。
     富昌太守，[3]新立。
     南流太守，[4]新立。
     臨漳太守，[5]先屬廣州。

[1]永寧：郡名。治今廣東電白縣東北。

[2]安昌：郡名。治今廣西合浦縣北。

[3]富昌：郡名。確址無考，當在今廣西合浦、浦北二縣及其周邊一帶。

[4]南流：郡名。治今廣西玉林市。

[5]臨漳太守：孫彪《考論》卷二："按百梁以下七郡，《南齊書》並有屬縣；此志略，又按《通鑑·宋紀》胡三省注稱沈約《宋志》作臨障，宋白《續通典》作臨瘴。"中華本校勘記云："'臨漳'《南齊書·州郡志》《通鑑》同。《通鑑》宋泰始七年胡三省注云：'沈約《宋志》作臨障。宋白《續通典》作臨瘴，以臨界内瘴江爲名。瘴江一名合浦江。'"按：殿本、百衲本皆作"臨漳"。臨漳，郡名。治今廣西合浦縣東北舊州鎮東。

合浦太守，[1]漢武帝立，孫權黄武七年，更名珠官，[2]孫亮復舊。先屬交州。領縣七。戶九百三十八。去京都水一萬八百。

[1]合浦：郡名。治合浦縣，今廣西合浦縣東北舊州鎮。

[2]"漢武帝立"至"更名珠官"：《漢書·地理志下》"合浦郡"條："武帝元鼎六年開。"《三國志》卷四七《吳書·吳主傳》：黄武七年，"改合浦爲珠官郡"。

合浦令，[1]漢舊縣。

徐聞令，故屬朱崖。晉平吳，省朱崖，屬合浦。[2]

朱官長，[3]吳立，"朱"作"珠"。

蕩昌長，[4]晉武分合浦立。

朱盧長，[5]吳立。[6]

晋始長，[7]晋武帝立。

新安長，[8]江左立。

　　[1]合浦：縣名。治今廣西合浦縣東北舊州鎮。

　　[2]"徐聞令"至"屬合浦"：《漢書·地理志下》合浦郡、《續漢書·郡國志五》交州合浦郡、《晋書·地理志下》交州合浦郡領有徐聞縣。按：西漢珠厓郡（置於海南島上、存在於前110年至前46年）領縣可考者六，無徐聞，此"故屬朱崖"，當指孫吳時屬朱崖郡。孫吳朱崖郡置於赤烏五年，有今廣東雷州半島一帶，治徐聞縣境。晋平吳後朱崖郡省入合浦郡。然則依本志書法，此條當改作："徐聞令，漢舊縣，屬合浦。吳屬朱崖。晋平吳，省朱崖，還屬合浦。"徐聞，縣名。治今廣東徐聞縣南。

　　[3]朱官：縣名。治今廣東徐聞縣南。

　　[4]蕩昌：縣名。治今廣西容縣。

　　[5]朱盧：縣名。確址無考，當在今廣西玉林市、博白縣一帶。

　　[6]吳立：譚其驤《自漢至唐海南島歷史政治地理——附論梁隋間高凉冼夫人功業及隋唐高凉馮氏地方勢力》（《歷史研究》1988年第5期）以爲：可以斷言，《漢書·地理志》《宋書·州郡志》《南齊書·州郡志》的朱盧縣，《續漢書·郡國志》的朱崖縣，決不會如大多數舊志所言在海南島上。吕吳調陽《漢書地理志詳釋》以爲在廣西博白縣境，汪士鐸《漢志釋地略》以爲在廣西鬱林州，謝鍾英《三國疆域表》《補三國疆域志補注》以爲在鬱林州南，而楊守敬《三國郡縣表補正》《歷代輿地圖》從之。博白與鬱林接壤，二説可視同一説。按博白與合浦接壤，鬱林（今廣西玉林市）又與博白接壤，所以作爲合浦郡屬縣之一的朱盧縣故址在今博白或玉林是很可能的。又譚其驤《再論海南島建置沿革——答楊武泉同志駁難》（《歷史研究》1989年第6期）指出：本書《州郡

志》是“以班固、馬彪二志、太康、元康定户”等書參互考核而成的，非另有所據。由於沈約所見《續漢書·郡國志》已訛朱盧爲朱崖，因而他纔不敢在朱盧長下注作“漢舊縣”而作“吴立”。

[7]晋始：縣名。確址無考，當在今廣西合浦縣一帶。

[8]新安：縣名。確址無考，當在今廣西合浦縣一帶。

宋壽太守，[1]先屬交州。

[1]宋壽：郡名。治今廣西欽州市東北欽江西北岸。

宋書　卷三九

志第二十九

百官上

　　太宰，[1]一人。周武王時，[2]周公旦始居之，[3]掌邦治，爲六卿之首。[4]秦、漢、魏不常置。晋初依《周禮》，備置三公。三公之職，太師居首，景帝名師，[5]故置太宰以代之。太宰，蓋古之太師也。殷紂之時，箕子爲太師。[6]周武王時，太公爲太師。[7]周成王時，[8]周公爲太師。周公薨，畢公代之。[9]漢西京初不置，[10]平帝始復置太師官，[11]而孔光居焉。[12]漢東京又廢。[13]獻帝初，[14]董卓爲太師，[15]卓誅又廢。魏世不置。晋既因太師而置太宰，以安平王孚居焉。[16]

　　[1]太宰：即大宰，又名冢宰。見《周禮·天官·冢宰》。
　　[2]周武王：姓姬，名發。西周的建立者。
　　[3]周公旦：西周貴族。周武王之弟，周初一系列政治制度的制定者。武王死後，成王年幼，周公居攝，平定武庚、管、蔡之

亂，後還政於成王。事見《史記》卷四《周本紀》。

[4]掌邦治，爲六卿之首：語出《周禮》。六卿，天官大冢宰、地官大司徒、春官大宗伯、夏官大司馬、秋官大司寇、冬官大司空。

[5]景帝名師：即司馬師。西晉建立後，晉武帝司馬炎追謚爲景帝。

[6]殷紂：即商代最後一位國王帝辛。　箕子：商代貴族。事見《史記》卷三《殷本紀》。

[7]太公：即姜太公。又稱師尚父，輔佐周文王，又助周武王滅商，周初重要謀臣。事見《史記·周本紀》。

[8]周成王：名誦，周武王之子。事見《史記·周本紀》。

[9]畢公：名高，周文王之子。

[10]漢西京：即西漢。都長安（今陝西西安市），與東漢首都雒陽相對，故稱西京。

[11]平帝：即劉衎。《漢書》卷一二有紀。

[12]孔光：人名。字子夏，孔子十四世之孫。《漢書》卷八一有傳。

[13]漢東京：即東漢。都雒陽，故稱東京。

[14]獻帝：東漢的最後一位皇帝劉協。《後漢書》卷九有紀。

[15]董卓：人名。東漢大臣。漢末借外戚與宦官集團相互爭鬥之機勒兵入京，控制朝政，濫殺無辜，引起大亂，史稱“董卓之亂”。《後漢書》卷七二有傳。

[16]安平王孚：即司馬孚。司馬懿之弟，西晉建立後，受封安平王。《晉書》卷三七有傳。

　　太傅，一人。周成王時，畢公爲太傅。漢高后元年，[1]初用王陵。[2]

[1]漢高后元年：即公元前 187 年。漢高后，即漢高祖劉邦之皇后吕雉《漢書》卷三有紀。

[2]王陵：人名。沛人。吕后當政時，曾任右丞相。《漢書》卷四〇有傳。

太保，一人。殷太甲時，伊尹爲太保。[1]周武王時，召公爲太保。[2]漢平帝元始元年，始用王舜。[3]後漢至魏不置，晋初復置焉。[4]自太師至太保，是爲三公。論道經邦，燮理陰陽，無其人則闕，所以訓護人主，導以德義者。

[1]太甲：人名。商代第五位王。成湯之孫。　伊尹：人名。商初大臣，先後相成湯至沃丁凡六王。事見《史記》卷三《殷本紀》。

[2]周武王時：蘇晋仁《〈宋書·百官志〉考異》："《藝文類聚》四六引《齊職儀》：'成王即位，召公爲太保。'《通典》二十亦作周成王時。本志'武'字當是'成'字傳寫之訛。"（《歷史研究》1985 年第 2 期）　召公：名奭。武王之弟，封於燕。事見《史記》卷四《周本紀》。

[3]王舜：人名。受封安陽侯。事見《漢書》卷九九上《王莽傳上》

[4]晋初復置焉：《〈宋書·百官志〉考異》："《三國志》卷四《魏書·陳留王奂紀》：'景元四年十二月庚戌，以司徒鄭沖爲太保。'則太保魏末復置，不俟晋初矣。"

相國，一人。漢高帝十一年始置，[1]以蕭何居之，[2]罷丞相；何薨，曹參代之；[3]參薨，罷。魏齊王以晋景帝爲相國。[4]晋惠帝時趙王倫，[5]愍帝時南陽王保，[6]安帝時宋高祖，[7]順帝時齊王，[8]並爲相國。自魏、晉以來，非復人臣之位矣。

[1]相國，一人。漢高帝十一年始置：相國之置，以現有文獻看，當始於戰國。《荀子·強國》：“今相國上則得專主，下則得專國。”又《韓非子·外儲説左上》：“郢人有遺燕相國書者。”又《史記》卷四三《趙世家》：趙武靈王“傳國，立王子何以爲王……肥義爲相國”。《戰國策》一書也屢見相國之名。但相國一名，又可稱爲相邦。《史記》卷五《秦本紀》：“東周君與諸侯謀秦，秦使相國吕不韋誅之。”傳世的吕不韋戈勒銘作“五年相邦吕不韋造”（見《小校經閣金文》）。説明秦相國實稱相邦。漢承秦制，漢高祖劉邦改相邦爲相國，是爲避其名諱。

[2]蕭何：人名。輔佐劉邦建立漢朝的重要謀士。事見《史記》卷五三《蕭相國世家》。

[3]曹參：人名。繼蕭何之後爲相國。事見《史記》卷五四《曹相國世家》。

[4]魏齊王：三國時曹魏皇帝曹芳，被司馬氏廢爲齊王。《三國志》卷三有紀。

[5]晉惠帝：即司馬衷。西晉的第二位皇帝。《晉書》卷四有紀。　趙王倫：即司馬倫。司馬懿第九子。永康元年（300）四月，發動政變，自爲相國。《晉書》卷五九有傳。

[6]愍帝：即司馬鄴。西晉的最後一位皇帝。本晉武帝孫，吴王晏之子。晉懷帝被虜之後，受群臣擁立即位。《晉書》卷五有紀。

南陽王保：即司馬保。高密王司馬泰之孫。《晉書》卷三七有傳。

[7]安帝：即晉安帝司馬德宗。先是被桓玄推翻，復辟後權力爲劉裕所握。《晉書》卷一〇有紀。　高祖：宋武帝劉裕廟號。本書卷一、二、三有紀。

[8]順帝：即宋順帝劉準。本書卷一〇有紀。　齊王：即後來

的南齊高帝蕭道成。《南齊書》卷一、二有紀。時宋朝權力握於蕭道成之手。

　　丞相，一人。殷湯以伊尹爲右相，仲虺爲左相。[1]秦悼武王二年，始置丞相官。[2]丞，奉。相，助也。悼武王子昭襄王始以樗里疾爲丞相，[3]後又置左右丞相。漢高帝初，置一丞相，十一年，更名相國。孝惠、高后置左右丞相，文帝二年，復置一丞相。哀帝元壽二年，更名大司徒。漢東京不復置。至獻帝建安十三年，復置丞相，魏世及晋初又廢。惠帝世，趙王倫篡位，以梁王肜爲丞相。[4]永興元年，以成都王穎爲丞相。[5]愍帝建興元年，以琅邪王睿爲左丞相，[6]南陽王保爲右丞相；三年，以保爲相國，睿爲丞相。元帝永昌元年，以王敦爲丞相，[7]轉司徒荀組爲太尉，[8]以司徒官屬并丞相爲留府，敦不受。成帝世，以王導爲丞相，[9]罷司徒府以爲丞相府，導薨，罷丞相，復爲司徒府。宋世祖初，[10]以南郡王義宣爲丞相，[11]而司徒府如故。

　　[1]殷湯以伊尹爲右相，仲虺爲左相：《書鈔》引《帝王世紀》曰：“伊尹爲丞相，仲虺爲左相。”又《類聚》引《齊職儀》曰：“湯以伊尹爲左相，仲虺爲右相。”

　　[2]秦悼武王二年，始置丞相官：悼武王即武王的諡號。《史記》卷五《秦本紀》：武王“二年，初置丞相，樗里疾、甘茂爲左右丞相”。秦國置左、右丞相自武王始。

　　[3]昭襄王始以樗里疾爲丞相：《史記》卷五《秦本紀》：“昭襄王元年，嚴君疾爲相。”嚴君疾即樗里疾。《史記會注考證》引《樗里疾列傳》曰：秦惠王“封樗里子，號爲嚴君”。然樗里疾爲

左相始於秦武王時。

[4]梁王肜（róng）：即司馬肜。司馬懿之子。《晋書》卷三八有傳。

[5]永興：晋惠帝司馬衷年號（304—306）。　成都王穎：即司馬穎。晋武帝子。《晋書》卷五九有傳。

[6]琅邪王睿：即司馬睿。司馬懿曾孫，繼父爵爲琅邪王，西晋滅亡，在建康受擁立爲帝。《晋書》卷六有紀。

[7]王敦：人名。擁立司馬睿爲帝，後發兵攻入京師，元帝爲此而氣死。《晋書》卷九八有傳。

[8]荀組：人名。字大章。《晋書》卷三九有附傳。

[9]成帝：即晋成帝司馬衍。《晋書》卷七有紀。　王導：人名。字茂弘。仕元、明、成三朝。《晋書》卷六五有傳。

[10]世祖：宋孝武帝劉駿廟號。本書卷六有紀。

[11]南郡王義宣：即劉義宣。宋武帝之子。本書卷六八有傳。

太尉，一人。自上安下曰尉。掌兵事，郊祀掌亞獻，大喪則告謚南郊。堯時舜爲太尉官，[1]漢因之。[2]武帝建元二年省。光武建武二十七年，罷大司馬，置太尉以代之。靈帝末，以劉虞爲大司馬，[3]而太尉如故。

[1]堯時舜爲太尉官：語出《尚書中候》。《續漢書·百官志一》劉昭注曰：“《尚書中候》云舜爲太尉。束晳據非秦官，以此追難玄焉。臣昭曰：緯候衆書，宗貴神詭、出没隱顯，動挾誕怪……乃《中候》之妄，蓋非官之爲謬。”沈約不加考辨，輕信緯書，實不足取。

[2]漢因之：《漢書·百官公卿表上》曰：“太尉，秦官。”又《禮記·月令》曰：“太尉，秦官。”從文獻看，太尉之置，始於戰國。《吕氏春秋·孟夏紀》：“命太尉贊傑俊，遂賢良，舉長大，行

爵出禄，必當其位。"但學術界對太尉是否爲戰國時官頗多質疑。安作璋、熊鐵基《秦漢官制史稿》曰："在秦代太尉並不如丞相、御史大夫一樣成爲一個常設的官職，更不如漢代以後太尉與丞相、御史大夫並列爲三公。例如始皇二十六年（前221）議帝號、二十八年琅邪刻石，祇有丞相、御史大夫，都不見太尉銜名。再參閱《史記·秦本紀》《秦始皇本紀》以及有關秦人列傳，自孝公至秦統一以前，歷年對外戰争中大都是以丞相、將軍、庶長、大良造、左更、五大夫或客卿來統軍，並無太尉。"又曰："在秦代，或者根本没有'掌武事'的太尉這個官，更没有金印、紫綬地位的太尉。"

[3]靈帝：即漢靈帝劉宏。《後漢書》卷八有傳。　劉虞：人名。東海王劉嘉之後。《後漢書》卷七三有傳。

司徒，一人。掌民事，郊祀掌省牲視濯，大喪安梓宫。少昊氏以鳥名官，而祝鳩氏爲司徒。[1]堯時舜爲司徒。[2]舜攝帝位，命契爲司徒。[3]契玄孫之孫曰微，亦爲夏司徒。[4]周時司徒爲地官，掌邦教。[5]漢西京初不置。哀帝元壽二年，[6]罷丞相，置大司徒。[7]光武建武二十七年，去大。

[1]少昊：亦作"少皞"。《禮記·月令》《帝王世紀》以其爲五帝之一。名摯，字青陽，黄帝子，己姓。以金德王，故稱金天氏。　以鳥名官：語出《左傳》昭公十七年："我高祖少皞摯之立也，鳳鳥適至，故紀於鳥，爲鳥師而鳥名……祝鳩氏司徒也。"

[2]堯時舜爲司徒：《説苑》曰："當堯之時，舜爲司徒。"

[3]契爲司徒：《初學記》引《齊職儀》曰："舜時契爲司徒，禹爲司空。"契，人名。商人始祖。《史記》卷三《殷本紀》："殷契，母曰簡狄……見玄鳥墮其卵，簡狄取吞之，因孕生契。契長而

佐禹治水有功。帝舜乃命契曰：'百姓不親，五品不訓，汝爲司徒而敬敷五教，五教在寬。'封于商，賜姓子氏。"

[4]微：即上甲微。又作"主甲微"。《史記》卷三《殷本紀》所記商世系爲契七世孫。又王國維考證，卜辭有祭上甲微之事。見《殷卜辭中所見先公先王考》。

[5]周時司徒爲地官，掌邦教：《周禮》："惟王建國，辨方正位，體國經野，設官分職，以爲民極，乃立地官司徒，使帥其屬而掌邦教。"

[6]哀帝：即漢哀帝劉欣。《漢書》卷一一有紀。

[7]罷丞相，置大司徒：《漢書・百官公卿表上》："（丞相）哀帝元壽二年更名大司徒。"

司空，一人。掌水土事，郊祀掌掃除陳樂器，大喪掌將校復土。舜攝帝位，以禹爲司空。[1]契玄孫之子曰冥，亦爲夏司空。[2]殷湯以咎單爲司空。[3]周時司空爲冬官，掌邦事。[4]漢西京初不置。成帝綏和元年，[5]更名御史大夫爲大司空；哀帝建平二年，復爲御史大夫；元壽二年，復爲大司空；光武建武二十七年去大字。獻帝建安十三年，又罷司空，置御史大夫。御史大夫郗慮免，[6]不復補。魏初又置司空。

[1]舜攝帝位，以禹爲司空：《史記》卷一《五帝本紀》："舜謂四嶽曰：'有能奮庸美堯之事者，使居官相事？'皆曰：'伯禹爲司空，可美帝功。'舜曰：'嗟，然'。"

[2]契玄孫之子曰冥：諸本脫"玄孫"二字，中華本據《通典・職官典》補。冥，《史記》卷三《殷本紀》作"契五世孫"。《集解》引宋忠曰："冥爲司空，勤其官事，死於水中，殷人郊之。"

[3]咎單：商臣。《史記·殷本紀》：“咎單作《明居》。”《集解》引馬融曰：“咎單，湯司空也。”

[4]周時司空爲冬官，掌邦事：按：《周禮》冬官司空失傳，原文無從查考。

[5]成帝：即西漢成帝劉驁。《漢書》卷一〇有紀。

[6]郗慮：人名。字鴻豫，山陽高平人。少受學於鄭玄。事見《後漢書》卷七〇《孔融傳》。

大司馬，一人。掌武事。司，主也。馬，武也。堯時棄爲后稷，[1]兼掌司馬。周時司馬爲夏官，掌邦政。[2]項籍以曹咎、周殷並爲大司馬。[3]漢初不置。武帝元狩四年，初置大司馬。[4]始直云司馬，議者以漢有軍候千人司馬官，故加大。及置司空，又以縣道官有獄司空，又加大。[5]王莽居攝，[6]以漢無小司徒，而定司馬、司徒、司空之號並加大。[7]光武建武二十七年，省大司馬，以太尉代之。魏文帝黃初二年，復置大司馬，以曹仁居之，而太尉如故。[8]

[1]棄：人名。周人始祖。《史記》卷四《周本紀》曰：帝舜“封棄於邰，號曰后稷”。

[2]周時司馬爲夏官，掌邦政：《周禮·夏官·司馬》：“夏官司馬使帥其屬而掌邦政，以佐王平邦國。”

[3]項籍：人名。即項羽。《史記》卷七有紀。曹咎：各本原作“曹咎”，中華本改爲“曹無咎”。其校勘記曰：“‘曹無咎’，各本並作‘曹咎’，據《史記·項羽本紀》訂正。”按：《史記》卷七《項羽本紀》亦作“曹咎”，凡三見。一曰：“項梁嘗有櫟陽逮，乃請蘄獄掾曹咎書抵櫟陽獄掾司馬欣，以故，事得已。”二曰：“項王

乃謂海春侯大司馬曹咎等曰：‘謹守成皋’。”三曰：“大司馬咎者，故蘄獄掾，長史欣亦故櫟陽獄史，兩人嘗有德於項梁，是以項王信任之。”中華本誤改，今糾正。

[4]武帝元狩四年，初置大司馬：《續漢書·百官志一》注引《漢官儀》曰：“元狩六年罷太尉，法周制置司馬。時議者以爲漢軍有官候、千人、司馬，故加‘大’爲大司馬，所以別異大小司馬之號。”

[5]及置司空，又以縣道官有獄司空，又加大：《續漢書·百官志一》注引應劭《漢官儀》曰：“綏和元年，罷御史大夫官，法周制，初置司空。議者又以縣道官獄司空，故復加‘大’，爲大司空，亦所以別大小之文。”

[6]王莽居攝：公元6年，王莽立孺子嬰爲帝，自稱假皇帝居攝，改元居攝元年。

[7]以漢無小司徒，而定司馬、司徒、司空之號並加大：《續漢書·百官志一》注引《漢官儀》曰：“王莽時，議以漢無司徒官，故定三公之號曰大司馬、大司徒、大司空。世祖即位，因而不改。”

[8]魏文帝黃初二年，復置大司馬，以曹仁居之，而太尉如故：漢本以太尉與大司馬通職，不並置。然東漢末已並置，非自曹魏始。《續漢書·百官志一》劉昭注曰：“劉虞爲大司馬，而與太尉並置也。”按：據《後漢書》卷七三《劉虞傳》，中平六年（189）虞爲大司馬，又據卷六一《黃琬傳》，同年琬爲太尉。

大將軍，一人。凡將軍皆掌征伐。周制，王立六軍。[1]晋獻公作二軍，公將上軍。[2]將軍之名，起於此也。楚懷王遣三將入關，宋義爲上將。[3]漢高帝以韓信爲大將軍。[4]漢西京以大司馬冠之。[5]漢東京大將軍自爲官，位在三司上。[6]魏明帝青龍三年，晋宣帝自大將軍爲太尉，[7]然則大將軍在三司下矣。其後又在三司上。

晋景帝爲大將軍，而景帝叔父孚爲太尉，[8]奏改大將軍在太尉下，後還復舊。

[1] 周制，王立六軍：《周禮·夏官·序官》：“凡制軍，萬有二千五百人爲軍。王六軍，大國三軍，次國二軍，小國一軍。”

[2] 晋獻公作二軍，公將上軍：《左傳》閔公元年：“晋侯作二軍，公將上軍，太子申生將下軍。”

[3] 楚懷王：名心，戰國時楚懷王之孫。秦末爲項梁等所立以應民心。　三將：即宋義、項羽、范增。　宋義：人名。楚懷王心命之爲上將軍，率軍救趙，號爲卿子冠軍，因稽留不前，爲項羽所殺。事見《史記》卷七《項羽本紀》。

[4] 漢高帝以韓信爲大將軍：時在楚漢戰争始。韓信，人名。漢初三傑之一。《漢書》卷三四有傳。

[5] 漢西京以大司馬冠之：《漢書·百官公卿表上》：“元狩四年初置大司馬，以冠將軍之號。”漢武帝以衞青爲大司馬大將軍。

[6] 漢東京大將軍自爲官，位在三司上：東漢大將軍位未有定準，視其身份而在三公上下之間。《續漢書·百官志一》曰：“世祖中興，吳漢以大將軍爲大司馬，景丹爲驃騎大將軍，位在公下。”和帝即位，以舅竇憲爲大將軍，位在公上，順帝即位，又以皇后父、兄、弟相繼爲大將軍，如三公焉。

[7] 魏明帝：即曹叡。曹丕子。《三國志》卷三有紀。　晋宣帝：即司馬懿。晋武帝司馬炎即位追封爲宣帝。《晋書》卷一有紀。

[8] 景帝：即司馬師。亦爲晋武帝所追封。《晋書》卷二有紀。孚：人名。即司馬孚。司馬懿之弟。《晋書》卷三七有傳。

晋武帝踐阼，安平王孚爲太宰，[1]鄭沖爲太傅，[2]王祥爲太保，[3]義陽王望爲太尉，[4]何曾爲司徒，[5]荀顗爲司空，[6]石苞爲大司馬，[7]陳騫爲大將軍，[8]凡八公同時並置，唯無丞相焉。

[1]晋武帝：即司馬炎。《晋書》卷三有紀。

[2]鄭沖：人名。字文和，滎陽開封（今河南開封市）人。《晋書》卷三三有傳。

[3]王祥：人名。字休徵，琅邪臨沂（今山東臨沂市）人。《晋書》卷三三有傳。

[4]義陽王望：即司馬望。司馬孚之子，受封義陽王。《晋書》卷三七有附傳。

[5]何曾：人名。字穎考，陳國陽夏（今河南太康縣）人。《晋書》卷三三有傳。

[6]荀顗：人名。字景倩，潁川（今河南許昌市）人。《晋書》卷三九有傳。

[7]石苞：人名。字仲容，渤海南皮（今河北南皮縣）人。《晋書》卷三三有傳。

[8]陳騫：人名。臨淮東陽（今浙江金華市）人。《晋書》卷三五有傳。

有蒼頭字宜禄。[1]至漢，丞相府每有所關白，到閣輒傳呼“宜禄”，以此爲常。

[1]有蒼頭字宜禄：蘇晋仁《〈宋書·百官志〉考異》曰：“按，《通典》二一：‘前代丞相有蒼頭字宜禄。至漢代，有所關白，則叩閤呼宜禄，遂以爲常。’本志此段有脱誤，首句當補‘前代丞相’四字。”

丞相置三長史。[1]丞相有疾，御史大夫率百僚三旦問起居，[2]及瘳，詔遣尚書令若光禄大夫賜養牛，上尊酒。漢景帝三公病，遣中黃門問病。魏、晉則黃門郎，尤重者或侍中也。魏武爲丞相以來，置左右二長史而已。[1]漢東京太傅府置掾、屬十人，御屬一人；[3]令史十二人，[4]不知皆何曹也。自太尉至大將軍、驃騎、車騎、衞將軍，皆有長史一人，將軍又各置司馬一人，太傅不置長史也。[5]

[1]丞相置三長史：《〈宋書·百官志〉考異》曰："按，《職官分紀》五引作'丞相置三長史。魏武爲丞相以來，置左、右二長史而已。'本段首句爲錯簡，應移在下文'魏武爲丞相'之上。"

[2]御史大夫率百僚三旦問起居：《〈宋書·百官志〉考異》曰："《藝文類聚》四五引《漢官儀》作'丞相有疾，御史大夫三日一問起居，百僚亦然'。則'三旦問起居'，應作'三日一問起居'。"

[3]漢東京太傅府置掾、屬十人，御屬一人：孫星衍輯《漢官六種》曰："太傅，長史一人，秩千石，掾屬二十四人，令史、御屬二十二人。"掾、屬，諸曹的正副吏。《續漢書·百官志一》注引《漢書音義》曰："正曰掾，副曰屬。"

[4]令史：官名。諸曹屬吏，下至郡縣，上至公府皆設。

[5]太傅不置長史也：太傅置長史一人，見諸《漢官六種》。又中華本校勘記云："據《藝文類聚》四六引《宋書》、《御覽》二〇六引《宋書》有'晉宣帝爲魏太傅，誅曹爽後，置左、右長史，掾、屬、舍人各十人。事既非常，加又領兵，非准例也'。疑是此下逸文。"

太尉府置掾、屬二十四人，[1]西曹主府吏署用事，[2]東曹主二千石長吏遷除事，[3]戶曹主民戶祠祀農桑事，奏曹主奏議事，辭曹主辭訟事，法曹主郵驛科程事，尉曹主卒徒轉運事，賊曹主盜賊事，決曹主罪法事，兵曹主兵事，金曹主貨幣鹽鐵事，倉曹主倉穀事，黃閤主簿省録衆事。[4]御屬一人，令史二十二人。[5]御屬主爲公御，令史則有閤下、記室、門下令史，其餘史闕。案掾、屬二十四人，自東西曹凡十二曹，然則曹各置掾、屬一人，合二十四人也。

[1]太尉府置掾、屬二十四人：《續漢書·百官志一》：“本注曰：《漢舊注》東西曹掾比四百石，餘掾比三百石，屬比二百石，故曰公府掾比古元士三命者也。或曰，漢初掾史辟，皆上言之，故有秩比命士。其所不言，則爲百石屬。其後皆自辟除，故通爲百石云。”

[2]府吏：此指太尉府屬吏。

[3]二千石長吏：指郡守、王國内史。漢以來郡守、王國相（内史）秩二千石，故習以二千石代稱之。

[4]黃閤主簿：官名。即太尉主簿。時辦公閤門爲黃色，故曰黃閤。

[5]御屬一人，令史二十二人：《續漢書·百官志一》：“本注曰：《漢舊注》公令史百石，自中興以後，注不説石數。御屬主爲公御。閤下令史主閤下威儀事。記室令史主上章表報書記。門令史主府門。其餘令史，各典曹文書。”又注引荀綽《晋百官表注》曰：“御屬如録事也。”

司徒置掾、屬三十一人，御屬一人，令史三十五人。司空置掾二十九人，[1]御屬一人，令史三十一人。[2]司空別有道橋掾。其餘張減之號，史缺不可得知也。

　　[1]司空置掾二十九人：按：《續漢書·百官志一》：司空“掾屬二十九人”。“掾”字後當脫“屬”字。

　　[2]御屬一人，令史三十一人：《續漢書·百官志一》：“令史及御屬四十二人。”

　　漢東京大將軍、驃騎將軍從事中郎二人，[1]掾、屬二十九人，御屬一人，令史三十人。騎、衛將軍從事中郎二人，[2]掾、屬二十人，御屬一人，令史二十四人。兵曹掾史主兵事，稟假掾史主稟假，又置外刺姦主罪法。其領兵外討，則營有五部，部有校尉一人，軍司馬一人；部下有曲，曲有軍候一人；曲下有屯，屯有屯長一人。[3]若不置校尉，則部但有軍司馬一人。又有軍假司馬、軍假候，其別營者則為別部司馬。其餘將軍置以征伐者，府無員職，亦有部曲司馬、軍候以領兵焉。案大將軍以下掾屬與三府張減，史闕不可得知。置令史、御屬者，則是同三府也。其云掾史者，則是有掾而無屬，又無令史、御屬，不同三府也。

　　[1]從事中郎二人：《續漢書·百官志一》：“從事中郎二人，六百石。本注曰：職參謀議。”

　　[2]騎、衛將軍：《〈宋書·百官志〉考異》曰：“應作車騎將軍、衛將軍。”按：所言是，“騎”字之前當補“車”字。

　　[3]“部有校尉一人”至“屯有屯長一人”：《續漢書·百官志一》曰：“部校尉一人，比二千石，軍司馬一人，比千石。部下有曲，曲有軍候一人，比六百石。曲下有屯，屯長一人，比二百石。”

　　魏初公府職僚，史不備書。及晉景帝為大將軍，置掾十人，[1]西曹、東曹、戶曹、倉曹、賊曹、金曹、水曹、兵曹、騎兵各一人，則無屬矣。魏元帝咸熙中，[2]晉文帝爲相國，相國府置中衛將軍、驍騎將軍、左右長史、司馬，[3]從事中郎四人，主簿四人，舍人十九人，參軍二十二人，參戰十一人，掾、屬三十三人。東曹掾、屬各一人，西曹屬一人，戶曹掾一人，屬二人，賊曹掾一人，屬二人，金曹掾、屬各一人，兵曹掾、屬各一人，騎兵掾二人，屬一人，車曹掾、屬各一人，鎧曹掾、屬各一人，水曹掾、屬各一人，集曹掾、屬各一人，法曹掾、屬各一人，奏曹掾、屬各一人，倉曹屬二人，戎曹屬一人，馬曹屬一人，媒曹屬一人，合爲三十三人。散屬九人，凡四十二人。

[1]置掾十人：下文自西曹至騎兵凡九曹，疑脱一曹。

[2]魏元帝：即曹奂。曹魏末帝。《三國志》卷四有紀。　咸熙：三國魏元帝曹奂年號（264—265）。

[3]中衛將軍：官名。此爲司馬昭所創，職事不明。　驍騎將軍：官名。本爲宿衛皇帝的武職，置相國府，當爲護衛相國的武職。以此推之，中衛將軍亦當爲護衛相國的武職。

晉初凡位從公以上，置長史、西閤、東閤祭酒、西曹、東曹掾、戶曹、倉曹、賊曹屬各一人；[1]加兵者又置司馬、從事中郎、主簿、記室督各一人，舍人四人；爲持節都督者，置參軍六人。安平獻王孚爲太宰，增掾、屬爲十人，兵、鎧、士、營軍、刺姦五曹皆置屬，并前爲十人也。楊駿爲太傅，[2]增祭酒爲四人，掾、屬爲二十人，兵曹分爲左、右，法、金、田、集、水、戎、車、馬十曹，皆置屬，則爲二十人。趙王倫爲相國，置左右長史、司馬、從事中郎四人，參軍二十人，主簿、記室督、祭酒各四人，掾、屬四十人。[3]東西曹又置屬，[4]其餘十八曹皆置掾，則四十人矣。凡諸曹皆置御屬、令史、學幹，[5]御屬職録事也。

[1]西曹、東曹掾、户曹、倉曹、賊曹屬各一人：此文有錯簡，當作"西曹、東曹、户曹、倉曹、賊曹掾、屬各一人"。

[2]楊駿：人名。字文長，弘農華陰（今陝西華陰市）人，晋武帝皇后之父。《晋書》卷四〇有傳。

[3]"趙王倫爲相國"至"掾、屬四十人"：按：《晋書》卷五九《趙王倫傳》曰："（倫自爲相國）一依宣、文輔魏故事，置左右長史、司馬、從事中郎四人，參軍十人、掾屬二十人。"參軍、掾屬與本志各少一半。疑傳記爲初置，本志記倫盛時之置。

[4]東西曹又置屬：諸本脱"又置"二字，中華本據《元龜》卷七一六補。

[5]學幹：官府的小吏，類似漢代斗食之吏。今日"幹部"之"幹"即始於此。《續漢書·百官志五》："幹主文書。"又《論衡·程材》云："幼爲幹吏，以朝廷爲田畝，以刀筆爲耒耜，以文書爲農業。"魏晋南北朝幹的分工細化，有學幹、武幹、内幹、侍幹、門幹，甚至有地位更低的"僮幹"。學者研究頗多，參見程應鏐《釋"幹"》（《中華文史論叢》1979 年第 2 輯）、李春潤《論三國兩晋南北朝的幹》、彭神保《僮幹釋疑》（《中華文史論叢》1981 年第 3 輯）。

江左以來，[1]諸公置長史、倉曹掾、户曹屬、東西閣祭酒各一人，主簿、舍人二人，御屬二人，令史無定員。領兵者置司馬一人，從事中郎二人，參軍無定員；加崇者置左右長史、司馬，從事中郎四人，掾、屬四人，則倉曹增置屬，户曹置掾，江左加崇，極於此也。

[1]江左：指東晉。東晉建都建康（今江蘇南京市），居長江東，古人以東爲左，故稱江左。魏禧《目録雜説》："江東稱江左，江西稱江右，蓋自江北視之，江東在左，江西在右耳。"

長史、司馬、舍人，秦官。[1]從事中郎、掾、屬、主簿、令史，前漢官，[2]陳湯爲大將軍王鳳從事中郎是也。[3]御屬、參軍，後漢官，孫堅爲車騎參軍事是也。[4]本於府主無敬，晉世太原孫楚爲大司馬石苞參軍，[5]輕慢苞，始制施敬。祭酒，晉官也，[6]漢吳王濞爲劉氏祭酒。[7]夫祭祀以酒爲本，長者主之，故以祭酒爲稱。漢之侍中、魏之散騎常侍高功者，並爲祭酒焉。公府祭酒，蓋因其名也。長史、從事中郎主吏，司馬主將，主簿、祭酒、舍人主閣内事，參軍、掾、屬、令史主諸曹事。司徒若無公，唯省舍人，其府常置，其職僚異於餘府。[8]有左右長史、左西曹掾、屬各一人，餘則同矣。餘府有公則置，無則省。晉元帝爲鎮東大將軍及丞相，置從事中郎，無定員，分掌諸曹，有録事中郎、度支中郎、三兵中郎。其參軍則有諮議參軍二人，主諷議事，晉江左初置，因軍諮祭酒也，宋高祖爲相，止置諮議參軍，[9]無定員。今諸曹則有録事、記室、户曹、倉曹、中直兵、外兵、騎兵、長流賊曹、刑獄賊曹、城局賊曹、法曹、田曹、水曹、鎧曹、車曹、士曹、集、右户、墨曹，凡十八曹參軍。[10]參軍不署曹者，無定員。江左初，晋元帝鎮東丞相府有録事、記室、東曹、西曹、度支、户曹、法曹、金曹、倉曹、理曹、中兵、外兵、騎兵、典兵、兵曹、賊曹、運曹、禁防、典賓、鎧曹、田曹、士曹、騎士、車曹參軍。其東曹、西曹、度支、金曹、理曹、典兵、兵曹、賊曹、運曹、禁防、典賓、騎士、車曹凡十三曹，今闕，所餘十一曹也。[11]其後又有直兵、長流、刑獄、城局、水曹、右户、墨曹七曹。高祖爲相，合中兵、直兵置一參軍，曹則猶二也。今小府不置長流參軍者，置禁防參軍。蜀丞相諸葛亮府有行參軍，晋太傅司馬越府又有行參軍、兼行參軍，後漸加長兼字。除拜則爲參軍事，[12]府板則爲行參軍。[13]晋末以來，參軍事、行參軍又各有除板。[14]板行參軍下則長兼行參軍。[15]參軍督護，江左置，本皆領營，有部曲，今則無矣。公府長史、司馬，秩千石；從事中郎，六百石；東西曹掾，四百石；他掾三百石；屬二百石。

[1]長史：官名。戰國秦置。如司馬欣爲章邯之長史。　司馬：周官。《禮記》《周禮》均有司馬，金文亦有司馬，《𤼈方彝銘》："用司六師王行，參有司，司土、司馬、司工。"　舍人：官名。戰國時置。《史記》卷七〇《張儀列傳》："蘇秦已而告其舍人"。又卷六《秦始皇本紀》李斯爲吕不韋舍人。

[2]掾：官名。戰國時已有。《史記》卷五三《蕭相國世家》："以文無害爲沛主吏掾。"　令史：官名。戰國已有。《雲夢秦簡·置吏律》："官嗇夫節（即）不存，令君子毋害者若令史守官，毋令官佐、史守。"

[3]陳湯：人名。字子公，山陽瑕丘（今山東兖州市）人。

《漢書》卷七〇有傳。

[4]孫堅：人名。字文臺，漢末吳郡（今江蘇蘇州市）人，孫權之父。《三國志》卷四六有傳。

[5]孫楚：人名。字子荆，太原（今山西太原市西南古城營西古城）人。《晋書》卷五六有傳。

[6]祭酒：官名。戰國時，荀卿爲齊稷下祭酒。《史記》卷七四《孟子荀卿列傳》：“荀卿三爲祭酒焉。”

[7]吳王濞：即劉濞。漢高祖劉邦兄劉仲之子。《漢書》卷三五有傳。

[8]司徒若無公，唯省舍人，其府常置，其職僚異於餘府：晋時司徒府異於其他官府，不管是否置司徒，但司徒府皆在。不置司徒時，以長史掌府事。

[9]宋高祖爲相，止置諮議參軍：諸本脱“相止置”三字，中華本據《元龜》卷七一六補。

[10]“今諸曹”至“凡十八曹參軍”：《〈宋書·百官志〉考異》曰：“中直兵，據下文應爲‘中兵直兵’二曹，非一曹，‘中’下應補一‘兵’字。《宋書考論》二：‘后已雲車曹今闕。’十八曹當無車曹。右户上‘集’字衍。‘鎧曹’下當删‘車曹’二字，‘土曹’下删‘集’字。‘金曹理’下原脱‘曹’字，據上文應補‘曹’字。”

[11]理曹：各本並脱“曹”字，中華本據志例補。　十一曹：諸本作“十二曹”。按：上述晋元帝鎮東（將軍）、丞相府曹數二十四。既“凡十三曹，今闕”，所餘當爲十一。今改正。

[12]除拜：朝廷任命。

[13]府板：公府或將軍府辟除。

[14]參軍事、行參軍又各有除板：言參軍、行參軍皆各有朝廷任命及軍府辟除兩種形式。

[15]下：諸本作“不”，中華本據《通典·職官典》改。

特進，前漢世所置，前後二漢及魏、晋以爲加官，從本官車服，無吏卒。晋惠帝元康中定位令在諸公下，[1]驃騎將軍上。

[1]定位令在諸公下：當作“定令，位在諸公下”。定令爲晋時官場用語。《晋書》卷二四《職官志》：“不別給特進吏卒車服，後定令，特進品秩第二，位次諸公，在開府驃騎上。”

驃騎將軍，一人。漢武帝元狩二年，始用霍去病爲驃騎將軍。漢西京制，大將軍、驃騎將軍位次丞相。

車騎將軍，一人。漢文帝元年，始用薄昭爲車騎將軍。[1]魚豢曰：“魏世車騎爲都督，儀與四征同。[2]若不爲都督，雖持節屬四征者，與前後左右雜號將軍同。其或散還從文官之例，則位次三司。”晋、宋車騎、衛不復爲四征所督也。

[1]薄昭：人名。漢高帝薄姬之弟，漢文帝之舅。後坐殺使者自殺。
[2]四征：官名。四征將軍之簡稱。即征東、征西、征南、征北四將軍。

衛將軍，一人。漢文帝元年，始用宋昌爲衛將軍。[1]三號位亞三司。[2]漢章帝建初三年，始使車騎將軍馬防班同三司。[3]班同三司自此始也。漢末奮威將軍，晋江右伏波、輔國將軍，並加大而儀同三司。[4]江左以來，將軍則中、鎮、撫、四鎮以上或加大，[5]餘官則左右光禄大夫以上並得儀同三司，自此以下不得也。

　　[1]宋昌：人名。以家吏從劉邦，後爲代王中尉，諸呂平後，勸代王入即帝位，漢文帝封爲壯武侯。

　　[2]三號：指驃騎、車騎、衛將軍稱三號將軍，爲重號將軍。三司：即三公。

　　[3]馬防：人名。馬援子，明帝馬皇后之弟。《後漢書》卷二四有附傳。

　　[4]晋江右：指西晋。東晋居江左以建康爲都，稱江左以代之，故將建都洛陽的西晋稱之爲江右，以其居江之西北故。　儀同三司：在禮儀上享受三司的待遇。

　　[5]中：即中軍將軍。　鎮：即鎮軍將軍。　撫：即撫軍將軍。四鎮：即鎮東、鎮南、鎮西、鎮北將軍。

　　持節都督，無定員。前漢遣使，始有持節。[1]光武建武初，征伐四方，始權時置督軍御史，[2]事竟罷。建安中，魏武帝爲相，始遣大將軍督軍。二十一年征孫權，還，夏侯惇督二十六軍是也。[3]魏文帝黃初二年，始置都督諸州軍事，或領刺史。[4]三年，上軍大將軍曹真都督中外諸軍事，[5]假黃鉞，則總統外内諸軍矣。明帝太和四年，晋宣帝征蜀，加號大都督。高貴公正元二年，[6]晋文帝都督中外諸軍，尋加大都督。晋世則都督諸軍爲上，監諸軍次之，督諸軍爲下。使持節爲上，持節次之，假節爲下。使持節得殺二千石以下；持節殺無官位人，若軍事得與使持節同；假節唯軍事得殺犯軍令者。晋江左以來，都督中外尤重，唯王導居之。宋氏人臣則無也。[7]江夏王義恭假黃鉞。[8]假黃鉞，則專戮節將，非人臣常器矣。

[1]節：君主給使者的信物。戰國時已有。《史記》卷七〇
《張儀列傳》：儀往楚，秦惠王勸其不往。儀曰："且臣奉王之節使
楚，楚何敢加誅。"又卷六《秦始皇本紀》："始皇推終始五德之傳，
以爲周得火德，秦代周德，從所不勝。方今水德之始，改年始，朝
賀皆自十月朔，衣服旄旌節旗皆上黑。"是戰國之時，遣使已用節。

[2]督軍御史：官名。以御史督軍或監軍，起源很早。秦始皇
派尉屠睢平南越，以史禄爲監軍。史禄即名禄的御史。

[3]夏侯惇：人名。字元讓，沛國譙人。漢末曹操的將領。
《三國志》卷九有傳。

[4]黃初二年："二年"當是"元年"之誤。《〈宋書·百官志〉
考異》曰："《三國志》卷九《魏書·曹真傳》：'文帝即王位，以
真爲鎮西將軍，假節，都督雍涼州諸軍事。'此在黃初元年，不始
於二年。《職官分紀》三九引《宋書》作'又有都督諸州軍事者，
爲常職。舊曰監某州諸軍事，文帝即位，改監爲都督。'今本
不載。"

[5]曹真：人名。字子丹。曹操宗親。《三國志》卷九有傳。

[6]高貴公：當爲高貴鄉公，脫"鄉"字。

[7]宋氏：指劉宋。

[8]江夏王義恭：即劉義恭。宋武帝子。本書卷六一有傳。
假黃鉞：黃鉞即飾以黃金的鉞，本爲皇帝儀仗，三國時特賜與出征
重臣，以示威重，令其專主征伐。

征東將軍，一人。漢獻帝初平三年，馬騰居之。[1]
征南將軍，一人。漢光武建武中，岑彭居之。[2]征西將
軍，一人。漢光武建武中，馮異居之。[3]征北將軍，一
人。魚豢曰：[4]"四征，魏武帝置，秩二千石。黃初
中，[5]位次三公。漢舊諸征與偏裨雜號同。"

[1]"征東將軍"至"馬騰居之"：馬騰爲征西將軍，非征東將軍。《三國志》卷三六《蜀書·馬超傳》："（超）父騰，靈帝末與邊章、韓遂等俱起事於西州。初平三年，遂、騰率眾詣長安。漢朝以遂爲鎮西將軍，遣還金城，騰爲征西將軍，遣屯郿。"

[2]"征南將軍"至"岑彭居之"：《後漢書》卷一七《岑彭傳》曰："（建武二年）秋，彭破杏，降許邯，遷征南大將軍。"

[3]"征西將軍"至"馮異居之"：《後漢書》卷一七《馮異傳》曰："（建武）三年春，遣使者即拜異爲征西大將軍。"

[4]魚豢：人名。三國時魏人，撰有《魏略》，今佚。裴松之《三國志注》多引其文。

[5]秩二千石：諸本脱"石"字，中華本據《職官分紀》補。

鎮東將軍，一人。後漢末，魏武帝居之。[1]鎮南將軍，一人。後漢末，劉表居之。[2]鎮西將軍，一人。後漢初平三年，韓遂居之。[3]鎮北將軍，一人。

[1]魏武帝：即曹操。曹丕即位，追封曹操爲武帝。《三國志》卷一《魏書·武帝紀》：建安元年"天子拜太祖建德將軍，夏六月，遷鎮東將軍"。

[2]"鎮南將軍"至"劉表居之"：《三國志》卷六《魏書·劉表傳》："李催、郭汜入長安，欲連表爲援，乃以表爲鎮南將軍、荆州牧。"

[3]"鎮西將軍"至"韓遂居之"：《三國志》卷三六《蜀書·馬超傳》："初平三年遂、騰率眾詣長安，漢朝以遂爲鎮西將軍。"

中軍將軍，一人。漢武帝以公孫敖爲之，[1]時爲雜號。鎮軍將軍，一人。魏以陳群爲之。[2]撫軍將軍，一人。魏以司馬宣王爲之。[3]中、鎮、撫三號比四鎮。

[1]"中軍將軍"至"以公孫敖爲之"：《漢書》卷五五《公孫敖傳》曰：敖"以中將軍從大將軍再出定襄"。按：中將軍即中軍將軍。

[2]鎮軍將軍，一人。魏以陳群爲之：《三國志》卷二二《魏書·陳群傳》曰："群爲鎮軍大將軍。"

[3]魏以司馬宣王爲之：《三國志·魏書·陳群傳》曰："撫軍大將軍司馬宣王並開府。"

安東將軍，一人。後漢末，陶謙爲之。[1]安南將軍，一人。安西將軍，一人。後漢末，段煨爲之。[2]安北將軍，一人。魚豢曰："鎮北、四安，魏黃初、太和中置。"[3]

[1]"安東將軍"至"陶謙爲之"：《後漢書》卷七三《陶謙傳》曰："陶謙字恭祖，丹陽人也……詔遷爲徐州牧，加安東將軍。"

[2]"安南將軍"至"段煨爲之"：《〈宋書·百官志〉考異》曰："按，《後漢書》一〇二《董卓傳》：'建安三年，使謁者僕射裴茂詔關中諸將段煨等討李傕，夷三族。以段煨爲安南將軍，轉閿鄉侯。'則'後漢末段煨爲之'一句，應是錯簡，當在'安南將軍，一人'之下。《通典》二九安西將軍亦同此誤，是自唐已然。"按：蘇説未必是。以《後漢書》一説而否定《通典》及本志二説，於理不足，況孤證不立。焉知非《後漢書》錯？歷代以東南西北爲號之將軍，皆以其出鎮之地與京師方位定之。段煨居關中，居京師之西，封安西將軍不誤。又漢末段煨之前楊定已爲安西將軍。《後

漢書》卷七二《董卓傳》："安西將軍楊定者，故卓部曲將也……寧輯將軍段煨乃具服御及公卿以下資儲，請帝幸其營。初，楊定與煨有隙，遂誣煨欲反，乃攻其營……李傕、郭汜既悔令天子東，乃來救段煨，因欲劫帝而西。楊定爲汜所遮，亡奔荆州。"以此度之，段煨當在楊定之後爲安西將軍，本志不錯。

[3]黄初：三國魏文帝曹丕年號（220—226）。 太和：三國魏明帝曹叡年號（227—233）。

平東將軍，一人。平南將軍，一人。平西將軍，一人。平北將軍，一人。四平，魏世置。[1]

[1]平東將軍：官名。吕布爲之。《三國志》卷七《魏書·吕布傳》裴松之注引《英雄記》曰："朝廷以布爲平東將軍。" 平南將軍：官名。漢末孫輔爲之。《三國志》卷五一《吳書·孫輔傳》："遷平南將軍，假節領交州刺史。" 平西將軍：官名。漢末馬超爲之。《三國志》卷三六《蜀書·馬超傳》：建安十九年（214），劉備據蜀，"以超爲平西將軍"。又建安二十四年，群臣上漢帝求封劉備爲漢中王表，首列"平西將軍都亭侯臣馬超"。 平北將軍：官名。漢末張燕爲之。《三國志》卷八《魏書·張燕傳》："太祖將定冀州，燕遣使求佐王師，拜平北將軍。"四平，魏世置：按：此條有誤。四平爲漢末置。

左將軍。右將軍。前將軍。後將軍。左將軍以下，周末官，秦、漢並因之，光武建武七年省，魏以來復置。

征虜將軍，漢光武建武中，始以祭遵居之。[1]冠軍將軍，楚懷王以宋義爲卿子冠軍。[2]冠軍之名，自此始

也。魏正始中，以文欽爲冠軍將軍、揚州刺史。[3]輔國
將軍，漢獻帝以伏完居之。[4]宋太宗泰始四年，改爲輔
師，[5]後廢帝元徽二年復故。龍驤將軍，晋武帝始以王
濬居之。[6]

[1]始以祭遵居之：《後漢書》卷一上《光武帝紀上》："遣驃
騎大將軍景丹率征虜將軍祭遵等二將軍擊弘農賊。"

[2]楚懷王以宋義爲卿子冠軍：見《史記》卷七《項羽本紀》。

[3]以文欽爲冠軍將軍、揚州刺史：《三國志》卷二八《魏
書·毌丘檢傳》裴松之注引《魏書》曰："欽字仲若，譙郡人……
曹爽以欽鄉里，厚養待之，不治欽事。復遣還廬江，加冠軍將
軍……曹爽誅後，進欽爲前將軍以安其心，後代諸葛誕爲揚州
刺史。"

[4]伏完：人名。漢獻帝伏皇后之父。《後漢書》卷一〇《伏
皇后紀》："建安元年，拜完輔國將軍，儀比三司。"

[5]泰始四年，改爲輔師：丁福林《校議》據本書卷八《明帝
紀》考證，泰始五年秋七月壬戌改輔國將軍，知四年爲五年之誤。

[6]王濬：人名。字士治，弘農湖（今河南靈寶市）人。晋武
帝以童謠而用其爲龍驤將軍。《晋書》卷三四《羊祜傳》曰："初，
祜以伐吳必藉上流之勢。又時吳有童謠曰：'阿童復阿童，銜刀浮
渡江，不畏岸上獸，但畏水中龍。'祜聞之曰：'此必水軍有功，但
當思應其名者耳。'會益州刺史王濬徵爲大司農，祜知其可任，濬
又小字阿童，因表留濬監益州諸軍事，加龍驤將軍。"

東中郎將，漢靈帝以董卓居之。[1]南中郎將，漢獻
帝建安中，以臨淄侯曹植居之。[2]西中郎將。北中郎將，
漢建安中，以鄢陵侯曹彰居之。[3]凡四中郎將，何承天

云，並後漢置。[4]

[1]“東中郎將”至“以董卓居之”：《後漢書》卷七二《董卓傳》曰：“中平元年，拜東中郎將。”

[2]“南中郎將”至“曹植居之”：《三國志》卷一九《魏書·陳思王植傳》曰：建安二十四年（219），“曹仁爲關羽所圍。太祖以植爲南中郎將，行征虜將軍，欲遣救仁”。

[3]“北中郎將”至“曹彰居之”：按：北中郎將，漢靈帝時盧植爲之。《後漢書》卷六四《盧植傳》曰：“中平元年，黄巾賊起，四府舉植，拜北中郎將。持節，以護烏桓中郎將宗員副，將北軍五校士，發天下諸郡兵征之。”

[4]“凡四中郎將”至“並後漢置”：置四中郎將之説，《續漢書·百官志二》注曰：“案：漢末又有四中郎將，皆帥師征伐，不知何時置。董卓爲東中郎將，盧植爲北中郎將，獻帝以曹植爲南中郎將。”何承天，人名。東海人。曾爲著作郎，初撰《宋書》，今本沈約《宋書》是在何書的基礎上完成的。

建威將軍，漢光武建武中，以耿弇爲建威大將軍。[1]振威將軍，後漢初，宋登爲之。[2]奮威將軍，前漢世，任千秋爲之。[3]揚威將軍，魏置。[4]廣威將軍，魏置。建武將軍，魏置。[5]振武將軍，前漢末，王況爲之。[6]奮武將軍，後漢末，呂布爲之。[7]揚武將軍，光武建武中，以馬成爲之。[8]廣武將軍，晋江左置。[9]

[1]建威大將軍：“建威”諸本作“建武”，中華本據《後漢書》卷一九《耿弇傳》改。

[2]振威將軍，後漢初，宋登爲之：《後漢書》卷二二《馬成傳》有馬成督振威將軍宋登擊李憲之記載。

[3]任千秋：人名。嗣父爵弋陽侯。《漢書·百官公卿表下》載其於元帝時任太常，成帝時爲執金吾、右將軍、左將軍等職。《天文志》言其卒於河平三年（前26）三月辛卯。《〈宋書·百官志〉考異》曰："按，《漢書》卷七九《馮奉世傳》：'拜太常弋陽侯任千秋爲奮武將軍。'又《三國志》卷七《呂布傳》：'王允以布爲奮威將軍，假節，儀比三司，進封溫侯。'則下文'奮武將軍'下'後漢末呂布爲之'一句，應移於此'奮威將軍'之下，而此處'前漢世任千秋爲之'一句，應移於'奮武將軍'之下。"按：此言未慎。《漢書》卷九《元帝紀》永光二年："秋七月，西羌反，遣右將軍馮奉世擊之。八月，呂太常任千秋爲奮威將軍，別將五校並進。"紀、傳不同，當依紀。因紀是詔書所編，傳則有轉抄之誤。不可以孤證改易文字。

[4]揚威將軍，魏置：曹魏時臧霸爲之。《三國志》卷一八《魏書·臧霸傳》："太祖善之，拜揚威將軍，假節。"

[5]建武將軍，魏置：建武將軍，東漢末置。《三國志》卷九《魏書·夏侯惇傳》："太祖自徐州還，惇從征呂布，爲流矢所中，傷左目。復領陳留、濟陰太守，加建武將軍。"

[6]振武將軍，前漢末，王況爲之：王莽時王嘉爲振武將軍。《漢書》卷九九中《王莽傳中》：始建國二年十二月，更名匈奴單于爲降奴服于，數路出擊攻匈奴，以"振武將軍王嘉、平狄將軍王萌出代郡"。據《漢書》，王況任過震威將軍、虎賁將軍，沒任過振武將軍。

[7]奮武將軍，後漢末，呂布爲之：西漢末王莽時王駿爲之。《漢書·王莽傳中》："奮武將軍王駿、定胡將軍王晏出張掖。"

[8]揚武將軍，光武建武中，以馬成爲之：《後漢書》卷二二《馬成傳》曰："建武四年，拜揚武將軍"。

[9]廣武將軍，晉江左置：《〈宋書·百官志〉考異》曰："《三國志》卷四八《吳書·孫晧傳》：'天紀元年，晉命廣武將軍唐彬浮江東下。'又卷五一《孫賁傳》注引《孫惠別傳》，云惠後爲廣

武將軍，皆在西晉，則此處‘江左’應是‘江右’之誤。”按：蘇説是。然天紀元年，當爲三年。

鷹揚將軍，漢建安中，魏武以曹洪居之。[1]折衝將軍，漢建安中，魏武以樂進居之。[2]輕車將軍，漢武帝以公孫賀爲之。[3]揚烈將軍，建安中，以假公孫淵。[4]寧遠將軍，晉江左置。[5]材官將軍，漢武帝以李息爲之。[6]伏波將軍，漢武帝征南越，始置此號，以路博德爲之。[7]

[1]鷹揚將軍，漢建安中，魏武以曹洪居之：曹洪實爲鷹揚校尉，非鷹揚將軍。《三國志》卷九《魏書·曹洪傳》：“（洪）以前後功拜鷹揚校尉，遷揚武中郎將。”閱洪傳，洪官至驃騎將軍，無任鷹揚將軍事。曹魏時，文欽爲鷹揚將軍。《三國志》卷二八裴松之注引《魏書》曰：欽“後復以爲淮南牙門將，轉爲盧江太守、鷹揚將軍”。

[2]折衝將軍，漢建安中，魏武以樂進居之：《三國志》卷一七《魏書·樂進傳》：“建安十一年，太祖表漢帝，稱進及于禁、張遼曰：‘……論功紀用，宜各顯寵。’於是禁爲虎威，進，折衝，遼，盪寇將軍。”按：折衝將軍，西漢末有之。《漢書》卷八四《翟方進傳》：王莽居攝，翟義起兵，趙明響應。莽拜“大鴻臚望鄉侯閻遷爲折衝將軍，與甄邯、王晏西擊趙明等”。

[3]輕車將軍，漢武帝以公孫賀爲之：《漢書》卷六六《公孫賀傳》：“賀夫人君孺，衛皇后姊也，賀由是有寵。元光中爲輕車將軍，軍馬邑。”

[4]揚烈將軍，建安中，以假公孫淵：建安中公孫淵尚少，魏明帝時以淵爲揚烈將軍。《三國志》卷八《魏書·公孫淵傳》：建安十二年（207）“封（公孫）康襄平侯，拜左將軍。康死，子晃、

淵等皆小，衆立恭爲遼東太守……太和二年，淵脅奪恭位。明帝即
拜淵揚烈將軍"。又東漢末郭汜爲揚烈將軍。《後漢書》卷七二注
引《袁山松書》曰：李催、郭汜"自拜署催爲揚武將軍、汜爲揚
烈將軍"。

[5]寧遠將軍，晋江左置：《〈宋書・百官志〉考異》曰："按，
《讀書雜識》四云：'《宋書・百官志》上，寧遠將軍，晋江左置。
則是時尚無寧遠將軍號。然考之《山濤傳》云，出爲冀州刺史，加
寧遠將軍，在武帝時。《胡毋輔之傳》，尋除寧遠將軍，揚州刺史，
在懷帝時，則晋中朝已有此官，非江左置也。沈氏誤。'是'江
左'應爲'江右'之訛。"

[6]材官將軍，漢武帝以李息爲之：《漢書》卷六《武帝紀》：
元光二年（前133），以"御史大夫韓安國爲護軍將軍……太中大
夫李息爲材官將軍，將三十萬衆屯馬邑谷中，誘致單于，欲襲擊
之"。

[7]伏波將軍，漢武帝征南越，始置此號，以路博德爲之：
《漢書》卷六《武帝紀》：元鼎五年（前112）"遣伏波將軍路博德
出桂陽，下湟水……咸會番禺"。

凌江將軍，魏置。[1]自凌江以下，則有宣威、明威、
驍威、厲威、威厲、威寇、威虜、威戎、威武、武烈、
武毅、武奮、綏遠、綏邊、綏戎、討寇、討虜、討難、
討夷、蕩寇、蕩虜、蕩難、蕩逆、殄寇、殄虜、殄難、
掃夷、掃寇、掃虜、掃難、掃逆、厲武、厲鋒、虎威、
虎牙、廣野、橫野、偏將軍、裨將軍，凡四十號。其威
虜，漢光武以馮俊居之。[2]虎牙，以蓋延居之，爲虎牙
大將軍。[3]橫野，以耿純居之。[4]蕩寇，漢建安中，滿寵
居之。[5]虎威，于禁居之。[6]其餘或是後漢及魏所置，今

則或置或不。自左右前後將軍以下至此四十號，唯四中郎將各一人，餘皆無定員。自車騎以下爲刺史又都督及儀同三司者，置官如領兵，但云都督不儀同三司者，不置從事中郎，置功曹一人，主吏，在主簿上，漢末官也。[7]漢東京司隸有功曹從事史，如諸州治中，因其名也。功曹參軍一人，主佐□□記室下，戶曹上。[8]監以下不置諮議、記室，餘則同矣。宋太宗已來，皇子、皇弟雖非都督，亦置記室參軍。小號將軍爲大郡邊守置佐吏者，又置長史，餘則同也。

[1]凌江將軍，魏置：《三國志》卷四一裴松之注引《襄陽記》：魏滅蜀，"晉王即委前任，拜（羅）憲凌江將軍"。《百官志下》"凌江"作"陵江"。

[2]馮俊：人名。諸本並作"馬俊"。張森楷《校勘記》曰："當是馮俊之訛，見《後漢書·岑彭傳》。"中華本據改。

[3]虎牙，以蓋延居之，爲虎牙大將軍：《後漢書》卷一八《蓋延傳》曰："光武即位，以延爲虎牙將軍。"

[4]橫野，以耿純居之：《〈宋書·百官志〉考異》曰："按，《後漢書》卷二一《耿純傳》：'八年，東郡、濟陰盜賊群起，遣大司空李通、橫野大將軍王常擊之。'不言耿純爲橫野將軍，本志有誤，當作王常。"

[5]蕩寇，漢建安中，滿寵居之：《三國志》卷一七《魏書·樂進傳》曰，建安十一年（206），張遼爲蕩寇將軍。

[6]虎威，于禁居之：《三國志》卷一七《魏書·于禁傳》："東海平，拜禁虎威將軍。"

[7]"置功曹"至"漢末官也"：西漢郡、縣已有功曹之置。《漢書》卷七六《韓延壽傳》：延壽爲東郡太守，"嘗出，臨上車，

騎吏一人後至，敕功曹議罰白”。

[8]主佐□□記室下，户曹上：丁福林《校議》根據上下文意，斷定□□爲“吏在”二字，此句應作“主佐吏，在記室下，户曹上”。

太常，一人。舜攝帝位，命伯夷作秩宗，掌三禮，[1]即其任也。周時曰宗伯，是爲春官，掌邦禮。[2]秦改曰奉常，漢因之。景帝中六年，更名曰太常。[3]應劭曰：“欲令國家盛大常存，故稱太常。”前漢常以列侯忠孝敬慎者居之，後漢不必列侯也。

[1]命伯夷作秩宗，掌三禮：《史記》卷一《五帝本紀》曰：“舜曰：‘嗟！四嶽，有能典朕三禮？’皆曰伯夷可。舜曰：‘嗟！伯夷，以汝爲秩宗，夙夜維敬，直哉維静絜。’” 三禮：祭天、祭地、祭宗廟之禮。

[2]周時曰宗伯，是爲春官，掌邦禮：語出《周禮》。

[3]秦改曰奉常，漢因之。景帝中六年，更名曰太常：《歷代職官表》曰：“至《百官表》謂漢初曰奉常，景帝始改太常，而《唐六典》則云漢初已名太常，《通典》亦同。皆與《百官表》互異。今考《史記·叔孫通列傳》，實稱高帝拜通爲太常，不作奉常，而《太平御覽》引《漢官典職》，亦有惠帝改太常爲奉常之文。是其説當有所據。殆《百官表》徵引未備耳。”

博士，班固云，秦官。史臣案，六國時往往有博士，掌通古今。[1]漢武建元五年，初置《五經》博士。[2]宣、成之世，《五經》家法稍增，經置博士一人。至東京凡十四人。《易》，施、孟、梁丘、京氏；《尚書》，歐陽、大小夏侯；《詩》，齊、魯、韓；《禮》，大小戴；《春秋》，嚴、顏各一博士。[3] 而聰明有威重者一人爲祭酒。[4] 魏及晉西朝置十九人，江左初減爲九人，皆不知掌何經。[5] 元帝末，增《儀禮》《春秋公羊》博士各一人，合爲十一人。後又增爲十六人，不復分掌《五經》，而謂之太學博士也。秩六百石。

[1]六國時往往有博士，掌通古今：博士官始於戰國。《史記》卷一一九《循吏列傳》有魯博士公儀休，卷一二八《龜策列傳》有宋博士衛平。《説苑・尊賢篇》有齊博士淳于髡。《漢書》卷五一《賈山傳》有魏博士弟子賈祛。《史記》卷六《秦始皇本紀》曰：三十三年“始皇置酒咸陽宮，博士七十人前爲壽”。秦的博士設置最盛。

[2]初置《五經》博士：見《漢書》卷六《武帝紀》。

[3]“至東京凡十四人”至“各一博士”：《漢書・百官公卿表上》曰：“宣帝黃龍元年稍增員十二人。”又《續漢書・百官志二》：“博士十四人，比六百石。本注曰：《易》四，施、孟、梁丘、京氏。《尚書》三，歐陽、大小夏侯氏。《詩》三，魯、齊、韓氏。《禮》二，大小戴氏。《春秋》二，《公羊》嚴、顏氏。”

[4]而聰明有威重者一人爲祭酒：博士之長，本名僕射。《漢書・百官公卿表上》曰：“僕射，秦官。自侍中、尚書、博士、郎皆有，取其領事之號。”而《史記》卷六《秦始皇本紀》三十三年有“僕射周青臣”，即博士僕射，東漢後改僕射爲祭酒。《續漢書・百官志》：“博士祭酒一人，六百石。本僕射，中興轉爲祭酒。”注引胡廣曰：“官名祭酒，皆一位之元長者也。”

[5]魏及晉西朝置十九人，江左初減爲九人，皆不知掌何經：《晉書》卷七五《荀崧傳》曰：“世祖武皇帝應運登禪，崇儒興學。經始明堂，營建辟雍……賈、馬、鄭、杜、服、孔、王、何、顏、

尹之徒，章句傳注衆家之學，置博士十九人。"又曰："元帝踐阼……時方修學校，簡省博士，置《周易》王氏，《尚書》鄭氏，《古文尚書》孔氏，《毛詩》鄭氏，《周官》《禮記》鄭氏，《春秋》《左傳》杜氏、服氏，《論語》《孝經》鄭氏博士各一人，凡九人。"又曰："宜爲鄭《易》置博士一人，鄭《儀禮》博士一人，《春秋公羊》博士一人，《穀梁》博士一人。"元帝"詔曰：'《穀梁》膚淺，不足置博士，餘如奏。'會王敦之難，不行。"

國子祭酒一人，國子博士二人，國子助教十人。《周易》《尚書》《毛詩》《禮記》《周官》《儀禮》《春秋左氏傳》《公羊》《穀梁》各爲一經，《論語》《孝經》爲一經，合十經。助教分掌。國子，周舊名，周有師氏之職，即今國子祭酒也。[1]晉初復置國子學，以教生徒，而隸屬太學焉。[2]晉初助教十五人，江左以來，損其員。自宋世若不置學，則助教唯置一人，而祭酒、博士常置也。

[1]即今國子祭酒也：《周禮·地官·司徒》曰："師氏，掌以媺王詔，以三德教國子。"鄭玄注曰："國子，公卿大夫之子弟。"

[2]而隸屬太學焉：《晉書》卷三《武帝紀》：咸寧二年五月"立國子學"。又《晉書·職官志》："及咸寧四年，武帝初立國子學，定置國子祭酒、博士各一人，助教十五人，以教生徒。博士皆取履行清淳，通明典義者，若散騎常侍、中書侍郎、太子中庶子以上，乃得召試。及江左初，減爲九人。元帝末，增《儀禮》《春秋公羊》博士各一人，合爲十一人。後又增爲十六人，不復分掌《五經》，而謂之太學博士也。"

太廟令，一人。丞一人。並前漢置。[1]西京曰長，
東京曰令。領齋郎二十四人。

[1]並前漢置：太廟令爲三國魏置。兩漢有高祖廟、世祖廟，
無太廟，沈約云前漢置，蓋因其職同之故。

明堂令，一人。丞一人。[1]丞，漢東京初置，令，
宋世祖大明中置。

[1]明堂令，一人。丞一人：漢之明堂屬太史，故設丞一人。
《續漢書·百官志二》：“太史令一人，六百石……明堂及靈臺丞一
人，二百石。本注曰：二丞，掌守明堂、靈臺。靈臺掌候日月星
氣，皆屬太史。”

太祝令，一人。丞一人。掌祭祀讀祝迎送神。太
祝，周舊官也。[1]漢西京置太祝令、丞，武帝太初元年，
更名曰廟祀。[2]漢東京改曰太祝。[3]

[1]“太祝令”至“周舊官也”：《周禮·春官·宗伯》曰：
“大祝，掌六祝之辭，以事鬼神示，祈福祥，求永貞。”

[2]更名曰廟祀：《漢書·百官公卿表上》曰：“景帝中六年更
名太祝爲祠祀，武帝太初元年更曰廟祀，初置太卜。”

[3]漢東京改曰太祝：《續漢書·百官志二》曰：“太祝令一人，
六百石。”又注引《漢舊儀》曰：“廟祭，太祝令主席酒。”引《漢
官》曰：“員吏四十一人，其二人百石，二人斗食，二十二人佐，
二人學事，四人守學事，九人有秩。百五十人祝人，宰二百四十二
人，屠者六十人。”

太史令，一人。丞一人。掌三辰時日祥瑞妖災，歲終則奏新曆。[1]太史，三代舊官，周世掌建邦之六典，[2]正歲年，以序事頒朔于邦國。又有馮相氏，掌天文次序；保章氏，掌天文。今之太史，則并周之太史、馮相、保章三職也。[3]漢西京曰太史令。漢東京有二丞，其一在靈臺。[4]

[1]"太史令"至"歲終則奏新曆"：《續漢書·百官志二》太史令"本注曰：掌天時、星曆。凡歲將終，奏新年曆。凡國祭祀、喪、娶之事，掌奏良日及時節禁忌。凡國有瑞應、災異，掌記之"。三辰，指日、月、星。

[2]太史，三代舊官，周世掌建邦之六典：相傳夏代置太史，掌文書。《呂氏春秋·先識覽》："夏太史令終古出其圖法，執而泣之。"《禮記·曲禮》："天子建天官，先六大，曰大宰、大宗、大史、大祝、大士、大卜，典司六典。"鄭玄注曰："此蓋殷時制也。"又周時彝器銘文也多太史之名。《中方鼎》有太史受王命錫中土，《中甗銘》有史兒，《毛公鼎》有太史僚，等等。三代，指夏、商、周三朝。六典，古代六種治國之法典。一曰治典，二曰教典，三曰禮典，四曰政典，五曰刑典，六曰事典。詳見《周禮·天官·大宰》。

[3]太史、馮相、保章三職：太史、馮相氏、保章氏三官並其職掌，《周禮·春官·宗伯》曰："太史，掌建邦之六典。以逆邦國之治……正歲年以序事，頒之于官府及都鄙，頒告朔于邦國，閏月，詔王居門終月，大祭祀與執事卜日，戒及宿之日，與群執事讀禮書而協事。"又曰："馮相氏，掌十有二歲，十有二月，十有二辰，十日，二十有八星之位，辨其叙事，以會天位，冬夏致日，春秋致月，以辨四時之叙。"又曰："保章氏，掌天星，以志星辰日月之變動，以觀天下之遷，辨其吉凶。"

[4]漢東京有二丞，其一在靈臺：太史令在東漢有三丞。一曰丞，二曰明堂丞，三曰靈臺丞。《續漢書·百官志二》曰："太史令……丞一人。明堂及靈臺丞一人，二百石。本注曰：二丞掌守明堂、靈臺。"

太樂令，一人。丞一人。掌凡諸樂事。周時爲大司樂。[1]漢西京曰太樂令。[2]漢東京曰大予樂令。[3]魏復爲太樂令。

[1]周時爲大司樂：《周禮·春官·宗伯》："大司樂，掌成均之法，以治建國之學政，而合國之子弟焉。"

[2]漢西京曰太樂令：《漢書·百官公卿表上》曰：太常"屬官有太樂等六令丞"。

[3]漢東京曰大予樂令：《續漢書·百官志二》曰："大予樂令一人，六百石。本注曰：掌伎樂。凡國祭祀，掌請奏樂，及大饗用樂，掌其陳序。丞一人。"

陵令，每陵各一人。漢舊官也。[1]

[1]漢舊官也：《續漢書·百官志二》曰："先帝陵，每陵園令各一人，六百石。本注曰：掌守陵園，案行掃除。"

乘黃令，一人。掌乘輿車及安車諸馬。魏世置。[1]自博士至乘黃令，并屬太常。

[1]掌乘輿車及安車諸馬。魏世置：《〈宋書·百官志〉考異》曰："按，《太平御覽》二三〇引《宋書》作'乘黃令，晋官也。主乘輿金根車及安車、追鋒諸衆車馬'。則掌'乘輿車及安車諸

馬'句有脫文，應從《太平御覽》補。"

　　光祿勳，一人。丞一人。光，明也。祿，爵也。勳，功也。秦曰郎中令，漢因之。漢武太初元年，更名光祿勳。[1]掌三署郎，郎執戟衛宮殿門戶。光祿勳居禁中如御史，有獄在殿門外，謂之光祿外部。光祿勳郊祀掌三獻。[2]魏、晉以來，光祿勳不復居禁中，又無復三署郎，唯外宮朝會，則以名到焉。[3]二臺奏劾，[4]則符光祿加禁止，解禁止亦如之。禁止，身不得入殿省，光祿主殿門故也。宮殿門戶，至今猶屬。晉哀帝興寧二年，省光祿勳，并司徒。孝武寧康元年，復置。[5]漢東京三署郎有行應四科者，[6]歲舉茂才二人，四行二人，[7]及三署郎罷省，光祿勳猶依舊舉四行，衣冠子弟充之。[8]三署者，五官署、左署、右署也，各置中郎將以司之。郡舉孝廉以補三署郎，年五十以上，屬五官，其次分在左右署。凡有中郎、議郎、侍郎、郎中四等，無員，多至萬人。[9]

　　[1]更名光祿勳：《漢書·百官公卿表上》曰："郎中令，秦官……武帝太初元年，更名光祿勳。"郎中令在秦代是非常重要的官職。《史記》卷六《秦始皇本紀》："二世皇帝元年，年二十一。趙高爲郎中令，任用事。"

　　[2]三獻：郊祀之三次獻酒禮，即初獻爵、亞獻爵、終獻爵。詳見《儀禮》。

　　[3]以名到焉："到"，《通典》同，《職官分紀》作"列"。

　　[4]二臺：指尚書臺、御史臺。《後漢書》卷七四《袁紹傳》："坐召三臺，專制朝政。"注引《晉書》曰："漢官，尚書爲中臺，

御史爲憲臺，謁者爲外臺，是謂三臺。”謁者屬光禄勳，二臺則指尚書臺、御史臺。

[5]孝武寧康元年，復置：《晋書·職官志》同。《晋書》唯卷九《孝武帝紀》言寧康元年復置光禄勳，卷八《哀帝紀》不言省光禄勳，並司徒。

[6]四科：西漢創立的公府辟除屬吏的四項標準。《續漢書·百官志一》注引應劭《漢官儀》曰：“世祖詔：‘方今選舉，賢佞朱紫錯用。丞相故事，四科取士，一曰德行高妙，志節清白；二曰學通行修，經中博士；三曰明達法令，足以決疑，能案章復問，文中御史；四曰剛毅多略，遭事不惑，明足以決，才任三輔令，皆有孝悌廉公之行。自今以後審四科辟召。’”

[7]四行：光禄勳由郎官中推薦人才的四項標準。《後漢書》卷六四《吳祐傳》：“祐以光禄四行遷膠東侯相。”注引《漢官儀》曰：“四行，敦厚、質樸、遜讓、節儉。”

[8]衣冠子弟：官僚子弟。《文選》沈休文《奏彈王源》曰：“自宋氏失御，禮教彫衰，衣冠之族，日失其序。”注引《袁子正書》曰：“古者命士已上，皆有冠冕，故謂之冠族。”按：命士，君主任命的官吏。

[9]多至萬人：《漢書·百官公卿表上》曰：“郎掌守門户，出充車騎，有議郎、中郎、侍郎、郎中，皆無員，多至千人。”此處言萬人，乃極言之也。

左光禄大夫，右光禄大夫。二大夫，晋初置。[1]光禄大夫，秦時爲中大夫，漢武太初元年，更名光禄大夫。[2]晋初又置左右光禄大夫，而光禄大夫如故。光禄大夫銀章青綬，其重者加金章紫綬，則謂之金紫光禄大夫。舊秩比二千石。

［1］二大夫，晋初置：《晉書·職官志》曰："左右光禄大夫，假金章紫綬。光禄大夫加金章紫綬者，品秩第二，禄賜、班位、冠幘、車服、佩玉、置吏卒羽林及卒，諸所賜給皆與特進同。"

［2］太初元年，更名光禄大夫：《晉書·職官志》曰："光禄大夫與卿同秩中二千石。"又《漢書·百官公卿表上》曰："太初元年更名中大夫爲光禄大夫，秩比二千石。"

中散大夫，王莽所置，[1]後漢因之。前漢大夫皆無員，掌論議。後漢光禄大夫三人，[2]中大夫二十人，[3]中散大夫三十人。[4]魏以來復無員。自左光禄大夫以下，養老疾，無職事。中散，六百石。

［1］中散大夫，王莽所置：中散大夫西漢平帝時已有，非王莽時所置。《漢書》卷七八《蕭望之傳》：望之之子蕭由，"元始中……復爲中散大夫，終官"。

［2］後漢光禄大夫三人：《續漢書·百官志二》曰："光禄大夫，比二千石。本注曰：無員。"注引《漢官》曰："三人。"

［3］中大夫二十人："中大夫"疑爲"太中大夫"。前已言"光禄大夫，秦時爲中大夫，漢武太初元年，更名光禄大夫"，則自漢武帝太初元年以來已無中大夫之稱。是漏一"太"字，誤爲中大夫。又《續漢書·百官志二》曰："太中大夫，千石。本注曰：無員。"注引《漢官》曰："二十人，秩比二千石。"與本志員額合。

［4］中散大夫三十人：《續漢書·百官志二》曰："中散大夫，六百石。本注曰：無員。"注引《漢官》曰："三十人，秩比二千石。"

衛尉，一人。丞二人。[1]掌宫門屯兵，秦官也。漢景初，改爲中大夫令。後元年，復爲衛尉。[2]晋江右掌冶鑄，領冶令三十九，户五千三百五十。冶皆在江北，而江南唯有梅根及冶塘二冶，皆屬揚州，[3]不屬衛尉。衛尉，江左不置，宋世祖孝建元年復置。[4]舊一丞，世祖增置一丞。

[1]丞二人：《漢書·百官公卿表上》曰：“衛尉，秦官，掌宮門衛屯兵，有丞。”又《續漢書·百官志二》曰：“丞一人，比千石。”與此不同。

[2]復爲衛尉：《漢書·百官公卿表上》曰：“景帝初更名中大夫令，後元年復爲衛尉。”

[3]梅根：地名。在今安徽貴池市東北梅梗鎮。　冶塘：地名。在今湖北武漢市武昌區東南。　揚州：治所在今江蘇南京市。

[4]宋世祖孝建元年復置：《〈宋書·百官志〉考異》曰：“《孝武帝紀》：‘元嘉三十年閏六月，置衛尉官。’本志作：‘孝建元年復置’，誤。”

廷尉，一人。丞一人。掌刑辟。凡獄必質之朝廷，與衆共之之義。兵獄同制，故曰廷尉。[1]舜攝帝位，咎繇作士，即其任也。[2]周時大司寇爲秋官，掌邦刑。秦爲廷尉。漢景帝中六年，更名大理。武帝建元四年，復爲廷尉。哀帝元壽二年，復爲大理。[3]漢東京初，復爲廷尉。[4]

[1]兵獄同制，故曰廷尉：廷之本義爲平，引申爲公正，故郡縣、朝廷皆用之，非質之朝廷，方取名廷尉。《風俗通》曰：“廷，平也，又正也，言縣廷、郡廷、朝廷，皆取平均正直也。”

[2]咎繇作士，即其任也：《史記》卷一《五帝本紀》曰：“舜

曰：'皋陶，蠻夷猾夏，寇賊姦軌，汝作士'。"又曰："皋陶爲大
理，平，民各伏得其實。"咎繇，即皋陶。

[3]復爲大理：《漢書·百官公卿表上》曰："廷尉，秦官……
景帝中六年更名大理，武帝建元四年復爲廷尉……哀帝元壽二年復
爲大理，王莽改曰作士。"

[4]復爲廷尉：《續漢書·百官志二》曰："廷尉，卿一人，中
二千石。"

廷尉正，一人。廷尉監，一人。正、監並秦官。本
有左右監，漢光武省右，猶云左監；[1]魏、晉以來，直
云監。廷尉評，一人。漢宣帝地節三年，初置左右
評。[2]漢光武省右，猶云左評。魏、晉以來，直云評。
正、監、評並以下官禮敬廷尉卿。正、監秩千石，評六
百石。廷尉律博士，一人。魏武初建魏國置。

[1]猶云左監：《漢書·百官公卿表上》曰："掌刑辟，有正，
左右監，秩皆千石。"又《續漢書·百官志二》曰："正、左監各一
人。"注曰："前漢有左右監、平，世祖省右而猶曰左。"

[2]初置左右評：《漢書·百官公卿表上》曰："宣帝地節三年
初置左右平，秩皆六百石。"

大司農，一人。丞一人。掌九穀六畜之供膳羞者。
舜攝帝位，命棄爲后稷，即其任也。周則爲太府，[1]秦
治粟内史，漢景帝後元年，更名大農令，武帝太初元
年，更名曰大司農。[2]晉哀帝末，省并都水，孝武世復
置。[3]漢世丞二人，魏以來一人。

[1]周則爲太府：《周禮・天官・冢宰》疏曰：大府"掌大貢、九賦受其貨賂之人，頒其貨賄于諸府之事"。

[2]更名曰大司農：《漢書・百官公卿表上》曰："治粟内史，秦官，掌穀貨，有兩丞。景帝後元年更名大農令，武帝太初元年更名大司農。"又《續漢書・百官志三》曰："大司農，卿一人，中二千石……丞一人，比千石。部丞一人，六百石。本注曰：部丞主帑藏。"

[3]省并都水，孝武世復置：《晋書・職官志》曰："大司農，統太倉、籍田、導官三令，襄國都水長，東西南北部護漕掾。及渡江，哀帝省并都水，孝武復置。"

太倉令，一人。丞一人。[1]秦官也。晋江左以來，又有東倉、石頭倉丞各一人。

[1]太倉令，一人。丞一人：《漢書・百官公卿表上》曰：治粟内史"屬官有太倉……五令丞"。又《雲夢睡虎地秦墓竹簡》有太倉。《倉律》曰："縣上食者籍及它費大（太）倉，與計偕。"

䄍官令，一人。丞一人。掌春御米。漢東京置。[1]䄍，擇也。擇米令精也。司馬相如《封禪書》云，䄍一莖六穗於庖。

[1]"䄍（dào）官令"至"漢東京置"：䄍官令，西漢屬少府，東漢屬大司農。非東漢初置。《漢書・百官公卿表上》曰：少府"屬官有尚書……䄍官……"。又《續漢書・百官志三》曰：大司農"䄍官令一人，六百石。本注曰：主春御米，及作乾糒。"䄍，特指選擇穀物。

籍田令，一人。丞一人。掌耕宗廟社稷之田，於周爲甸師。[1]漢文帝初立籍田，置令、丞各一人。[2]漢東京及魏並不置。晋武泰始十年復置。江左省。宋太祖元嘉中又置。自太倉至籍田令，並屬司農。

[1]甸師：官名。《周禮·天官·冢宰》：“甸師，掌帥其屬而耕耨王藉。”

[2]置令、丞各一人：《漢書·百官公卿表上》，治粟内史有籍田令丞。

少府，一人。丞一人。掌中服御之物。秦官也，漢因之。[1]掌禁錢以給私養，[2]故曰少府。晋哀帝末，省并丹陽尹。孝武世復置。

[1]“少府”至“漢因之”：《漢書·百官公卿表上》曰：“少府，秦官，掌山海池澤之稅，以給共養。”

[2]掌禁錢以給私養：《漢書·百官公卿表上》注引應劭曰：“名曰禁錢，以給私養，自別爲藏。少者，小也，故稱少府。”顏師古曰：“大司農供軍國之用，少府以養天子也。”

左尚方令、丞各一人。右尚方令、丞各一人。並掌造軍器。秦官也，漢因之。[1]於周則爲玉府。[2]晋江右有中尚方、左尚方、右尚方，江左以來，唯一尚方。[3]宋高祖踐阼，以相府作部配臺，[4]謂之左尚方，而本署謂之右尚方焉。又以相府細作配臺，即其名置令一人，丞二人，隸門下。[5]世祖大明中，[6]改曰御府，置令一人，丞一人。御府，二漢世典官婢作褻衣服補浣之事，[7]魏、晋猶置其職，江左乃省焉。後廢帝初，省御府，置中署，隷右尚方。漢東京太僕屬官有考工令，主兵器弓弩刀鎧之屬，成則傳執金吾入武庫，及主織綬諸雜工。[8]尚方令唯主作御刀綬劍諸玩好器物而已。然則考工令如今尚方，尚方令如今中署矣。

[1]漢因之：《漢書·百官公卿表上》僅記有尚方，無左、右尚方。

[2]玉府：《周禮·天官·冢宰》："玉府，掌王之金玉玩好兵器。"

[3]江左以來，唯一尚方：《晉書·職官志》曰：少府統"中左右三尚方……自渡江唯置一尚方"。

[4]作：諸本脱"作"字。中華本據《通典·職官典》補。臺：指朝廷。　作部：製作工具、兵器的作坊。

[5]細作：製作精細生活用品的作坊。　門下：即門下省。

[6]世祖：宋孝武帝劉駿廟號。　大明：宋孝武帝劉駿年號（457—464）。

[7]御府：《漢書·百官公卿表上》少府屬官有御府。顏師古注曰："御府主天子衣服也。"

[8]"考功令"至"諸雜工"：《〈宋書·百官志〉考異》曰："西漢已有考工令，此作漢東京置，誤。《續漢書·百官志注補》三無'綬'字，乃衍文，當删。"按：西漢考工屬少府，東漢屬太僕。"及主、織綬"諸本脱"主"字，中華本據《通典》補。

東冶令，一人。丞一人。南冶令，一人。丞一人。漢有鐵官，晋置令，掌工徒鼓鑄，隷衛尉。江左以來，省衛尉，度隷少府。宋世雖置衛尉，冶隷少府如故。江南諸郡縣有鐵者或置冶令，或置丞，多是吳所置。

平准令，一人。丞一人。掌染。秦官也，[1]漢因之。漢隸司農，不知何世隸少府。[2]宋順帝即位，避帝諱，改曰染署。[3]

[1]平准令：官名。《漢書·百官公卿表上》治粟内史屬官有平準令、丞。平準令的主要職能是平抑物價。《史記·平準書》曰：“故抑天下物，名曰‘平準’。”《索隱》曰：“大司農屬官有平準令丞者，以均天下郡國轉販，貴則賣之，賤則買之，貴賤相權輸，歸于京都，故命曰‘平準’。”東漢以後，增“主練染”的職能，《續漢書·百官志三》曰：“平準令一人，六百石。本注曰：掌知物賈，主練染，作采色。丞一人。”

[2]漢隸司農，不知何世隸少府：《〈宋書·百官志〉考異》曰：“按《通典》二六：‘魏少府屬官有平準令’，則隸少府在魏世。”

[3]“宋順帝”至“染署”：宋順帝名準，故曰“避帝諱，改曰染署”。

將作大匠，一人。丞一人。掌土木之役。秦世置將作少府，漢因之。景帝中六年，更名將作大匠。[1]光武建武中元二年省，[2]以謁者領之。章帝建初元年復置。[3]晉氏以來，有事則置，無則省。

[1]更名將作大匠：《漢書·百官公卿表上》曰：“將作少府，秦官。掌治宮室，有兩丞、左右中候。景帝中六年更名將作大匠。”又《續漢書·百官志四》曰：“掌修作宗廟、路寢、宮室、陵園木土之功。”

　　[2]建武中元：諸本並脱，中華本據《續漢書·百官志四》補。

　　[3]章帝建初元年復置：《續漢書·百官志四》劉昭注引蔡質《漢儀》曰："位次河南尹，光武中元二年省，謁者領之，章帝建初元年復置。"

　　大鴻臚，掌贊導拜授諸王。秦世爲典客，漢景帝中六年，更名大行令，武帝太初元年，更名大鴻臚。[1]鴻，大也。臚，陳也。晋江左初省。有事則權置，事畢即省。

　　[1]更名大鴻臚：《漢書·百官公卿表上》曰："典客，秦官。掌諸歸義蠻夷，有丞，景帝中六年更名大行令，武帝太初元年更名大鴻臚。屬官有行人、譯官、別火三令、丞及郡邸長丞。武帝太初元年更名行人爲大行令，初置別火。王莽改大鴻臚曰典樂。初，置郡國邸屬少府，中屬中尉，後屬大鴻臚。"又《續漢書·百官志二》曰："大鴻臚，卿一人，中二千石。本注曰：掌諸侯及四方歸義蠻夷。其郊廟行禮，贊導、請行事，既可，以令群司。諸王入朝，當郊迎，典其禮儀。及郡國上計，匡四方來，亦屬焉。皇子拜王，贊授印綬。及拜諸侯，諸侯嗣子及四方夷狄封者，臺下鴻臚召拜之。王薨則使弔之，及拜王嗣。丞一人，比千石。"又曰："本注曰：承秦有典屬國，別主四方夷狄朝貢侍子，成帝時省并大鴻臚。中興省驛官、別火二令、丞，及郡邸長、丞，但令郎治郡邸。"

　　太僕，掌輿馬。[1]周穆王所置，[2]秦因之。《周官》則校人掌馬，巾車掌車，及置太僕，兼其任也。晋江左或置或省，宋以來不置。郊祀則權置太僕執轡，事畢即省。

[1]太僕，掌輿馬：《漢書·百官公卿表上》曰：“太僕，秦官，掌輿馬，有兩丞。屬官有大厩、未央、家馬三令，各五丞一尉。又車府、路軨、騎馬、駿馬四令丞；又龍馬、閑駒、橐泉、騊駼、承華五監長丞；又邊郡六牧師苑令，各三丞，又牧橐、昆蹏令丞皆屬焉。中太僕掌皇太后輿馬，不常置也。”

[2]周穆王所置：《漢書·百官公卿表上》注引應劭曰：“周穆王所置也。蓋大御衆僕之長，中大夫也。”

太后三卿，[1]各一人。應氏《漢官》曰：[2]“衛尉、少府，秦官；太僕，漢成帝置。皆隨太后宮爲號，在正卿上，無太后乃闕。”魏改漢制，在九卿下。晉復舊，在同號卿上。

[1]太后三卿：即衛尉、少府、太僕。

[2]應氏：即應劭。 《漢官》：今佚。其文散見於《續漢書·百官志》注及唐宋類書之中，清末孫星衍等輯《漢官六種》中有其部分佚文。

大長秋，皇后卿也。有后則置，無則省。秦時爲將行，漢景帝中六年，更名大長秋。[1]韋曜曰：[2]“長秋者，以皇后陰官，秋者陰之始，取其終而長，欲其久也。”自太常至長秋，皆置功曹、主簿、五官。[3]漢東京諸郡有五官掾，因其名也。漢制卿尹秩皆中二千石，丞一千石。

[1]更名大長秋：《續漢書·百官志四》曰：“大長秋，一人。

二千石。本注曰：承秦將行，宦者。景帝更爲大長秋，或用士人。中興常用宦者，職掌奉宣中宮命。”

[2]韋曜：人名。字弘嗣，本名昭，史爲晋諱改之。吴郡雲陽（今江蘇丹陽市）人。曾任太史令，撰《吴書》，因秉筆直書，觸怒孫晧，被殺。《三國志》卷六五有傳。

[3]功曹、主簿五官：《續漢書·百官志五》曰：“功曹史，主選署功勞。”掌辟除官吏的管理以及獎勵懲罰等事。又曰：“五官掾，署功曹及諸曹事。”則五官相當於官府的辦公廳，掌諸曹的協調事。主簿“主諸簿書”，爲官府的秘書之職。

　　尚書，古官也。舜攝帝位，命龍作納言，[1]即其任也。《周官》司會，[2]鄭玄云，若今尚書矣。秦世少府遣吏四人在殿中主發書，故謂之尚書。[3]尚猶主也。漢初有尚冠、尚衣、尚食、尚浴、尚席、尚書，謂之六尚。戰國時已有尚冠、尚衣之屬矣。秦時有尚書令、尚書僕射、尚書丞。至漢初並隸少府，漢東京猶文屬焉。[4]古者重武官，以善射者掌事，故曰僕射。僕射者，僕役於射事也。秦世有左右曹諸吏，官無職事，將軍大夫以下皆得加此官。漢武帝世，使左右曹諸吏分平尚書奏事。[5]昭帝即位，霍光領尚書事；[6]成帝初，王鳳録尚書事。[7]漢東京每帝即位，輒置太傅，録尚書事，薨輒省。晋康帝世，何充讓録表曰：“咸康中，分置三録，王導録其一，荀崧、陸曄各録六條事。”然則似有二十四條，若止有十二條，則荀、陸各録六條，導又何所司乎？若導總録，荀、陸分掌，則不得復云導録其一也。[8]其後每置二録，輒云各掌六條事，又是止有十二條也。十二條者，不知悉何條。晋江右有四錄，則四人參錄也。江右張華、江左庾亮並經關尚書七條，[9]則亦不知皆何事也。後何充解錄，又參關尚書。錄尚書職無不總，王肅注《尚書》"納于大麓"曰："堯納舜於尊顯之官，使大錄萬機之政也。"[10]凡重號將軍刺史，皆得命曹授用，唯不得施除及加節。[11]宋世祖孝建中，[12]不欲威權外假，省錄。大明末復置。此後或置或省。漢獻帝建安四年，以執金吾榮部爲尚書左僕射，衛臻爲右僕射。二僕射分置，自此始也。[13]漢成帝建始四年，初置尚書，員四人，增丞亦爲四人。曹尚書其一曰常侍曹，主公卿事；其二曰二千石曹，主郡國二千石事；其三曰民曹，主吏民上書事；其四曰客曹，主外國夷狄事。[14]光武分二千石曹爲二，又分客曹爲南主客曹、北主客曹，改常侍曹爲吏曹，凡六尚書。[15]減二丞，唯置左右二丞而已。應劭《漢官》云："尚書令、左丞，總領綱紀，無所不統。僕射、右丞，掌稟假錢穀。三公尚書二人，掌天下歲盡集課；吏曹掌選舉、齋祠；二千石曹掌水、火、盜賊、詞訟、罪法；客曹掌羌、胡朝會，法駕出，護駕；民曹掌繕治、功作、鹽池、苑囿。吏曹任要，多得超遷。"則漢末曹名及職司又與光武時異也。魏世有吏部、左民、客曹、五兵、度支五曹尚書。晋初有吏部、三公、客曹、駕部、屯田、度支六曹尚書。武帝咸寧二年，省駕部尚書，四年又置。太康中，有吏部、殿中、五兵、田曹、度支、左民六尚書。惠帝世，又有右民尚書。尚書止於六曹，不知此時省何曹也。江左則有祠部、吏部、左民、度支、五兵，合爲五曹尚書。宋高祖初，又增都官尚書。若有右僕射，則不置祠部尚書。世祖大明二年，置二吏部尚書，而省五兵尚書，[16]後還置一吏部尚書。順帝昇明元年，[17]又置五兵尚書。

[1]命龍作納言：《史記》卷一《五帝本紀》："舜曰：'龍，朕畏忌讒説殄僞，振驚朕衆，命汝爲訥言，夙夜出入朕命，惟信'。"又曰："龍主賓客，遠人至。"

[2]司會：官名。《周禮·天官·冢宰》曰："司會，掌邦之六典八法八則之貳，以逆邦國都鄙官府之治。"

[3]尚書：官名。戰國時官，秦、齊皆有之。故齊曰掌書。爲掌管君主文書的小吏。《漢書》卷二《惠帝紀》注曰："主天子物曰尚。"

[4]漢東京猶文屬焉：東漢尚書雖仍文屬少府，但實際已成爲附屬皇帝的政務機關。《後漢書》卷四九《仲長統傳》曰："光武皇帝慍數世之失權，忿彊臣之竊命，矯枉過直，政不任下，雖置三公，事歸臺閣。自此以來，三公之職，備員而已。"又《通典》卷二二曰：尚書"至後漢則爲猶重，出納王命，敷奏萬機，蓋政令之所由宣，選舉之所由定，罪賞之所由正。斯文昌天府，衆務淵藪，內外所折衷，遠近所禀仰"。

[5]奏：諸本並脱，《類聚》卷四八、《初學記》卷一二、《晋書·職官志》、《通典·職官典》皆有"奏"字，中華本據補。

[6]霍光：人名。霍去病之弟，西漢權臣。事武、昭、宣三朝，頗有政聲。《漢書》卷六八有傳。

[7]王鳳録尚書事：丁福林《校議》據《漢書》卷一〇《成帝紀》考證，時王鳳任領尚書事，而非"録尚書事"。王鳳，人名。元后王政君之兄，擅政於成帝朝。事見《漢書》卷九八《元后傳》。

[8]"咸康中"至"録其一也"：東晋確分尚書事爲十二條，設分録時，多分掌各六條事。而沈約不解者，是忘成帝時政局也。琅邪王氏王敦、王導兄弟二人把持東晋初年政局，引起元帝不滿，元帝引用近臣，欲削王氏事權，惹來王敦之亂，元帝受辱，因而氣死。明帝即位後，王敦再掀叛亂，終因王敦病死而結束。王導雖未受牽連，但王氏把持朝政的局面已不復存在，故明帝已引用外戚。成帝即位後舅氏庾亮已進朝輔政。分置三録，以王導録其一，"其一"者，非三分其一，亦非二分其一，乃總其一也。然又以荀崧、陸曄各録六條事，則架空王導，使其不能專制朝政，名崇之，實奪之。故王導常懷戚戚，不滿朝廷。成帝舉行即位大典時，他竟稱病不至，受大臣呵斥纔至，皇太后臨朝，王導仍稱疾不朝，又受到大臣呵責。事見《晋書》卷七〇《卞壺傳》。咸康，晋成帝司馬衍年號（335—342）。

[9]張華：人名。《晋書》卷三六有傳。　庾亮：人名。明帝庾皇后之兄。《晋書》卷七三有傳。

[10]使：諸本並脱，中華本據《類聚》卷四八引、《御覽》卷二一〇引補。

[11]"凡重號將軍"至"施除及加節"：此言録尚書事之權，施除及加節需皇帝詔命。

[12]孝建：宋孝武帝劉駿年號（454—456）。

[13]二僕射分置，自此始也：《後漢書》卷九《獻帝紀》：建安四年"是歲，初置尚書左右僕射"。

[14]"漢成帝，建始四年"至"主外國夷狄事"：《漢書·百官公卿表上》曰："初置尚書員五人，有四丞。"又《續漢書·百官志三》曰："成帝初置尚書四人，分爲四曹。"然注引《漢舊儀》曰："初置五曹，有三公曹，主斷獄。"是五曹正確。又尚書非自成帝始置。《後漢書》卷一上《光武帝紀上》注引應劭《漢官儀》曰："尚書四員，武帝置。成帝加一爲五。有常侍曹尚書，主丞相、御史事；二千石尚書，主刺史、二千石事；户曹尚書，主人庶上書

事；主客尚書，主外國四夷事。成帝加三公尚書，主斷獄事。"

[15]凡六尚書：此尚書六曹之説，乃據《續漢書·百官志三》："世祖承遵，後分二千石曹，又分客曹爲南主客曹、北主客曹，凡六曹。左右丞各一人，四百石。"

[16]而省五兵尚書：諸本脱"而省"二字。中華本據《通典》補。

[17]昇明：宋順帝劉準年號（477—479）。

　　尚書令，任總機衡；[1]僕射、尚書，分領諸曹。[2]左僕射領殿中、主客二曹；吏部尚書領吏部、刪定、三公、比部四曹；祠部尚書領祠部、儀曹二曹；度支尚書領度支、金部、倉部、起部四曹；左民尚書領左民、駕部二曹；都官尚書領都官、水部、庫部、功論四曹；[3]五兵尚書領中兵、外兵二曹。昔有騎兵、別兵、都兵，故謂之五兵也。五尚書、二僕射、一令，謂之八坐。若營宗廟宮室，則置起部尚書，事畢省。

　　[1]尚書令，任總機衡：《續漢書·百官志三》曰："尚書令一人，千石。本注曰：承秦所置，武帝用宦者，更爲中書謁者令，成帝用士人，復故。掌凡選署及奏下尚書曹文書衆事。"尚書令秩千石，大臣爲之，可增秩至二千石。《後漢書》卷八〇上《黃香傳》："帝亦惜香幹用，久習舊事，復留爲尚書令，增秩二千石。"又《續漢書·百官志三》注引蔡質《漢儀》曰："故公爲之者，朝會下陛奏事，增秩二千石。"

　　[2]分領諸曹：僕射實乃尚書令之副手，令缺則由僕射主事。《續漢書·百官志三》："尚書僕射一人，六百石。本注曰：署尚書事，令不在則奏下衆事。"注引蔡質《漢儀》曰："僕射主封門，掌授廩假錢穀。"

[3]功論：諸本並作“功部”。中華本據《南齊書·百官志》改。

漢成帝之置四尚書也，無置郎之文。《漢儀》，尚書郎四人，一人主匈奴單于營部，一人主羌夷吏民，一人主户口墾田，一人主財帛委輸。[1]匈奴單于，宣帝之世，保塞内附，成帝世，單于還北庭矣。一郎主匈奴單于營部，[2]則置郎疑是光武時，所主匈奴，是南單于也。《漢官》云，置郎三十六人，不知是何帝增員。然則一尚書則領六郎也。主作文書，起立事草。初爲郎中，滿歲則爲侍郎。[3]尚書寺居建禮門内。尚書郎入直，官供青縑白綾被，或以綿緤爲之。給帷帳、氍褥、通中枕，太官供食物，湯官供餅餌及五孰果實之屬，給尚書伯使一人，女侍二人，皆選端正妖麗，執香爐，護衣服，奏事明光殿。殿以胡粉塗壁，畫古賢烈士。以丹朱色地，謂之丹墀。尚書郎口含雞舌香，以其奏事答對，欲使氣息芬芳也。奏事則與黄門侍郎對揖。黄門侍郎稱已聞，乃出。天子所服五時衣以賜尚書令、僕，而丞、郎月賜赤管大筆一雙，隃糜墨一丸。[4]魏世有殿中、吏部、駕部、金部、虞曹、比部、南主客、祠部、度支、庫部、農部、水部、儀曹、三公、倉部、民曹、二千石、中兵、外兵、别兵、都兵、考功、定科，凡二十三郎。青龍二年有軍事，[5]尚書令陳矯奏置都官、騎兵二曹郎，合爲二十五曹。晉西朝則直事、殿中、祠部、儀曹、吏部、三公、比部、金部、倉部、度支、都官、二千石、左民、右民、虞曹、屯田、起部、水部、左主客、右主客、駕部、車部、庫部、左中兵、右中兵、左外兵、右外兵、別兵、都兵、騎兵、左士、右士、北主客、南主客爲三十四曹郎；後又置運曹，凡三十五曹。晉江左初，無直事、右民、屯田、車部、別兵、都兵、騎兵、左士、右士、運曹十曹郎，而主客、中外兵各置一郎而已，所餘十七曹也。[6]康、穆以來，又無虞曹、二千石二郎，猶有殿中、祠部、吏部、儀曹、三公、比部、金部、倉部、度支、都官、左民、起部、水部、主客、駕部、庫部、中兵、外兵十八曹郎。後又省主客、起部、水部，餘十五曹。宋高祖初，加置騎兵、主客、起部、水部四曹郎，合爲十九曹。太祖元嘉十年，[7]又省儀曹、主客、比部、騎兵四曹郎。十一年，又並置。十八年，增刪定曹郎，次在左民曹上，蓋魏世之定科郎也。三十年，又置功論郎，次都官之下，在刪定之上。太宗世，[8]省騎兵。今凡二十曹郎。以三公、比部主法制。度支主算。支，派也。度，景也。都官主軍事刑獄。其餘曹所掌，各如其名。

[1]“尚書郎四人”至“一人主財帛委輸”：《書鈔·設官部》引應劭《漢官儀》曰：“尚書郎四人：一人主匈奴單于營部，一人主羌夷吏民，一人主天下戶口土田墾作，一人主錢帛貢獻委輸。”與此引《漢儀》略同。

[2]營部：“營部”上諸。本並衍“也”字，中華本刪。

[3]滿歲則爲侍郎：《續漢書·百官志三》曰：“侍郎三十六人，四百石。本注曰：一曹有六人，主作文書起草。”注引蔡質《漢儀》曰：“尚書郎初從三署詣臺試，初上臺稱守尚書郎，中歲滿稱

尚書郎，三年稱侍郎。”

[4]“尚書寺”至“隃糜墨一丸”：此段文與《書鈔·設官部》《初學記·職官部》《御覽·職官部》《初學記·文部》所引應劭《漢官儀》略同。唯“給尚書伯使一人，女侍二人”，應劭《漢官儀》作“給尚書史二人，女侍史二人”，“畫古賢烈士”，《漢官儀》作“畫古賢人烈女”。

[5]青龍：三國魏明帝曹叡年號（233—237）。

[6]十七曹：當爲“二十曹”之誤。三十五曹，省十曹，當餘二十五曹。而主客四曹，中兵二曹、外兵二曹，各省爲一曹，則又省五曹，故當爲“所餘二十曹也”。又下言康、穆省二曹，猶有十八曹。正合二十之數。

[7]太祖：宋文帝劉義隆廟號。　元嘉：宋文帝劉義隆年號（424—453）。

[8]太宗：宋明帝劉彧廟號。

漢制，公卿御史中丞以下，遇尚書令、僕、丞、郎，皆辟車豫相回避，臺官過，乃得去。[1]今尚書官上朝及下，禁斷行人，猶其制也。漢又制，丞、郎見尚書，呼曰明時。郎見二丞，呼曰左君、右君。[2]

[1]“漢制”至“乃得去”：《續漢書·百官志三》注引蔡質《漢儀》曰：“御史中丞遇尚書丞、郎，避車執板住揖，丞、郎坐車舉手禮之，車過遠乃去。”

[2]郎見二丞，呼曰左君、右君：《續漢書·百官志三》注引蔡質《漢儀》曰：“尚書言左、右丞，敢告知如詔書律令。郎見左、右丞，對揖無敬，稱曰左、右君。丞、郎見尚書，執板對揖，稱曰明時。見令、僕射，執板拜，朝賀對揖。”

郎以下則有都令史、令史、書令史、書吏、幹。漢東京尚書令史十八人，[1]晉初正令史百二十人，書令史百三十人。自晉至今，或減或益，難以定言。《漢儀》有丞相令史。令史蓋前漢官也。[2]晉西朝有尚書都令史朱誕，[3]則都令史其來久矣。分曹所掌如尚書也。

[1]尚書令史十八人：《續漢書·百官志三》曰：尚書“令史十八人，二百石。本注曰：曹有三，主書。後增劇曹三人，合二十一人”。注引《古今注》曰：“永元三年七月，增尚書令史員。功滿未嘗犯禁者，以補小縣，墨綬。”

[2]令史：官名。戰國時官。《史記》卷七《項羽本紀》曰：“陳嬰者，故東陽令史。”又卷一八《高祖功臣侯者年表》：夏侯嬰“以令史從降沛，爲太僕”。《睡虎地秦墓竹簡·封診式》中的“爭牛”“告臣”“遷子”“告子”“賊死”“經死”“穴盜”“出子”等案件，皆由令史前往調查，另外尚有監倉令史、司馬令史、掾計令史，等等。關於令史的性質，《史記·項羽本紀》《集解》引晉灼曰：“《漢儀注》云令吏曰令史，丞吏曰丞史。”有一定道理，中央政府機構設令的基本有令史，如太史令、車府令、尚書令，再如縣令，等等。

[3]朱誕：人名。在晉曾任淮南內史、光禄、左積弩將軍，懷帝永嘉三年（309）四月投降劉淵，任大司農，後爲劉聰所殺。

晉西朝八坐丞郎，朝晡詣都坐朝，[1]江左唯旦朝而已。八坐丞郎初拜，並集都坐，交禮。遷，又解交。[2]漢舊制也。今唯八坐解交，丞郎不復解交也。尚書令千石，僕射尚書六百石，丞郎四百石。

[1]朝晡：朝會、進食。　都坐：尚書的議事廳堂。《通典》作“都堂”。

[2]解交：官員調任時，對拜而去。

武庫令，一人。掌軍器。秦官。至二漢，屬執金吾。[1]晋初罷執金吾，至今隸尚書庫部。

[1]執金吾：《續漢書·百官志四》曰：執金吾“武庫令一人，六百石。本注曰：主兵器，丞一人。”

車府令，一人。丞一人。秦官也。[1]二漢、魏、晋並隸太僕。太僕既省，隸尚書駕部。

[1]“車府令”至“秦官也”：《史記》卷六《秦始皇本紀》有“中車府令趙高”，即其職。蓋因高爲宦者，故“車府令”前加“中”字，正如趙高後來爲丞相，稱“中丞相”，其意同。又《續漢書·百官志二》曰：“車府令一人，六百石。本注曰：主乘輿諸車。丞一人。”

上林令，一人。丞一人。漢西京上林中有八丞、十二尉、十池監。丞、尉屬水衡都尉。池監隸少府。[1]漢東京曰上林苑令及丞各一人，[2]隸少府。晋江左闕。宋世祖大明三年復置，隸尚書殿中曹及少府。

[1]“上林令”至“隸少府”：上林本屬少府。武帝元鼎二年（前115）初置水衡都尉，始歸水衡都尉管轄。《漢書·百官公卿表上》曰：“水衡都尉，武帝元鼎二年初置，掌上林苑，有五丞。屬

官有上林、均輸、御羞、禁圃……初，御羞、上林、衡官及鑄錢皆屬少府。"

[2]漢東京曰上林苑令：《續漢書·百官志三》曰：少府屬官有"上林苑令一人，六百石。本注曰：主苑中禽獸。頗有民居，皆主之。捕得其獸送太官。丞、尉各一人。"

材官將軍，一人。司馬一人。主工匠土木之事。[1]漢左右校令，其任也。[2]魏右校又置材官校尉，主天下材木事。晋江左改材官校尉曰材官將軍，又罷左校令。今材官隸尚書起部及領軍。

[1]"材官將軍"至"土木之事"：西漢有材官將軍，統材官。材官乃郡國所選之步兵。《後漢書》卷一下《光武帝紀下》建武七年詔曰："今國有衆軍，並多精勇，宜且罷輕車、騎士、材官、樓船及軍假吏，令還復民伍。"注引《漢官儀》曰："高祖命天下郡國選能引關蹶張，材力武猛者，以爲輕車、騎士、材官、樓船。常以立秋後講肄課試，各有員數。平地用車騎、山阻用材官、水泉用樓船。"古來兵、役合一，時或以材官應役，參與土木工程。但兩漢材官將軍本職非主工匠土木之事。

[2]左右校令，其任也：漢左右校隸將作少府。《漢書·百官公卿表上》曰："將作少府，秦官，掌治宮室，有兩丞、左右中候……左右前後中校七令丞。"

侍中，四人。[1]掌奏事，直侍左右，應對獻替。[2]法駕出，則正直一人負璽陪乘。[3]殿內門下衆事皆掌之。周公戒成王《立政》之篇所云"常伯"，[4]即其任也。侍中本秦丞相史也，使五人往來殿內東廂奏事，故謂之侍中。[5]漢西京無員，多至數十人，入侍禁中，分掌乘輿服物，下至褻器虎子之屬。武帝世，孔安國爲侍中，以其儒者，特聽掌御唾壺，朝廷榮之。久次者爲僕射。[6]漢東京又屬少府，[7]猶無員。掌侍左右，贊導衆事，顧問應答。法駕出，則多識者一人負傳國璽，操斬白蛇劍，參乘；餘皆騎，在乘輿車後。[8]光武世，改僕射爲祭酒焉。漢世，與中官俱止禁中。武帝時，侍中莽何羅挾刃謀逆，[9]由是侍中出禁外，有事乃入，事畢即出。王莽秉政，侍中復入，與中官共止。[10]章帝元和中，侍中郭舉與後宮通，[11]拔佩刀驚御，舉伏誅，侍中由是復出外。魏、晉以來，置四人，別加官不主數。秩比二千石。

[1]侍中，四人：《〈宋書·百官志〉考異》曰："按，《宋書考論》二：'此分卷當以侍中入下卷，與給事、黃門連，疑後人誤亂之。'下卷驊騮厩丞下有'自公車至此隸侍中'之語。則侍中至公車令、驊騮厩丞等段宜相銜接，不應分置兩卷，當是錯簡，應移入下卷。"《初學記》卷一二曰："侍中，古官也。黃帝時風后爲侍中，周時號常伯。周公《立政》篇戒成王。常伯，常任以爲左右是也。秦取古官，置侍中之職。初，秦置侍中，本丞相史也。丞相使史五人往來殿內奏事，故謂之侍中，漢因之，多以爲加官。"

[2]掌奏事，直侍左右，應對獻替：按：《漢書·百官公卿表上》曰："侍中、左右曹諸吏、散騎、中常侍，皆加官……侍中、中常侍，得入禁中，諸曹受尚書事。"又《初學記》卷一二引沈約《宋書》曰："漢使左右曹諸吏分堂，尚書奏事，光武省諸吏，信小黃門受事，前代文士皆謂門下爲左曹，亦曰東寺。"今本書不載，疑爲佚文。

[3]法駕：皇帝所乘之車。爲正式出行所乘，有隆重的儀仗、副車陪行。　正直：當值。

[4]《立政》：見《尚書·周書》。

[5]故謂之侍中：《漢書·百官公卿表上》注引應劭曰："入侍天子，故曰侍中。"

[6]僕射：官名。多爲官府機構官長之稱。《續漢書·百官志二》曰："古重習武，有主射以督錄之，故曰僕射。"又《續漢書·百官志三》曰："本有僕射一人，中興轉爲祭酒，或置或否。"

[7]漢東京又屬少府：東漢之侍中名義上屬少府所轄。《續漢書·百官志三》曰："職屬少府者，自太醫、上林凡四官。自侍中至御史，皆以文屬焉。"

[8]傳國璽：秦始皇帝所刻，爲漢代皇帝世襲相傳者。《三國志》卷四六《吳書·孫破虜討逆傳》裴松之注引虞喜《志林》曰："傳國璽者，乃漢高祖所佩秦皇帝璽，世世傳受，號曰傳國璽……文曰'受命于天，既壽且康。'"　斬白蛇劍：劉邦於秦末起兵時所佩之劍。據《漢書》卷一上《高帝紀上》，劉邦曾用劍斬殺了白帝子變化的白蛇，而劉邦是赤帝子的化身。暗喻劉邦所代表的赤帝要滅掉秦所代表的白帝。

[9]莽何羅：人名。曾任侍中，與江充友善，充被漢武帝所殺，何羅懼及已，謀刺武帝，爲金日磾察覺並擒殺。事見《漢書》卷六八《金日磾傳》。

[10]中官：即宦官。

[11]章帝元和中，侍中郭舉與後宮通：據《後漢書》卷四《和帝紀》，永元四年（92）六月，"竇憲潛圖弑逆。庚申幸北宮，詔收憲黨射聲校尉郭璜、璜子侍中舉，衛尉鄧疊、疊弟步兵校尉磊，皆下獄死"。

宋書　卷四〇

志第三十

百官下

　　給事黃門侍郎，四人。與侍中俱掌門下衆事。[1]郊廟臨軒，則一人執麾。[2]《漢百官表》秦曰給事黃門，無員，掌侍從左右，漢因之。[3]漢東京曰給事黃門侍郎，[4]亦無員，掌侍從左右，關通中外，諸王朝見，則引王就坐。應劭曰：“每日莫向青瑣門拜，謂之夕郎。”[5]史臣按劉向與子歆書曰：“黃門郎，顯處也。”然則前漢世已爲黃門侍郎矣。董巴《漢書》曰：“禁門曰黃闥，中人主之，故號曰黃門令。”然則黃門郎給事黃闥之內，故曰黃門郎也。[6]魏、晉以來員四人，秩六百石。

　　[1]門下：諸本並脱，中華本據《晋書·職官志》、《通典·職官典》、《類聚》卷四八引補。

　　[2]郊廟臨軒，則一人執麾：《通典·職官典》作“郊廟則一

人執蓋，臨軒朝會則一人執麾"。當以此改。

[3]漢因之：《漢書·百官公卿表上》曰："中黃門有給事黃門，位從將、大夫。皆秦制。"

[4]漢東京曰給事黃門侍郎：《續漢書·百官志三》作"黃門侍郎，六百石"。

[5]每日莫向，謂之夕郎：《續漢書·百官志三》注引《漢舊儀》曰："黃門郎屬黃門令，日暮入對青瑣門拜，名曰夕郎。"注引《宮閣薄》曰："青瑣門在南宮。"

[6]故曰黃門郎也：《續漢書·百官志三》注引《獻帝起居注》曰："帝初即位，初置侍中、給事黃門侍郎，員各六人，出入禁中，近侍帷幄，省尚書事。改給事黃門侍郎爲侍中侍郎，去給事黃門之號，旋復復故。"

公車令，一人。掌受章奏。秦有公車司馬令，屬衛尉，[1]漢因之，掌宮南闕門。凡吏民上章，四方貢獻，及徵詣公車者，皆掌之。[2]晉江左以來，直云公車令。

[1]秦有公車司馬令，屬衛尉，漢因之：《漢書·百官公卿表上》曰：衛尉"屬官有公車司馬、衛士、旅賁三令丞"。

[2]及徵詣公車者，皆掌之：《續漢書·百官志二》曰："公車司馬令一人，六百石。本注曰：掌宮南闕門，凡吏民上章，四方貢獻，及徵詣公車者。丞、尉各一人。"

太醫令，一人。丞一人。《周官》爲醫師，秦爲太醫令，至二漢屬少府。[1]

[1]秦爲太醫令，至二漢屬少府：據《漢書·百官公卿表上》，少府屬官有太醫令、丞。東漢之太醫令、丞亦屬少府。《續漢書·

百官志三》曰："太醫令一人，六百石。本注曰：掌諸醫。藥丞、
方丞各一人。"注引《漢官》曰："員醫二百九十三人，員吏十
九人。"

太官令，一人。丞一人。《周官》爲膳夫，秦爲太
官令，至漢屬少府。[1]

[1]"太官令"至"漢屬少府"：據《漢書·百官公卿表上》，
少府屬吏有太官令、丞。東漢亦屬少府。《續漢書·百官志三》曰：
"太官令一人，六百石。本注曰：掌御飲食。左丞、甘丞、湯官丞、
果丞各一人。本注曰：左丞主飲食。甘丞主膳具。湯官丞主酒。果
丞主果。"注引《漢官》曰："員吏六十九人，衛士三十八人。"荀
綽《晋百官表注》曰："漢制太官令秩千石。丞四人，秩四百石。"
不與志同。

驊騮厩丞，一人。漢西京爲龍馬長，漢東京爲未央
厩令，[1]魏爲驊騮令。自公車令至此，隸侍中。

[1]漢西京爲龍馬長，漢東京爲未央厩令：據《漢書·百官公
卿表上》，太僕屬吏有未央等三令丞，又有龍馬等五監長丞。東漢
省約，僅有未央一厩。《續漢書·百官志二》曰："未央厩令一人，
六百石。本注曰：主乘輿及厩中諸馬。"又曰："本注曰：舊有六
厩，皆六百石令，中興省約，但置一厩。"

散騎常侍，四人。掌侍左右。秦置散騎，又置中常
侍，散騎並乘輿車後。中常侍得入禁中。皆無員，並爲
加官。[1]漢東京初省散騎，而中常侍因用宦者。[2]魏文帝

黄初初，置散騎，合於中常侍，謂之散騎常侍，始以孟達補之。[3]久次者爲祭酒散騎常侍，秩比二千石。

[1]並爲加官：《漢書·百官公卿表上》曰："散騎、中常侍，皆加官，所加或列侯、將軍、卿、大夫、將、都尉、尚書、太醫、太官令至郎中，亡員，多至數十人。"

[2]而中常侍因用宦者：《續漢書·百官志三》曰："中常侍，千石。本注曰：宦者，無員。後增秩比二千石。掌侍左右，從入內宮，贊導內衆事，顧問應對。"

[3]始以孟達補之：《漢書·百官公卿表上》注引晋灼曰："魏文帝合散騎、中常侍爲散騎常侍也。"又《三國志》卷四〇《蜀書·劉封傳》：孟達"率所領降魏。魏文帝善達之姿才容觀，以爲散騎常侍、建武將軍，封平陽亭侯"。

通直散騎常侍，四人。魏末散騎常侍又有在員外者，[1]晋武帝使二人與散騎常侍通直，故謂之通直散騎常侍。[2]晋江左置五人。[3]

[1]又有在員外者：即在額定人數之外。

[2]故謂之通直散騎常侍：《晋書·職官志》曰："泰始十年，武帝使二人與散騎常侍通員直，故謂之通直散騎常侍。"通直，和散騎常侍一樣值守。通，相通，一樣。

[3]江左置五人：《晋書·職官志》作"江左置四人"。

員外散騎常侍，魏末置，無員。

散騎侍郎，[1]四人。魏初與散騎常侍同置。魏、晋散騎常侍、侍郎，與侍中、黃門侍郎共平尚書奏事，江左乃罷。

[1]散騎侍郎：官名。位任隆重，曹魏時即要求由"高才英儒"充任，多爲貴仕子弟的起家官。如大司馬曹真之子曹爽，"明帝在東宮，甚親愛之，及即位，爲散騎侍郎"。見《三國志》卷九《魏書·曹爽傳》。

通直散騎侍郎，四人。初晋武帝置員外散騎侍郎四人，元帝使二人與散騎侍郎通直，故謂之通直散騎侍郎，[1]後增爲四人。

[1]通直散騎侍郎：《晋書·職官志》曰："太興元年，元帝使二人與散騎侍郎通員直，故謂之通直散騎侍郎。"

員外散騎侍郎，晋武帝置，無員。
給事中，無員。漢西京置。[1]掌顧問應對，位次中常侍。漢東京省，魏世復置。

[1]給事中，無員。漢西京置：《初學記·職官部》引《漢官儀》曰："給事中，秦官也。漢因之，無常員，皆爲加官。"又《漢書·百官公卿表上》曰："給事中亦加官……皆秦制。"是給事中爲秦官。

奉朝請，無員，亦不爲官。漢東京罷省三公，外戚、宗室、諸侯，多奉朝請。[1]奉朝請者，奉朝會請召而已。晋武帝亦以宗室外戚爲奉車、駙馬、騎都尉，而奉朝請焉。元帝爲晋王，以參軍爲奉車都尉，掾、屬爲駙馬都尉，行參軍、舍人爲騎都尉，皆奉朝請。後省奉車、騎都尉，唯留駙馬都尉，奉朝請。永初已來，[2]以奉朝請選雜，其尚主者唯拜駙馬都尉。三都尉並漢武帝置。[3]孝建初，[4]奉朝請省。駙馬都尉、三都尉秩比二千石。

[1]“漢東京罷省三公”至“多奉朝請”：奉朝請不始自東漢，西漢已有之。《漢官解詁》曰：“三輔職如郡守，獨奉朝請。成帝丞相張禹遜位，位特進，奉朝請。又以關內侯蕭望之、大司馬嘉皆進奉朝請。光武司徒孫資加特進，奉朝請。奉朝請之號，則非爲官。”

[2]永初：宋武帝劉裕年號（420—422）。

[3]三都尉並漢武帝置：《漢書·百官公卿表上》曰：“奉車都尉掌御乘輿車，駙馬都尉掌駙馬，皆武帝初置，秩比二千石。”又《漢官》曰：“奉車都尉三人，駙馬都尉五人，騎都尉一十人。”

[4]孝建：宋孝武帝劉駿年號（454—456）。

中書令，一人。中書監，[1]一人。中書侍郎，四人。中書通事舍人，四人。漢武帝游宴後廷，[2]始使宦者典尚書事，謂之中書謁者，置令、僕射。[3]元帝時，令弘恭，僕射石顯，秉勢用事，權傾内外。成帝改中書謁者令曰中謁者令，罷僕射。[4]漢東京省中謁者令，而有中官謁者令，[5]非其職也。魏武帝爲王，[6]置秘書令，典尚書奏事，又其任也。文帝黄初初，改爲中書令，又置監，[7]及通事郎，次黄門郎。黄門郎已署事過，通事乃奉以入，爲帝省讀書可。晉改曰中書侍郎，[8]員四人。晉江左初，改中書侍郎曰通事郎，尋復爲中書侍郎。晉初置舍人一人，通事一人。江左初，合舍人通事謂之通事舍人，掌呈奏案章。後省通事，中書差侍郎一人直西省，[9]又掌詔命。宋初又置通事舍人，而侍郎之任輕矣。舍人直閤內，隸中書。其下有主事，本用武官，宋改用文吏。

[1]中書監：諸本並作"中書舍人"。中華本據《晋書·職官志》改。李慈銘《宋書札記》曰："中書舍人一人，當據《晋志》改作中書監一人。今各本皆誤。六朝止有中書通事舍人，無單稱中書舍人者，《晋》《宋》兩志所叙皆甚明。史有徑曰中書舍人者，省文耳。至中書有令有監，自魏文帝始，并管機密，至晋彌重，權在尚書令上。東渡以後，任專尚書，於是中書監、令或止設一人。至宋世而中書監或特以爲重臣之加官。"

[2]宴：諸本並脱。中華本據《晋書·職官志》《唐六典》《通典》補。

[3]謂之中書謁者，置令、僕射：漢武帝時曾以司馬遷爲中書令。

[4]僕射：諸本並作"謁者"。李慈銘《宋書札記》曰："謁者當作僕射，各本俱誤。"中華本據《晋書·職官志》改。

[5]中宫謁者令：《續漢書·百官志四》曰："中宫謁者令一人，六百石。本注曰：宦者。中宫謁者三人，四百石。本注曰：宦者。主報中章。"中宫，諸本作"中官"。據《續漢書·百官志四》改。

[6]魏武帝：即曹操。其子曹丕代漢，追謚爲武帝。

[7]文帝黄初初，改爲中書令，又置監：《晋書·職官志》曰："文帝黄初初改爲中書，置監、令，以秘書左丞劉放爲中書監，右丞孫資爲中書令。監、令蓋自此始也。及晋因之，並置員一人。"

[8]晋改曰中書侍郎：《晋書·職官志》曰："黄門郎已署，事過通事乃署名。已署，奏以入，爲帝省讀，書可。及晋，改曰中書侍郎，員四人。中書侍郎蓋此始也。"

[9]西省：東晉爲門下省之一，南朝爲中書省別稱。

秘書監，一人。秘書丞，一人。秘書郎，四人。漢桓帝延熹二年，置秘書監。[1]皇甫規與張奐書云“從兄秘書它何動静”是也。[2]應劭《漢官》曰：“秘書監一人，六百石。”後省。魏武帝爲魏王，置秘書令、秘書丞。秘書典尚書奏事。文帝黄初初，置中書令，典尚書奏事，而秘書改令爲監。後欲以何楨爲秘書丞，[3]而秘書先自有丞，乃以楨爲秘書右丞。後省。掌藝文圖籍。《周官》外史掌四方之志、三皇五帝之書，即其任也。漢西京圖籍所藏，有天禄、石渠、蘭臺、石室、延閣、廣内之府是也。[4]東京圖書在東觀。晉武帝以秘書并中書，省監，謂丞爲中書秘書丞。[5]惠帝復置著作郎一人，佐郎八人，掌國史。周世左史記事，右史記言，即其任也。漢東京圖籍在東觀，故使名儒碩學，著作東觀，撰述國史。著作之名，自此始也。魏世隸中書。[6]晉武世，繆徵爲中書著作郎。[7]元康中，改隸秘書，後別自爲省，而猶隸秘書。著作郎謂之大著作，專掌史任。晉制，著作佐郎始到職，必撰名臣傳一人。宋氏初，國朝始建，未有合撰者，此制遂替矣。

[1]漢桓帝延熹二年，置秘書監：《後漢書》卷七《桓帝紀》延熹二年“初置秘書監官”。注引《漢官儀》曰：“秘書監一人，秩六百石。”

[2]皇甫規、張奐：皆人名。皆東漢將領。事見《後漢書》卷六五《皇甫張段傳》。

　　[3]何楨：人名。《三國志》卷一一《魏書·管寧傳》注引《文士傳》曰："楨字元幹，廬江人，有文學器幹。""楨"諸本並作"禎"。中華本據《三國志》改。

　　[4]《周官》：即《周禮》。　外史：官名。職掌圖籍。　天禄："禄"諸本並作"府"。中華本據《職官分紀》改。　石渠、蘭臺、石室、延閣、廣内：均爲西漢宫廷圖書館。

　　[5]謂丞爲中書秘書丞：《初學記·職官部》曰："初，漢置尚書、中書屬少府，而秘書本中書之官，故魏初猶隸少府。及王肅爲監，以爲魏之秘書即漢之東觀之職，安可復屬少府，自此不復焉。至晋武又以秘書并入中書省，省其監，晋惠復別置秘書監一人，後世因之。"

　　[6]魏世隸中書：《初學記·職官部》曰："秘書郎，此職與著作郎自置以來，多起家之選，在中朝或以才授，歷江左多仕貴游。"又曰："至魏太和中，始置著作郎官，隸中書省。魏晋之際，中書兼國史之職，史官在焉。故魏代王沉爲中書著作郎，晋初繆徵爲中書著作郎，並是也。至晋惠帝詔曰：'著作舊屬中書，而秘書既別典文籍，今改中書著作郎爲秘書著作郎。亦爲大著作，後代因之'。"

　　[7]繆徵：人名。即繆世徵。蘭陵（今山東棗莊市）人。賈謐二十四友之一，與潘安齊名。官至中書著作郎、秘書監。

　　領軍將軍，一人。掌内軍。[1]漢有南北軍，[2]衛京師。武帝置中壘校尉，掌北軍營。[3]光武省中壘校尉，置北軍中候，監五校營。[4]魏武爲丞相，相府自置領軍，非漢官也。[5]文帝即魏王位，魏始置領軍，主五校、中壘、武衛三營。晋武帝初省，使中軍將軍羊祜統二衛前後左右驍騎七軍營兵，即領軍之任也。祜遷罷，復置北軍中候。北軍中候置丞一人。懷帝永嘉中，改曰中領軍。[6]元帝永昌元年，復改曰北軍中候。尋復爲領軍。成帝世，復以爲中候，而陶回居之。[7]尋復爲領軍。領軍今猶有南軍都督。

[1]内軍：即禁衛軍。

[2]漢有南北軍：南軍屬衛尉，北軍屬中尉。王先謙《漢書補注》曰：“意者武帝以前北軍屬中尉，故領中壘令丞等官，南軍蓋衛尉所統。《班表》衛尉掌宮門衛屯兵，周勃入北軍，尚有南軍，乃先使曹窋告衛尉毋納吕産殿門……此知南軍屬衛尉也。”

[3]武帝置中壘校尉，掌北軍營：《漢書·百官公卿表上》曰：“中壘校尉掌北軍壘門内。”

[4]置北軍中候，監五校營：《續漢書·百官志四》曰：“北軍中候一人，六百石。本注曰：掌監五營。”又曰：“中興省中壘，但置中候，以監五營。”

[5]相府自置領軍，非漢官也：《晉書·職官志》曰：“中領軍將軍，魏官也。漢建安四年，魏武丞相府自置，及拔漢中，以曹休爲中領軍。文帝踐阼，始置領軍將軍，以曹休爲之。”

[6]改曰中領軍：《晉書·職官志》曰：“懷帝永嘉中，改中軍曰中領軍。”

[7]陶回：人名。丹楊（今江蘇丹陽市）人，東晉將領。以平蘇峻功，封康樂伯，《晉書》卷七八有傳。《通典·職官典》作“陶侃”。按：“回”“侃”字形相近，《通典》誤。

護軍將軍，一人。掌外軍。[1]秦時護軍都尉，[2]漢因之。陳平爲護軍中尉，[3]盡護諸將。然則復以都尉爲中尉矣。[4]武帝元狩四年，以護軍都尉屬大司馬，于時復爲都尉矣。《漢書·李廣傳》，廣爲驍騎將軍，屬護軍將軍。蓋護軍護諸將軍。哀帝元壽元年，更名護軍都尉曰司寇。平帝元始元年，更名護軍都尉。東京省，班固爲大將軍中護軍，隸將軍莫府，[5]非漢朝列職。魏武爲相，以韓浩爲護軍，史奐爲領軍，非漢官也。[6]建安十二年，改護軍爲中護軍，領軍爲中領軍，置長史、司馬。魏初因置護軍，主武官選，隸領軍，晋世則不隸也。晋元帝永昌元年，省護軍并領軍。明帝太寧二年，復置。魏、晋江右領、護各領營兵；江左以來，領軍不復別置營，[7]總統二衞驍騎材官諸營；[8]護軍猶別有營也。[9]領、護資重者爲領軍、護軍將軍，資輕者爲中領軍、中護軍。官屬有長史、司馬、功曹、主簿、五官。受命出征，則置參軍。

[1]外軍：與内軍對稱。指不擔任宿衞任務的中央直屬軍隊。

[2]護軍都尉：《漢書·百官公卿表上》曰："護軍都尉，秦官。武帝元狩四年屬大司馬，成帝綏和元年居大司馬府比司直，哀帝元壽元年更名司寇，元帝元始元年更名護軍。"

[3]陳平：人名。《史記》卷五六有其世家。

[4]復以都尉爲中尉矣：護軍中尉乃秦漢之際漢王劉邦臨時所設，以調節諸軍之間的關係。

[5]班固爲大將軍中護軍，隸將軍莫府：《後漢書》卷四〇下《班固傳》曰：永元初，"大將軍竇憲出征匈奴，以固爲中護軍，與參議"。莫府，即幕府。

[6]史奐：人名。《三國志》《晋書·職官志》《通典》均作"史渙"。

[7]置：諸本並脱，中華本據《通典》補。

[8]二衞：即左衞將軍與右衞將軍。　驍騎：即驍騎將軍。材官：步兵之泛稱。　諸營：諸本脱"營"字，中華本據《晋

書·職官志》《通典》補。

[9]護：諸本並脱，中華本據《晉書·職官志》《通典》補。

左衛將軍，一人。右衛將軍，一人。二衛將軍掌宿衛營兵。[1]二漢、魏不置。晉文帝爲相國，[2]相國府置中衛將軍。武帝初，[3]分中衛置左右衛將軍，以羊琇爲左衛，[4]趙序爲右衛。[5]二衛江右有長史、司馬、功曹、主簿，江左無長史。[6]

[1]宿衛營兵：警衛皇帝的軍隊。

[2]晉文帝：即司馬昭。西晉建立後追謚爲文帝。《晉書》卷二有紀。

[3]武帝：即晉武帝司馬炎。《晉書》卷三有紀。

[4]羊琇：人名。字子舒，景獻羊皇后之從父弟。《晉書》卷九三有傳。

[5]趙序：人名。《晉書·職官志》一見，言武帝任其爲右衛，餘事不詳。

[6]江右：指西晉。　江左：指東晉。以東晉建都建康（今江蘇南京市），地處江東，又稱江左，故追稱建都洛陽的西晉爲江右。

驍騎將軍，漢武帝元光六年，李廣爲驍騎將軍。[1]魏世置爲内軍，有營兵，高功者主之。先有司馬、功曹、主簿，後省。

[1]元光六年："六"當改爲"元"。《史記》卷一〇九《李將軍列傳》曰："漢以馬邑城誘單于，使大軍伏馬邑旁谷，而廣爲驍騎將軍，領屬護軍將軍。"馬邑之謀，爲元光元年之事。又《漢

書》卷六《武帝紀》曰：“元光元年冬十一月……衛尉李廣爲驍騎將軍屯雲中，中尉程不識爲車騎將軍屯雁門，六月罷。”

游擊將軍，漢武時，韓説爲游擊。[1]是爲六軍。[2]

[1]韓説：人名。官至橫海將軍，封按道侯，因助江充掘蠱，爲戾太子所殺。

[2]是爲六軍：合上領軍將軍、護軍將軍、左衛將軍、右衛將軍、驍騎將軍，並游擊將軍爲六軍。《晉書‧職官志》曰：“及晉，以領、護、左右衛、驍騎、游擊爲六軍。”

左軍將軍。右軍將軍。前軍將軍。後軍將軍。魏明帝時，有左軍將軍，然則左軍魏官也。[1]晉武帝初，置前軍、右軍，泰始八年，又置後軍。[2]是爲四軍。

[1]左軍魏官也：漢有左將軍。《史記》卷一一五《朝鮮列傳》曰：“左將軍荀彘出遼東，討右渠。”

[2]“晉武帝初”至“又置後軍”：漢有左、右、前、後將軍。《漢官舊儀》曰：“拜御史大夫爲丞相，左、右、前、後將軍贊，五官中郎將授印綬。”

左中郎將。右中郎將。秦官，漢因之。與五官中郎將領三署郎，魏無三署郎，猶置其職。[1]晉武帝省。宋世祖大明中又置。

[1]“左中郎將”至“猶置其職”：五官、左、右中郎將，秦所置，漢沿之，屬光禄勳。《漢書‧百官公卿表上》曰：“中郎有五官、左、右三將，秩皆比二千石。”又《後漢書》卷四《和帝紀》

注引《漢官儀》曰："三署謂五官署也，左、右署也。各置中郎將以司之。郡國舉孝廉以補三署郎，年五十以上屬五官，其次分在左、右署。"

屯騎校尉。步兵校尉。越騎校尉。長水校尉。射聲校尉。五校並漢武帝置。[1]屯騎、步兵掌上林苑門屯兵；[2]越騎掌越人來降，因以爲騎也；一説取其材力超越也。[3]長水掌長水宣曲胡騎。長水，胡部落名也。胡騎屯宣曲觀下。韋曜曰："長水校尉，典胡騎，厩近長水，故以爲名。長水，蓋關中小水名也。"[4]射聲掌射聲士，[5]聞聲則射之，故以爲名。漢光武初改屯騎爲驍騎，越騎爲青巾。建武十五年，復舊。漢東京五校，典宿衛士。自游擊至五校，魏、晋逮于江左，初猶領營兵，並置司馬、功曹、主簿，後省。二中郎將本不領營也。五營校尉，秩二千石。[6]

[1]五校並漢武帝置：《漢書·百官公卿表上》曰："凡八校尉，皆武帝初置。"説明五校尉在八校尉之中，同時並置。

[2]屯騎、步兵掌上林苑門屯兵：《漢書·百官公卿表上》曰："屯騎校尉掌騎士。步兵校尉掌上林苑門屯兵。"又《續漢書·百官志四》曰："屯騎校尉一人，比二千石。本注曰：掌宿衛兵。"注引《漢官》曰："員吏百二十八人，領士七百人。"

[3]一説取其材力超越也：《漢書·百官公卿表上》曰："越騎校尉掌越騎。"注引如淳曰："越人内附，以爲騎也。"晋灼曰："取其材力超越也。"顏師古曰："如説是。"按：越人長於舟楫，非産馬之地，又非出騎士之域，如淳之説非，而晋灼之説爲是。又《續漢書·百官志四》曰："越騎校尉一人，比二千石。"注引《漢官》

曰："員吏百二十七人，領士七百人。"

　　[4]"長水校尉"至"蓋關中小水名也"：《漢書·百官公卿表上》顏師古注曰："長水，胡名也。宣曲，觀名。胡騎之屯於宣曲者。"

　　[5]射聲掌射聲士：《漢書·百官公卿表上》曰："射聲校尉掌待詔射聲士。"注引服虔曰："工射者也。冥冥中聞聲則中之，因以名也。"應劭曰："須詔所命而射，故曰待詔射也。"又《續漢書·百官志四》注引《漢官》曰："員吏百二十九人，領士七百人。"

　　[6]五營校尉，秩二千石：東漢制，五校尉皆秩比二千石。

　　虎賁中郎將，《周官》有虎賁氏。[1]漢武帝建元三年，始微行出遊，選材力之士執兵從送，期之諸門，故名期門。無員，多至千人。平帝元始元年，更名曰虎賁郎，置中郎將領之。虎賁舊作虎奔，言如虎之奔走也。王莽輔政，以古有勇士孟賁，故以奔爲賁。比二千石。[2]

　　[1]《周官》有虎賁氏：漢武帝初置虎賁校尉。《漢書·百官公卿表上》曰："虎賁校尉掌輕車。"

　　[2]"王莽輔政"至"比二千石"：《漢官儀》曰："虎賁中郎將，古官也。《書》稱'武王伐紂，戎車三百兩，虎賁八百人，擒紂於牧之野'。言其猛怒如虎之奔赴也。孝武建元三年，初置期門，平帝元始元年，更名虎賁郎。古有勇者孟賁，改奔爲賁。中郎將冠兩鶡尾。鶡，鷙鳥中之果勁者也。"

　　冗從僕射，漢東京有中黃門冗從僕射，[1]非其職也。魏世因其名而置冗從僕射。

［1］冗從僕射：官名。東漢有中宮黃門冗從僕射，六百石。

羽林監，漢武帝太初元年，初置建章營騎，亦掌從送次期門，後更名羽林騎，置令、丞。[1]宣帝令中郎將騎都尉監羽林，謂之羽林中郎將。漢東京又置羽林左監、羽林右監，[2]至魏世不改。晉罷羽林中郎將，又省一監，置一監而已。自虎賁至羽林，是爲三將。[3]哀帝省。宋高祖永初初，復置。江右領營兵，江左無復營兵。羽林監六百石。

［1］後更名羽林騎，置令、丞：漢武帝初置羽林屬光祿勳（郎中令）。《漢書·百官公卿表上》曰：“羽林掌送從，次期門，武帝太初元年初置，名曰建章營騎，後更名羽林騎。又取從軍死事之子孫養羽林，官教以五兵，號曰羽林孤兒。羽林有令、丞。”關於羽林二字的起源。舊有二說，《漢官儀》並用之。一曰：“羽林者，言其爲國羽翼，如林盛也。”

［2］漢東京又置羽林左監、羽林右監：《後漢書》卷一五《來歷傳》注引《漢官儀》曰：“羽林左、右監，屬光祿。”《後漢書》卷五《安帝紀》注引《漢官儀》曰：“羽林左監主羽林八百人，右監主九百人。”

［3］三將：即虎賁中郎將、冗從僕射、羽林監。

積射將軍。強弩將軍。漢武帝以路博德爲強弩校尉，李沮爲強弩將軍。[1]宣帝以許延壽爲強弩將軍。強弩將軍至東漢爲雜號。前漢至魏無積射。[2]晉太康十年，立射營、弩營，置積射、強弩將軍主之。自驍騎至強弩將軍，先並各置一人；宋太宗泰始以來，多以軍功得此官，今並無復員。

[1]李沮爲强弩將軍：《漢書》卷五五《衛青傳》曰：“元朔五年春，令青將三萬騎出高闕……左內史李沮爲强弩將軍。”又本傳附《路博德傳》曰：“票騎死後，博德以衛尉爲伏波將軍，伐破南越、益封。其後坐法失侯。爲彊弩都尉，屯居延，卒。”説明漢還有强弩都尉。

[2]前漢至魏無積射：西漢末積弩將軍與强弩將軍並置，或爲積射將軍之源。《漢書》卷八四《翟方進傳》曰：“（翟義起兵）莽聞之，大懼，乃拜……明義侯王駿爲强弩將軍……發奔命以擊義焉。復以太僕武讓爲積弩將軍屯函谷關。”

殿中將軍。殿中司馬督。[1]晉武帝時，殿內宿衛，號曰三部司馬，置此二官，分隸左右二衛。江右初，員十人。朝會宴饗，則將軍戎服，直侍左右，夜開城諸門，則執白虎幡監之。[2]晉孝武太元中，改選，以門閥居之。[3]宋高祖永初初，增爲二十人。其後過員者，謂之殿中員外將軍、員外司馬督。其後並無復員。

[1]殿中將軍。殿中司馬督：官名。皆爲宿衛武職。《晉書·職官志》曰：“二衛始制前驅、由基、强弩爲三部司馬，各置督、史。左衛熊渠、武賁；右衛佽飛、武賁。二衛各五部督。”以此説，則晉時司馬督爲十人。該志又曰：“更制殿中將軍，中郎、校尉、司馬比驍騎。持椎斧武賁，分屬二衛。”

[2]白虎幡：亦作白獸幡。號令衛隊的標識。《晉書·職官志》曰：“武帝每出入，緦持白獸幡在乘輿左右，鹵簿陳列齊肅。太康末，武帝嘗出射雉，緦時已爲都水使者，散從。車駕逼暗乃還，漏已盡，當合函，停乘輿，良久不得合，乃詔緦合之。緦舉白獸幡指

麾，須臾之間而函成。"

[3]門閥：門第閥閱。指歷代爲官，有家學淵源，有衆多門生故吏，有田莊經濟作後盾的門第高聲望重的士族。

武衛將軍，無員。初魏王始置武衛中郎將，[1]文帝踐阼，改爲衛將軍，主禁旅，如今二衛，非其任也。晋氏不常置。宋世祖大明中，復置，代殿中將軍之任，比員外散騎侍郎。

[1]魏王始置武衛中郎將：曹操始授許褚。《三國志》卷一八《魏書·許褚傳》曰：操與馬超會戰，"大破超等，褚身斬首級，遷武衛中郎將。武衛之號，自此始也"。

武騎常侍，無員。漢西京官。[1]車駕游獵，常從射猛獸。後漢、魏、晋不置。宋世祖大明中，復置。比奉朝請。

[1]武騎常侍，無員。漢西京官：《漢書》卷五七《司馬相如傳》曰：相如"以訾爲郎，事孝景帝，爲武騎常侍"。顏師古注曰："武騎常侍秩六百石。"

御史中丞，[1]一人。掌奏劾不法。秦時御史大夫有二丞，[2]其一曰御史丞，其二曰御史中丞。殿中蘭臺秘書圖籍在焉，而中丞居之。外督部刺史，内領侍御史，受公卿奏事，舉劾按章。時中丞亦受奏事，然則分有所掌也。[3]成帝綏和元年，更名御史大夫爲大司空，置長史，而中丞官職如故。哀帝建平二年，復爲御史大夫。

元壽二年，復爲大司空。而中丞出外爲御史臺主，名御史長史。[4]光武還曰中丞，又屬少府。[5]獻帝時，更置御史大夫，自置長史一人，不復領中丞也。漢東京御史中丞遇尚書丞、郎，則中丞止車執版揖，而丞、郎坐車舉手禮之而已。不知此制何時省。[6]中丞每月二十五日，繞行宮垣白壁。史臣按《漢志》執金吾每月三繞行宮城，疑是省金吾，以此事併中丞。中丞秩千石。

[1]中：諸本並脱，中華本據《元龜》卷四五七補。

[2]秦：諸本並脱。中華本據《晉書·職官志》補。

[3]分有所掌也：《漢書·百官公卿表上》曰：御史大夫"有兩丞，秩千石。一曰中丞，在殿中蘭臺，掌圖籍秘書，外督部刺史，內領侍御史員十五人，受公卿奏事，舉劾按章"。

[4]"成帝綏和元年"至"御史長史"：語見《漢書·百官公卿表上》。

[5]光武還曰中丞，又屬少府："又"爲"文"之訛。東漢御史中丞文屬少府，即名義屬少府。見《續漢書·百官志三》。御史中丞位尊權重，《漢舊儀》曰："內掌蘭臺，外督諸州刺史，糾察百寮。"（《書鈔·設官部》引）又曰："御史中丞朝會獨坐。出討姦猾，內與尚書令、司隸校尉會同，皆專席，京師號之曰三獨坐者也。"

[6]不知此制何時省：《通典·職官典》曰："孝武帝孝建二年，制中丞與尚書令分道，雖丞、郎下朝相值，亦得斷之，餘內外衆官，皆受停駐。"

治書侍御史，掌舉劾官品第六已上。漢宣帝齋居決事，令御史二人治書，因謂之治書御史。漢東京使明法律者爲之，天下讞疑事，則以法律當其是非。[1]魏、晉以來，則分掌侍御史所掌諸曹，若尚書二丞也。

[1]則以法律當其是非：《續漢書·百官志三》曰："治書侍御史二人，六百石。本注曰：掌選明法律者爲之。凡天下諸讞疑事，掌以法律當其是非。"

侍御史，於周爲柱下史。[1]《周官》有御史，掌治令，亦其任也。秦置侍御史，漢因之。二漢員並十五人。掌察舉非法，受公卿奏事，有違失者舉劾之。[2]凡有五曹：一曰令曹，掌律令；二曰印曹，掌刻印；三曰供曹，掌齋祠；四曰尉馬曹，掌官廄馬；五曰乘曹，掌護駕。魏置御史八人，有治書曹，掌度支運，課第曹，掌考課，不知其餘曹也。晉西朝凡有吏曹、課第曹、直事曹、印曹、中都督曹、外都督曹、媒曹、符節曹、水曹、中壘曹、營軍曹、算曹、法曹，凡十三曹，[3]而置御史九人。晉江左初，省課第曹，置庫曹，掌廄牧牛馬市租。後復分庫曹，置外左庫、內左庫二曹。宋太祖元嘉中，[4]省外左庫，而內左庫直云左庫。世祖大明中，[5]復置。廢帝景和元年又省。[6]順帝初，[7]省營軍併水曹，省算曹併法曹，吏曹不置御史，凡十御史焉。魏又有殿中侍御史二人，[8]蓋是蘭臺遣二御史居殿內察非法也。晉西朝四人，江左二人。秦、漢有符節令，隸少府，[9]領符璽郎、符節令史，蓋《周禮》典瑞、掌節之任也。漢至魏別爲一臺，位次御史中丞，掌授節、銅虎符、竹使符。[10]晉武帝泰始九年，省并蘭臺，置符節御史掌其事焉。[11]

[1]侍御史，於周爲柱下史：《史記》卷九六《張丞相列傳》曰："（張蒼）秦時爲御史，主柱下方書。"《集解》引如淳曰："方，版也。謂書事在版上者也。秦以上置柱下史，蒼爲御史，主其事。或曰四方文書。"又《索隱》曰："周秦皆有柱下史，謂御史也。所掌及侍立恒在殿柱之下，故老子爲周柱下史。今蒼在秦代亦居斯職。方書者，如淳以爲方版，謂小事書之於方也，或曰主四方文書也。"

[2]有違失者舉劾之：《續漢書·百官志三》曰："侍御史十五人，六百石。本注曰：掌察舉非法，受公卿群吏奏事，有違失舉劾之。凡郊廟之祠及大朝會、大封拜，則二人監威儀，有違失則劾奏。"

[3]中壘曹：諸本作"中堅曹"，中華本據《晉書·職官志》《唐六典》《通典·職官典》改。

[4]太祖：宋文帝劉義隆廟號。　元嘉：宋文帝劉義隆年號（424—453）。

[5]世祖：宋孝武帝劉駿廟號。　大明：宋孝武帝劉駿年號（457—464）。

[6]廢帝：即宋前廢帝劉子業。《宋書》卷七有紀。　景和：宋前廢帝劉子業年號（465）。　又省：諸本並作"又置"。中華本據《唐六典》、《元龜》卷五一二改。

[7]順帝：即劉準。宋最後一位皇帝，在位三年（477—479）。《宋書》卷一〇有紀。

[8]魏又有殿中侍御史二人：《晉書·職官志》曰："殿中侍御史，案魏蘭臺遣二御史居殿中，伺察非法，即其始也。"

[9]秦、漢有符節令，隸少府：據《漢書·百官公卿表上》，漢有符節令，屬少府。《續漢書·百官志三》曰："符節令一人，六

百石。本注曰：爲符節臺率，主符節事。凡遣使掌授節。尚符璽郎中四人。本注曰：舊二人在中，主璽及虎符、竹符之半者。符節令史，二百石。”

[10]銅虎符：銅鑄虎形兵符。符分左右兩半，各在帶兵將軍與國君（皇帝）手中，軍隊調遣，需合符。考古發現有戰國虎符。如新郪虎符。　竹使符：竹做的使節憑信。剖竹爲之，合符，則證實使節身份。

[11]符節御史：官名。《晋書·職官志》曰：“符節御史，秦符璽令之職也。漢因之，位次御史中丞。至魏，別爲一臺，位次御史中丞，掌授節、銅虎符、竹使符。及泰始九年，武帝省并蘭臺，置符節御史掌其事焉。”

　　謁者僕射，一人。掌大拜授及百官班次。領謁者十人。[1]謁者掌小拜授及報章。蓋秦官也。謁，請也。應氏《漢官》曰，堯以試舜，賓于四門，[2]是其職也。秦世謁者七十人，漢因之。後漢《百官志》，謁者僕射掌奉引。[3]和帝世，陳郡何熙爲謁者僕射，[4]贊拜殿中，音動左右。然則又掌唱贊。[5]有常侍謁者五人，謁者則置三十五人，半減西京也。二漢並隸光禄勳，魏世置謁者十人。晋武帝省僕射，以謁者隸蘭臺。江左復置僕射，後又省。[6]宋世祖大明中，復置。秩比千石。

[1]“謁者僕射”至“領謁者十人”：《晋書·職官志》曰：“魏置僕射，掌大拜授及百官班次，統謁者十人。”

[2]堯以試舜，賓于四門：《漢官儀》曰：“孝明皇帝丁酉詔書曰：‘謁者，堯之尊官，所以試舜於四門。’”（《書鈔·設官部》引）

[3]謁者僕射掌奉引:《續漢書·百官志二》曰:"謁者僕射一人,比千石。本注曰:爲謁者臺率,主謁者,天子出,奉引……常侍謁者五人,比六百石。本注曰:主殿上時節威儀。謁者三十人。其給事謁者,四百石。其灌謁者郎中,比三百石。本注曰:掌賓贊受事,及上章報問。將、大夫以下之喪,掌使弔。本員七十人,中興但三十人。初爲灌謁者,滿歲爲給事謁者。"

[4]何熙:諸本並作"向熙"。中華本據《後漢書》卷四七《何熙傳》改正。

[5]掌唱贊:諸本並脱,中華本據《通典·職官典》補。

[6]"晋武帝省"至"後又省":此段與《晋書·職官志》同。

都水使者,一人。掌舟航及運部。秦、漢有都水長、丞,主陂池灌溉,保守河渠,屬太常。[1]漢東京省都水,置河隄謁者,魏因之。漢世水衡都尉主上林苑,魏世主天下水軍舟船器械。晋武帝省水衡,置都水使者,而河隄爲都水官屬。[2]有參軍二人,謁者一人,令史減置無常員。晋西朝有參軍而無謁者,謁者則江左置也。懷帝永嘉六年,胡入洛陽,都水使者爰濬先出督運得免。然則武帝置職,便掌運矣。江左省河隄。[3]

[1]"都水使者"至"屬太常":據《漢書·百官公卿表上》,太常屬官有都水長、丞。注引如淳曰:"律,都水治渠隄水門。"又《晋書·職官志》曰:"都水使者,漢水衡之職也。"漢水衡都尉掌上林苑中亦有都水長、丞。見《漢書·百官公卿表上》。

[2]"晋武帝"至"都水官屬":《通典·職官典》曰:"晋武帝省水衡,置都水臺,有使者一人,掌舟航及運部。而河堤爲都水官屬。"

[3]江左省河隄：《通典·職官典》曰：“宋都水使者，銅印墨綬，進賢兩梁冠，與御史中丞同。孝武帝初，省都水臺，罷都水使者，置水衡令，孝建元年復置。”

太子太傅，一人。丞一人。太子少傅，一人。丞一人。傅，古官也。[1]《文王世子》曰：[2]“凡三王教世子，太傅在前，少傅在後，並以輔導爲職。”漢高帝九年，以叔孫通爲太子太傅，[3]位次太常。二漢並無丞。魏世無東宮，然則晉氏置丞也。晉武帝泰始五年，詔太子拜太傅、少傅，如弟子事師之禮；二傅不得上疏曲敬。[4]二傅並有功曹、主簿、五官。太傅中二千石，少傅二千石。

[1]“太子太傅”至“古官也”：《漢書·百官公卿表上》曰：“太子太傅、少傅，古官。”又《續漢書·百官志四》曰：“太子太傅一人，中二千石。本注曰：職掌輔導太子。禮如師，不領官屬。”又曰：“太子少傅、二千石。本注曰：亦以輔導爲職，悉主太子官屬。”

[2]《文王世子》：《禮記》篇名。本文所引并非原文，乃節録。

[3]叔孫通：人名。秦時曾爲博士官，漢初禮儀多爲其制定。《漢書》卷四三有傳。

[4]二傅不得上疏曲敬：《晉書·職官志》曰：“其訓導者，太傅在前，少傅在後。皇太子先拜，諸傅然後答之。武帝後以儲副體尊，遂命諸公居之，以本位重，故或行或領。”

太子詹事，一人。丞一人。職比臺尚書令、領軍將軍。[1]詹，省也。漢西京則太子門大夫、庶子、洗馬、舍人屬二傅，率更令、家令、僕、衛率屬詹事。皆秦官也。[2]後漢省詹事，太子官屬悉屬少傅，而太傅不復領官屬。晋初太子官屬通屬二傅。咸寧元年，復置詹事，二傅不復領官屬。詹事二千石。[3]

[1]臺：指朝廷。

[2]"漢西京"至"皆秦官也"：漢代太子門大夫員五人，秩六百石。太子庶子員五人，秩六百石。太子洗馬員十六人，秩比謁者。見《漢書·百官公卿表上》應劭注。《漢書·百官公卿表上》：太子詹事"屬官有太子率更、家令、丞、僕、中盾、衛率、厨厩長、丞"。

[3]詹事二千石："二千石"諸本並作"一千石"。中華本據《職官分紀》改。按：所改爲是。文獻中一千石多作"千石"，不作"一千石"。又《漢官儀》《唐六典》並作"二千石"。

家令，一人。丞一人。晋世置。[1]漢世太子食湯沐邑十縣，家令主之。又主刑獄飲食，職比廷尉、司農、少府。[2]漢東京主食官令。食官令，晋世自爲官，不復屬家令。

[1]"家令"至"晋世置"：太子家令、丞並爲漢置，非始自晋。《漢書·百官公卿表上》曰：太子詹事"屬官有太子率更、家令、丞"，已説明。

[2]"又主刑獄"至"少府"：《晋書·職官志》曰："家令主刑獄、穀貨、飲食，職比司農、少府。"

率更令，一人。主宮殿門户及賞罰事，職如光禄勳、衛尉。[1]漢東京掌庶子、舍人，晋世則不也。自漢至晋，家令在率更下，[2]宋則居上。

　　[1]"率更令"至"衛尉"：《續漢書·百官志四》曰："太子率更令一人，千石。本注曰：主庶子、舍人更直，職似光禄。"又《晋書·職官志》曰："率更令主宮殿門户及賞罰事，職如光禄勳、衛尉。"

　　[2]自漢至晋，家令在率更下：依兩《漢書》，太子率更令居太子家令前，然秩同爲千石。

僕，一人。漢世太子五日一朝，非入朝日，遣僕及中允旦入請問起居，主車馬、親族，職如太僕、宗正。[1]自家令至僕，爲太子三卿。三卿秩千石。

　　[1]職如太僕、宗正：《漢書·百官公卿表上》：太子"詹事，秦官"。屬官有太子僕。《續漢書·百官志四》曰："太子僕一人，千石。本注曰：主車馬，職如太僕。"《晋書·職官志》曰："僕主車馬，親族，職如太僕、宗正。"説明漢至晋，太子僕職掌有變化。又《後漢書》卷四〇上《班彪傳》注引《漢官儀》曰："皇太子五日一至臺，因坐東厢，省視膳食，以法制敕大官尚食宰吏。其非朝日，使僕、中允旦旦請問。"

門大夫，[1]二人。漢東京置，職如中郎將，分掌遠近表牋。秩六百石。

　　[1]門大夫：官名。西漢曰户將，蓋門、户相同。《續漢書·

百官志四》曰："太子門大夫，六百石。本注曰：《舊注》云職比郎將。舊有左右户將，別主左右户直郎，建武以來省之。"

中庶子，[1]四人。職如侍中。漢東京員五人，晋減爲四人。秩六百石。

[1]中庶子：官名。《續漢書·百官志四》曰："太子中庶子，六百石。本注曰：員五人，職如侍中。"又《晋書·職官志》曰："中庶子四人，職如侍中。"又《藝文類聚》卷四九："沈約《宋書》曰：中庶子，漢置。古者世禄，卿大夫之子，既爲副倅、謂之國子。天子、諸侯子必有庶子官以掌教之。"今本無此文，疑爲佚文。

中舍人，四人，漢東京太子官屬有中允之職，[1]在中庶子下，洗馬上，疑若今中舍人矣。[2]中舍人，晋初置，職如黄門侍郎。

[1]漢東京太子官屬有中允之職：《漢書·百官公卿表上》：太子詹事"屬官有……中盾"。又《續漢書·百官志四》曰："太子中盾一人，四百石。本注曰：主周衛徼循。"不見中允之職。而《後漢書》卷四〇上《班彪傳上》曰："舊制，太子食湯沐十縣，設周衛交戟，五日一朝，因坐東箱，省視膳食，其非朝日，使僕、中允旦旦請問而已。"注引應劭《漢官儀》："中允一人，四百石，主門衛徼巡。"與中盾之職、秩相類，又《漢書·百官公卿表上》注亦引應劭曰："中盾主周衛徼道，秩四百石。"中允、中盾實爲一官。

[2]中舍人：官名。諸本並作"中書舍人"。按：中書舍人爲中書省屬官，與首語不合。又《職官分紀》卷二八引作"中舍人"。今據改正。

食官令，[1]一人。職如太官令。漢東京官也。今屬中庶子。

[1]食官令：《續漢書·百官志四》曰："太子食官令一人，六百石。本注曰：主飲食。"

庶子四人，職比散騎常侍，中書監、令。晋制也。[1]漢西京員五人，[2]漢東京無員，職如三署中郎。[3]古者諸侯世〔禄，卿大夫之子即爲副倅，謂之國子，天子諸侯〕子有庶子之官，〔以掌教之〕。[4]秦因其名也。秩四百石。

[1]晋制也：《晋書·職官志》曰："庶子四人，職比散騎常侍，中書監、令。"

[2]漢西京員五人：《漢書·百官公卿表上》注引應劭曰："員五人，秩六百石。"

[3]職如三署中郎：《續漢書·百官志四》曰："太子庶子，四百石。本注曰：無員，如三署中郎。"

[4]"古者諸侯"至"以掌教之"：諸本作"古者諸侯世子有庶子之官"。中華本補入"禄，卿大夫之子即爲副倅，謂之國子，天子諸侯"及"以掌教之"共二十二字。按：《類聚》卷四九引文首語有："中庶子，漢置。"庶子與中庶子分別爲二官，似不當補此。（《類聚》引文見前注。）

舍人，[1]十六人。職如散騎、中書侍郎。晋制也。二漢無員，掌宿衛如三署中郎。[2]

[1]舍人：官名。《晋書·職官志》曰：“舍人十六人，職比散騎、中書等侍郎。”

[2]掌宿衛如三署中郎：《續漢書·百官志四》曰：“太子舍人，二百石。本注曰：無員，更直宿衛，如三署郎中。”而注引《漢官》曰：“（員）十三人，選良家子孫。”似有員額，人員隨時代而變。

洗馬，[1]八人。職如謁者、秘書郎也。二漢員十六人。[2]太子出，則當直者前驅導威儀。秩比六百石。

[1]洗馬：官名。《漢書·百官公卿表上》曰：“太子太傅、少傅屬官有先馬。”先馬一作“洗馬”。《續漢書·百官志四》曰：“太子洗馬，比六百石。”又《晋書·職官志》曰：“洗馬八人，職如謁者、秘書。掌圖籍。釋奠講經則掌其事，出則直者前驅，導威儀。”

[2]二漢員十六人：《續漢書·百官志四》曰：“本注曰：舊注云員十六人，職如謁者。太子出，則當直者在前導威儀。”注引《漢官》曰：“選郎中補也。”

太子左衛率，七人。太子右衛率，二人。二率職如二衛。秦時直云衛率，[1]漢因之，主門衛。晋初曰中衛率，泰始分爲左右，各領一軍。惠帝時，愍懷太子在東宮，加置前後二率。[2]成都王穎爲太弟，又置中衛，是爲五率。江左初，省前後二率。孝武太元中又置。[3]皆有丞，晋初置。宋世止置左右二率。秩舊四百石。

[1]秦時直云衛率：《漢書·百官公卿表上》曰：太子“詹事，

秦官”。其屬官有衛率。《續漢書·百官志四》曰：“太子衛率一人，四百石。本注曰：主門衛士。”

[2]加置前後二率：《晉書·職官志》曰：“左右衛率，案武帝建東宮，置衛率，初曰中衛率。泰始五年，分爲左右，各領一軍。惠帝時，愍懷太子在東宮，又加前後二率。”

[3]孝武太元中又置：《晉書·職官志》曰：“及江左，省前後二率，孝武太元中又置。”孝武，晉孝武帝司馬曜謚號。太元，晉孝武帝司馬曜年號（376—396）。

太子屯騎校尉。太子步兵校尉。太子翊軍校尉。三校尉各七人，並宋初置。屯騎、步兵，因臺校尉；[1]翊軍，晉武帝太康初置，始爲臺校尉，而以唐彬居之，[2]江左省。

[1]屯騎、步兵，因臺校尉：太子屯騎、步兵校尉，係援朝廷屯騎、步兵校尉之例而設。

[2]唐彬：人名。字儒宗，魯國鄒（今山東鄒城市）人。《晉書》卷四二有傳。

太子冗從僕射，七人。宋初置。

太子旅賁中郎將，十人。職如虎賁中郎將。宋初置。《周官》有旅賁氏。[1]漢制，天子有虎賁，王侯有旅賁。旅，眾也。

[1]旅賁氏：據《周禮·夏官·司馬》，爲司馬屬官，有中士二人，下士十有六人，史二人，徒八人。

太子左積弩將軍，十人。太子右積弩將軍，二人。漢東京積弩將軍，雜號也，[1]無左右之積弩。魏世至晋江左，左右積弩爲臺職，領營兵。宋世度東宮，無復營矣。

[1]漢東京積弩將軍，雜號也：西漢已有。《漢書》卷八四《翟方進傳》：“（王莽）以太僕武讓爲積弩將軍屯函谷關。”

殿中將軍，[1]十人。殿中員外將軍，[2]二十人。宋初置。

[1]殿中將軍：官名。此爲太子殿中將軍。
[2]殿中員外將軍：官名。此爲太子殿中員外將軍。

平越中郎將，晋武帝置，治廣州，[1]主護南越。[2]

[1]廣州：治所在今廣東廣州市。
[2]主護南越：諸本並作“主南越”。中華本據《晋書·職官志》《通典·職官典》補“護”字。

南蠻校尉，晋武帝置，治襄陽。[1]江左初省。尋又置，治江陵。[2]宋世祖孝建中省。

[1]襄陽：地名。治所在今湖北襄陽市襄城區。
[2]江陵：縣名。治所在今湖北荆州市荆州區。

西戎校尉，晋初置，治長安。[1]安帝義熙中又置，[2]

治漢中。

[1]長安：地名。治所在今陝西西安市。

[2]安帝：即司馬德宗。《晋書》卷一〇有紀。　義熙：晋安帝司馬德宗年號（405—418）。

寧蠻校尉，晋安帝置，[1]治襄陽，以授魯宗之。[2]

[1]安帝：諸本並作“武帝”。中華本據《晋書·職官志》改。

[2]魯宗之：人名。晋宋之際將領。事見本書卷七四《魯爽傳》。

南夷校尉，晋武帝置，治寧州。[1]江左改曰鎮蠻校尉。四夷中郎校尉，皆有長史、司馬、參軍。魏、晋有雜號護軍，如將軍，今猶有鎮蠻、安遠等護軍。鎮蠻以加廬江、晋熙、西陽太守。[2]安遠以加武陵内史。[3]

[1]寧州：晋泰始七年（271）始置。治所在今雲南晋寧縣晋城鎮。宋移治今雲南曲靖市。

[2]廬江：郡名。治所晋時移至今安徽舒城市。　晋熙：郡名。治所在今四川綿竹縣。　西陽：郡名。治所在今湖北黄岡市黄州區。

[3]武陵：郡國名。治所在今湖南常德市。《晋書·職官志》曰：“案武帝置南蠻校尉於襄陽，西戎校尉於長安，南夷校尉於寧州。元康中，護羌校尉爲涼州刺史，西戎校尉爲雍州刺史，南蠻校尉爲荆州刺史。及江左初，省南蠻校尉，尋又置於江陵，改南夷校尉曰鎮蠻校尉，及安帝時，於襄陽置寧蠻校尉……武帝又置平越中郎將，居廣州，主護南越。”

刺史，每州各一人。黃帝立四監以治萬國，唐、虞世十二牧，是其職也。周改曰典，秦曰監御史，[1] 而更遣丞相史分刺諸州，[2] 謂之刺史。刺之爲言猶參覘也。寫書亦謂之刺。漢制不得刺尚書事是也。[3] 刺史班行六條詔書，[4] 其一條曰，強宗豪右，田宅踰制，以強陵弱，以衆暴寡；其二條曰，二千石不奉詔書，遵承典制，背公向私，旁詔守利，侵漁百姓，聚斂爲姦；其三條曰，二千石不恤疑獄，風厲殺人，怒則加罰，喜則任賞，煩擾苛暴，剝戮黎元，爲百姓所疾，山崩石裂，妖祥訛言；其四條曰，二千石選署不平，苟阿所愛，蔽賢寵頑；其五條曰，二千石子弟恃怙榮勢，請託所監；其六條曰，二千石違公下比，阿附豪強，通行貨賂，割損正令。歲終則乘傳詣京師奏事。成帝綏和元年，改爲牧。哀帝建平二年，復爲刺史。[5] 前漢世，刺史乘傳周行郡國，無適所治。[6] 後漢世，所治始有定處，止八月行部，不復奏事京師。晉江左猶行郡縣詔，[7] 棗據《追遠詩》曰：[8] “先君爲鉅鹿太守，迄今三紀。喬私爲冀州刺史，班詔次于郡傳”是也。靈帝世，天下漸亂，豪桀各據有州郡，而劉焉、劉虞並自九卿出爲益州、幽州牧，其任漸重矣。[9] 官屬有別駕從事史一人，從刺史行部；治中從事史一人，主財穀簿書；兵曹從事史一人，主兵事；部從事史每郡各一人，主察非法；主簿一人，錄閣下衆事，省署文書；門亭長一人，主州正門；功曹書佐一人，主選用；《孝經》師一人，主試經；月令師一人，主時節祠祀；律令師一人，平律；簿曹書佐一人，主簿書；典郡書佐每郡各一人，主一郡文書。漢制也。[10]今有別駕從事史、治中從事史、主簿、西曹書佐、祭酒從事史、議曹從事史、部郡從事史，自主簿以下，置人多少，各隨州，舊無定制也。晉成帝咸康中，[11]江州又有別駕祭酒，居僚職之上，而別駕從事史如故，今則無也。別駕、西曹主吏及選舉事，治中主衆曹文書事。西曹，即漢之功曹書佐也。祭酒分掌諸曹兵、賊、倉、户、水、鎧之屬。揚州無祭酒，而主簿治事。荆州有從事史，在議曹從事史下，大較應是魏、晉以來置也。[12]今廣州、徐州有月令從事，若諸州之曹史，漢舊名也。漢武元封四年，令諸州歲各舉秀才一人。後漢避光武諱，改茂才。[13]魏復曰秀才。晉江左揚州歲舉二人，諸州舉一人，或三歲一人，隨州大小，並對策問。晉東海王越爲豫州牧，牧置長史、參軍，庾敳爲長史，[14]謝鯤爲參軍，[15]此爲牧者則無也。牧二千石，刺史六百石。[16]

[1]監御史：官名。《漢書・百官公卿表上》曰："監御史，秦官，掌監郡。漢省。"

[2]而更遣丞相史分刺諸州：此之前當補"漢省"二字。按：漢初省監御史，惠帝三年復監御史。《書鈔・設官部》引《漢舊儀》曰："惠帝三年，相國奏遣御史監察三輔、郡。"又曰監御史"所察辭詔凡九條"。關於九條的內容《唐六典》作："詞訟、盜賊、鑄偽錢、獄不直、繇賦不平、吏不廉、苛刻、踰侈及弩力十石以上，作非所當服，凡九條。"文帝十三年（前167）始遣丞相史出

刺地方。《通典·職官典》："文帝十三年，以御史不奉法，下失其職，乃遣丞相史出刺并督監察御史。"漢初的監御史制度存在了八十三年，直至武帝元封元年，纔"御史止，不復監"（《漢舊儀》）。

［3］漢制不得刺尚書事也：以尚書爲内朝，刺史爲外朝官而專司州郡監察之故。

［4］刺史班行六條詔書：《續漢書·百官志五》注引蔡質《漢儀》曰："詔書舊典：刺史班宣，周行郡國，省察治政，黜陟能否，斷理冤獄，以六條問事，非條所問，即不省。"其所引六條與此略同。

［5］復爲刺史：《漢書·百官公卿表上》曰："成帝綏和元年更名牧，秩二千石。哀帝建平二年復爲刺史，元壽二年復爲牧。"東漢建立再改爲刺史。《續漢書·百官志五》："建武十八年復爲刺史。"

［6］無適所治：西漢刺史有無治所，舊史所載不同。《漢書》卷六《武帝紀》注引《漢舊儀》曰："武帝元封五年，初分十三州，刺史假印綬，有常治所。奏事各有常會，擇所部二千石卒史與從，傳食比二千石所傳。"又曰："丞相刺史常以秋分行部，御史爲駕四封乘傳。到所部，郡國各遣吏一人迎界上。"以此度之，元封五年以前無常治所，其後有常治所。又《續漢書·百官志五》曰："諸州常以八月巡行所部郡國，錄囚徒、考殿最。初歲盡詣京都奏事，中興但因計吏。"

［7］晉江左猶行郡縣詔：中華本校勘記云，據下文棗據《追遠詩叙》"班詔次郡傳"語，疑"郡縣"下脱"班"字。

［8］棗據：人名。字道彦，魏晉時長社（今河南長葛市）人。官至冀州刺史、太子中庶子，太康中卒。《晉書》卷九二有傳。

［9］其任漸重矣：漢末刺史改州牧，是刺史制度及性質的重大變革。從此刺史由監察官變爲地方行政長官，州由監察區變爲政區，漢代國家結構由地方二級制變爲三級制。《後漢書》卷七五《劉焉傳》曰："時靈帝政化衰缺，四方兵寇。焉以爲刺史威輕，既

不能禁，且用非其人，輒增暴亂。乃建議改置牧伯，鎮安方夏，清選重臣，以居其任……焉議得用，出焉爲監軍使者，領益州牧，太僕黃琬爲豫州牧，宗正劉虞爲幽州牧，皆以本秩居職，州任之重，自此而始。”

[10]漢制也：《續漢書·百官志四》曰：“皆州自辟除，故通爲百石云。假佐二十五人。”又蘇晉仁《〈宋書·百官志〉考異》曰：“按，《續漢書·百官志四》本注曰：‘治中從事史一人，主州選署及衆事，簿曹從事一人，主財穀簿書。’本志脱去‘主州選署及衆事，簿曹從事一人’二句。致所職差異，應補此二句。”蘇先生所言頗有啓發。然今本《後漢書》所用《續漢書·百官志四》無此“治中從事史一人”句。不知何據？疑蘇先生所用非原文，而是以己意概括言之。《續漢書·百官志四》曰：司隸校尉有“功曹從事，主州選署及衆事……簿曹從事，主財穀簿書”。又《續漢書·百官志五》曰：州吏“員職略與司隸同，無都官從事，其功曹從事爲治中從事”。以此而考州治中從事乃當司隸的功曹從事，其職掌當爲“主州選署及衆事”。不當爲“主財穀簿書”。故蘇先生所言補此二句甚當。然沈約此説，亦當有據，本志下曰：東晉之州“別駕、西曹主吏及選舉事，治中主衆曹文書事”。則是東晉諸曹職掌又有調整，沈約難以考實也。

[11]晋成帝：即司馬衍。《晋書》卷七有紀。　咸康：晋成帝司馬衍年號（335—342）。

[12]大較應是魏、晋以來置也：《晋書·職官志》曰：“州置刺史，別駕、治中從事、諸曹從事等員。所領中郡以上及江陽、朱提郡，郡各置部從事一人，小郡亦置一人。又有主簿、門亭長、録事、記室書佐、諸曹佐、守從事、武猛從事等。凡吏四十一人，率二十人。諸州邊遠，或有山險，濱近寇賊羌吏者，又置弓馬從事五十餘人。徐州又置淮海，涼州置河津，諸州置都水從事各一人。涼、益州置吏八十五人，卒二十人。荆州又置監佃督一人。”

[13]後漢避光武諱，改茂才：《漢書》卷六《武帝紀》曰：元

封五年“初置刺史部十三州。名臣文武欲盡，詔曰：‘蓋有非常之功，必待非常之人……其令州郡察吏民有茂材異等可爲將相及使絕國者。’”又注引應劭曰：“舊言秀才，避光武諱稱茂才。”

[14]庾敳：人名。“敳”，諸本並作“凱”。中華本據《晉書》卷五〇《庾峻傳》改。按：長史、參軍乃將軍佐吏，西晉末東海王越擅權，自置長史、參軍於刺史屬下，故爲非常之事。

[15]謝鯤：人名。陳國陽夏（今河南太康縣）人。王敦爲逆，多次勸阻，不爲所用，出爲郡守。《晉書》卷四九有傳。

[16]刺史六百石：晉、宋刺史分三級：領兵且加都督者，二品；領兵者，四品；不領兵者，五品。凡領兵加將軍號，皆可開府，置府僚、加都督者，權頗重。

郡守，秦官。[1]秦滅諸侯，隨以其地爲郡，置守、丞、尉各一人。守治民，丞佐之。郡當邊戍者，丞爲長史。晉江左皆謂之丞。尉典兵，備盜賊。[2]漢景帝中二年，更名守曰太守，尉爲都尉。光武省都尉，後又往往置東部、西部都尉。[3]有蠻夷者，又有屬國都尉。[4]漢末及三國，多以諸部都尉爲郡。晉成帝咸康七年，又省諸郡丞。宋太祖元嘉四年，復置。郡官屬略如公府，無東西曹，有功曹史，主選舉，五官掾，主諸曹事，部縣有都郵、門亭長，又有主記史，催督期會，漢制也，今略如之。[5]諸郡各有舊俗，諸曹名號，往往不同。漢武帝納董仲舒之言，元光元年，始令郡國舉孝廉，[6]制郡口二十萬以上，歲察一人；四十萬以上，二人；六十萬，三人；八十萬，四人；百萬，五人；百二十萬，六人；不滿二十萬，二歲一人；不滿十萬，三歲一人。[7]限以四科，[8]一曰德行高妙，志節清白；二曰學通行修，經中博士；三曰明習法令，足以決疑，能案章覆問，文中御史；四曰剛毅多略，遭事不惑，明足決斷，材任三輔縣令。魏初，更制口十萬以上，歲一人，有秀異，不拘戶口。江左以丹陽、吳、會稽、吳興並大郡，歲各舉二人。漢制歲遣上計掾史各一人，條上郡內衆事，謂之階簿，[9]至今行之。太守二千石，丞六百石。

[1]郡守，秦官：郡之置始於春秋，見《國語‧晉語》，以其官長爲國君守邑而名之爲"守"。延至戰國，三晉、秦、楚等皆有郡，楚又名其官爲郡長，見《史記》卷八《高祖本紀》。《漢書‧百官公卿表上》曰："郡守，秦官，掌治其郡，秩二千石。有丞，邊郡又有長史，掌兵馬，秩皆六百石。"又《續漢書‧百官志五》曰："凡郡國皆掌治民。"又《書鈔‧設官部》引《漢官解詁》曰："太守專郡，信理庶績，勸農賑貧，決訟斷辟，興利除害，檢察郡姦，舉善黜惡，誅討暴殘。"

[2]尉典兵，備盜賊：《漢書‧百官公卿表上》曰："郡尉，秦官。掌佐守典武職甲卒，秩比二千石。有丞，秩皆六百石。"又《漢官解詁》："都尉將兵，副佐太守。言與太守俱受銀印部符之任爲一郡副將，然俱主其武職，不預民事。"

[3]後又往往置東部、西部都尉：東漢初年省郡都尉官，但邊郡仍保留。《續漢書‧百官志五》曰："中興建武六年，省諸郡都尉，并職太守，無都試之役。省關都尉，唯邊郡往往置都尉及屬國都尉。"又漢制一般郡設一都尉，亦有設兩個以上都尉者，不始於東漢，西漢亦有之。《後漢書》卷八六《西南夷傳》曰："沈黎郡，至天漢四年并蜀爲西部，置兩都尉，一居旄牛，主徼外夷，一居青衣，主漢人。"

[4]有蠻夷者，又有屬國都尉：在邊遠地區、少數民族地區、交通要道，漢代亦設有屬國都尉、農都尉、關都尉，等等。《續漢

書‧百官志五》曰：邊郡“置屬國都尉，主蠻夷降者”。而屬國一般比郡轄區小。又曰：“屬國，分郡離遠縣置之，如郡差小，置本郡名。”農都尉一般亦設於邊郡，主屯田。《居延漢簡》元帝永光二年詔提到敦煌“以東至西河十一農都尉官”，（《居延漢簡甲乙編》214‧30）是較多的一次。關都尉別置於交通要道。《漢書‧百官公卿表上》：“關都尉，秦官。”又《漢書》卷七四《魏相傳》：“以丞相弟爲關都尉。”主函谷關。

　　[5]漢制也，今略如之：《續漢書‧百官志五》曰：“諸曹略如公府曹，無東西曹。有功曹史，主選署功勞。有五官掾，署功曹及諸曹事。其監屬縣，有五部督郵，曹掾一人。正門有亭長一人。主記室史，主錄記書，催期會。無令史。閤下及諸曹各有書佐，幹主文書。”

　　[6]始令郡國舉孝廉：董仲舒上武帝策，見《漢書》卷五六《董仲舒傳》。又《漢書》卷六《武帝紀》：“元光元年冬十一月，初令郡國舉孝廉各一人。”

　　[7]“制郡口二十萬以上”至“三歲一人”：漢代察舉孝廉初不分郡大小、人口多少，均每歲郡舉二人。此制乃是東漢和帝時所定。《後漢書》卷三七《丁鴻傳》曰：“時大郡口五六十萬舉孝廉二人，小郡口二十萬并有蠻夷者亦舉二人，帝以爲不均，下公卿會議，鴻與司空劉方上言，‘凡口率之科，宜有階品，蠻夷錯雜，不得爲數。自今郡國率二十萬口歲舉孝廉一人，四十萬二人，六十萬三人，八十萬四人，百萬五人，百二十萬六人，不滿二十萬二歲一人，不滿十萬三歲一人。’帝從之。”其後，邊郡察舉名額亦有修正，《後漢書》卷四《和帝紀》和帝“令緣邊郡口十萬以上歲舉孝廉一人，不滿十萬二歲舉一人，五萬以下三歲舉一人”。

　　[8]限以四科：以四科察孝廉乃是誤解，此處所言四科是丞相府或公府辟除屬吏之四科，不是察舉制。《漢舊儀》曰：“武帝元狩六年，丞相吏員三百八十二人……皆從同秩補。以爲有權衡之量，不可欺以輕重；有丈尺之度，不可欺以長短。官事至重，古法，雖

聖猶試，故令丞相設四科之辟，以博選異德名士，稱才量能，不宜者還故官。第一科曰德行高妙，志節清白。二科曰學通行修，經中博士。三科曰明曉法令，足以決疑。能案章覆問，文中御史。四科曰剛毅多略，遭事不惑，明足以照姦，勇足以決斷，才任三輔劇令。皆試以能，信，然後官之。"故此言四科取士標準，不是郡守察舉人才的標準，乃是丞相從現任官員中辟除屬吏的標準。

[9]階簿：當爲"計簿"，以其音同而誤。或曰集簿。《續漢書·百官志五》注引胡廣曰：縣"秋冬歲盡，各計縣户口墾田，錢穀入出，盜賊多少，上其集簿"。1993年3月江蘇連雲港東海尹灣六號漢墓出土的一號木牘，原名曰《集簿》，其記述内容正是漢代東海郡的上計資料，即計簿。（《尹灣漢墓簡牘》，中華書局1997年版。）

　　縣令、長，秦官也。[1]大者爲令，小者爲長，侯國爲相。[2]漢制，置丞一人，尉大縣二人，小縣一人。[3]五家爲伍，伍長主之；二五爲什，什長主之；十什爲里，里魁主之；十里爲亭，亭長主之；十亭爲鄉，[4]鄉有鄉佐、三老、有秩、嗇夫、游徼各一人。鄉佐、有秩主賦稅，三老主教化，嗇夫主爭訟，游徼主姦非。[5]其餘諸曹，略同郡職。以五官爲廷掾，後則無復丞，唯建康有獄丞，其餘衆職，或此縣有而彼縣無，各有舊俗，無定制也。晉江右洛陽縣置六部都尉，[6]餘大縣置二人，次縣、小縣各一人。宋太祖元嘉十五年，縣小者又省之。

[1]縣令、長，秦官也：縣始於春秋，見諸《左傳》，又見諸《史記》。《史記》卷五《秦本紀》："武公十年（前688），伐邽、冀戎，初縣之。"是設縣的較早記録。其時諸國稱縣長官爲縣大夫、

縣守、縣令或縣公者皆有之，不始於秦。

[2]大者爲令，小者爲長，侯國爲相：《漢書·百官公卿表上》："萬户以上爲令，秩千石至六百石。減萬户爲長，秩五百石至三百石。"又曰："列侯所食縣曰國，皇太后、皇后、公主所食曰邑，有蠻夷曰道。"則漢代的縣級行政單位有國、縣、邑、道四種。《續漢書·百官志五》："每縣、邑、道，大者置令一人，千石；其次置長，四百石；小者置長，三百石；侯國之相，秩次亦如之。本注曰：皆掌治民，顯善勸義，禁奸罰惡，理訟平賊，恤民時務，秋冬集課，上計於所屬郡國。"

[3]漢制，置丞一人，尉大縣二人，小縣一人：《續漢書·百官志五》注引應劭《漢官》曰："大縣丞、左右尉，所謂命卿三人。小縣一尉一丞，命卿二人。"

[4]十亭爲鄉：《續漢書·百官志五》曰："里有里魁，民有什伍，善惡以告。本注曰：里魁掌一里百家。什主十家，伍主五家，以相檢察。民有善事惡事，以告監官。"按："十亭爲鄉"之説，出於《漢書·百官公卿表上》。關於漢代鄉亭制度，今人研究已有很大進展。（王毓銓《漢代"亭"與"鄉""里"不同性質不同系統説》，《歷史研究》1954年第2期。）首先提出質疑。其後朱紹侯、高敏等進一步論證，提出亭與鄉、里是不同性質的組織，鄉、里是漢代基層行政組織，亭則是治安、郵驛的機構。十里一亭之"里"非鄉，而是距離。亭不是介於鄉、里之間的一級行政機構，而是屬於都尉系統的治安機構。

[5]"鄉佐、有秩"至"游徼主奸非"：《續漢書·百官志五》曰："鄉置有秩、三老、游徼。本注曰：有秩，郡所署，秩百石。掌一鄉人。其鄉小者，縣置嗇夫一人。皆主知民善惡，爲役先後，知民貧富，爲賦多少，平其差品。三老掌教化。凡有孝子順孫，貞女義婦，讓財救患，及學士爲民法式者，皆扁表其門，以具善行。游徼掌徼循，禁司奸盜。又有鄉佐，屬鄉，主民收賦税。"據朱紹侯研究，三老非在編正式鄉官，乃榮譽頭銜。（詳見《〈尹灣漢墓

簡牘〉解決了漢代官制中幾個疑難問題》,《許昌師專學報》1999
年第1期。)

[6]六部都尉:諸本並作"六部都尉"。按:縣置尉乃秦漢以
來舊制,都尉爲郡職。"都"字衍,當删去。《晉書·職官志》曰:
"洛陽縣置六部尉。江左以後,建康亦置六部尉,餘大縣置二人,
次縣、小縣各一人。"説明晉置洛陽六部尉,非六部都尉。

諸官府至郡,各置五百者,舊説古君行師從,卿行
旅從。旅,五百人也。今縣令以上,古之諸侯,故立四
五百以象師從旅從,依古義也。韋曜曰,[1]五百字本爲
伍伯。伍,當也。伯,道也。使之導引當道伯中以驅除
也。周制五百爲旅,帥皆大夫,不得卑之如此説也。又
《周禮·秋官》有條狼氏,掌執鞭以趨辟,王出入則八
人夾道,公則六人,侯伯則四人,子男則二人,近之
矣,名之異爾。又《漢官》中有伯使,主爲諸官驅使辟
路於道伯中,故言伯使,此其比也。縣令千石至六百
石,長五百石。

[1]韋曜:人名。即韋昭。晉人避司馬昭諱而改之。《三國志》
卷六五有傳。

漢初王國置太傅,掌輔導;内史主治民;丞相統衆
官;中尉掌武職。分官置職,略同京師。至景帝懲七國
之亂,更制諸王不得治國,漢爲置吏,改丞相曰相,省
御史大夫、廷尉、少府、宗正、博士官,其大夫、謁
者、諸官長丞,皆損其員數。後改漢内史爲京兆尹,中
尉爲執金吾,郎中令爲光禄勳,而王國如故,又太僕爲

僕，司農爲大農。成帝更令相治民如郡太守，省内史。其中尉如郡尉，太傅但曰傅。[1]漢東京亦置傅一人，王師事之；相一人，主治民；中尉一人，主盜賊；郎中令一人，掌郎中宿衞；僕一人；治書一人，治書本曰尚書，後更名治書；中大夫，無員，掌奉使京師及諸國；謁者及禮樂、衞士、醫工、永巷、祀禮長各一人；郎中，無員。[2]魏氏謁者官屬，史闕不知次第。晉武帝初置師、友、文學各一人。師即傅也，景帝諱師，改爲傅。宋世復改曰師。其文學，前漢已置也。友者因文王、仲尼四友之名也。改太守爲内史，省相及僕。有郎中令、中尉、大農爲三卿。大國置左右常侍各三人，省郎中，置侍郎二人。[3]大國又置上軍、中軍、下軍三將軍；次國上軍將軍、下軍將軍各一人；小國上軍而已。[4]典書、典祠、典衞、學官令、典書令丞各一人，治書四人，中尉司馬、世子庶子、陵廟、牧長各一人，[5]謁者四人，中大夫六人，舍人十人，典醫丞、典府丞各一人。[6]宋氏以來，一用晉制，雖大小國，皆有三軍。晉制，典書令在常侍下，侍郎上；江左則侍郎次常侍，而典書令居三軍下矣。江左以來，公國則無中尉、常侍、三軍，侯國又無大農、侍郎，伯子男唯典書以下，又無學官令矣。[7]吏職皆以次損省焉。晉江右公侯以下置官屬，隨國小大，無定制也。晉江左諸國，並三分食一。[8]元帝太興元年，始制九分食一。[9]

[1]“成帝更令”至“太傅但曰傅”：以上所言與《漢書·百官公卿表上》略同。又《續漢書·百官志五》曰：漢初“國家唯

爲置丞相，其御史大夫以下皆自置之。"

[2]"中尉一人"至"郎中，無員"：《續漢書·百官志五》曰："中尉一人，比二千石。本注曰：職如郡都尉，主盜賊。郎中令一人，僕一人，皆千石。本注曰：郎中令掌王大夫、郎中宿衛，官如光禄勛。自省少府，職皆并焉。僕主車及馭，如太僕。本曰太僕，比二千石。武帝改，但曰僕，又皆減其秩。治書，比六百石。本注曰：治書本尚書更名。大夫，比六百石。本注曰：無員。掌奉王使至京都，奉璧賀正月，及使諸國。本皆持節，後去節，謁者，比四百石。本注曰：掌冠長冠。本員十六人，後減。禮樂長，本注曰：主樂人。衛士長。本注曰：主衛士。醫工長。本注曰：主醫藥。永巷長。本注曰：宦者，主宮中婢使。祠祀長。本注曰：主祠祀。皆比四百石。郎中，二百石。本注曰：無員。"謁者，各本並脫"謁"字，中華本據《通典·職官典》補。

[3]"其文學"至"置侍郎二人"：此段所言與《晋書·職官志》略同，但"大國置左右常侍各三人"，《晋志》作"大國置左右常侍各一人"，《通典·職官典》則又曰："左右常侍，大國各二人，次國各一人。"

[4]小國上軍而已：晋王國置軍制度前後有所變化，始封之王與承封之子孫待遇不同。始封之王國制度與本志所言同，但承封之王置軍則逐漸罷減。《晋書·職官志》曰："大國始封之孫罷下軍，曾孫又罷上軍，次國始封子孫亦罷下軍，其餘皆以一軍爲常。大國中軍二千人，上下軍各千五百人，次國上軍二千人，下軍千人。其未之國者，大國置守土百人，次國八十人，小國六十人，郡侯縣公亦如小國制度。"

[5]中尉司馬：官名。中華本標點斷作"中尉、司馬"。按：中尉爲王國三卿之一，地位隆重，不當排於學官、典書、治書諸吏之下，又本志前已叙中尉職，此不當重出。故知"中尉司馬"實爲一職。《漢書·百官公卿表上》：中尉屬官有"候、司馬、千人。"又《續漢書·百官志一》曰："將軍，置以征伐，無員職，亦有部

曲。司馬、軍候以領兵。" 世子庶子、陵廟、牧長各一人：中華本標點斷作"世子庶子陵廟、牧長各一人"。按：諸侯王之王位繼承人曰世子，如同皇太子。皇太子有屬官太子庶子，故世子亦有屬官世子庶子。《晉書·職官志》曰：諸王"諸入作卿士而其世子年已壯者，皆遣莅國"。又《續漢書·百官志五》："中興以來，食邑千户以上置家丞、庶子各一人。"漢制，太常屬官有廟令、陵園令，掌守陵、廟。《續漢書·百官志二》："高廟令一人，六百石。本注曰：守廟，掌案行掃除，無丞。世祖廟令一人，六百石。本注曰：如高廟。先帝陵，每陵園令各一人，六百石。本注曰：掌守陵園，案行掃除。丞及校長各一人。本注曰：校長，主兵戎盜賊事。"諸侯受封，依《禮記》："別子爲祖，繼別爲宗，繼彌者爲小宗。"則別立宗廟、陵園，故有陵長、廟長。又漢制，太僕屬官有牧師苑令，掌養馬。應與牧長同職。

[6]"謁者四人"至"典府丞各一人"：與《晉書·職官志》所言略同。唯"典府丞"，《晉志》作"典府"。

[7]又無學官令矣：《晉書·職官志》作"又無學官令史職"。

[8]三分食一：諸王封者食租稅，言其食所封户應繳租稅的三分之一。下文"九分食一"同。

[9]元帝：即司馬睿。《晉書》卷六有紀。 太興：晉元帝司馬睿年號（318—321）。

　　太傅。　太保。　太宰。
　　太尉。　司徒。　司空。
　　大司馬。　大將軍。
　　諸位從公。
　　　　　　右第一品
　　特進。
　　驃騎，車騎，衛將軍。

諸大將軍。

諸持節都督。

　　　　右第二品

侍中，散騎常侍。

尚書令，僕射，尚書。

中書監，令。　秘書監。

諸征、鎮至龍驤將軍。[1]

光禄大夫。

諸卿，尹。

太子二傅。

大長秋。

太子詹事。

領、護軍。

縣侯。

　　　　右第三品

二衛至五校尉。

寧朔至五威、五武將軍。

四中郎將。

刺史領兵者。

戎蠻校尉。

御史中丞。　都水使者。

鄉侯。

　　　　右第四品

給事中。黃門、散騎、中書侍郎。

謁者僕射。

三將，積射、强弩將軍。[2]

太子中庶子、庶子，三卿，率。

鷹揚至陵江將軍。

刺史不領兵者。

郡國太守，内史，相。

亭侯。

　　　右第五品

尚書丞，郎。

治書侍御史，侍御史。

三都尉。

博士。

撫軍以上及持節都督領護長史，司馬。

公府從事中郎將。

廷尉正，監，評。

秘書著作丞，郎。

王國公三卿，師，友，文學。

諸縣署令千石者。

太子門大夫。

殿中將軍，司馬督。

雜號護軍。

關内侯。

　　　右第六品

謁者。

殿中監。

諸卿尹丞。

太子傅詹事率丞。

諸軍長史、司馬六百石者。

諸府參軍。

戎蠻府長史，司馬。

公府掾，屬。

太子洗馬，舍人，食官令。

諸縣令六百石者。

　　　　右第七品

內臺正令史。[3]

郡丞。

諸縣署長。

雜號宣威將軍以下。

　　　　右第八品

內臺書令史。[4]

外臺正令史。[5]

諸縣署丞，尉。

　　　　右第九品。凡新置不見此諸條者，
隨秩位所視，蓋□□右所定也。[6]

　　[1]諸征、鎮至龍驤將軍：諸鎮、諸征將軍加“大”字者，如
征東大將軍、鎮西大將軍爲第二品。《通典·職官典·魏官品》：
“第二品：諸四征、四鎮、車騎、驃騎將軍、諸大將軍。”

　　[2]積射、强弩將軍：《通典·職官典·魏官品》《晋官品》皆
作第四品。

　　[3]內臺正令史：指諸省內令史。《通典·職官典·晋官品》：
“散騎、集書、中書、尚書、秘書，著作、治書、主書、主圖、主

譜令史。”即散騎、集書、中書、尚書、秘書五省的著作及主譜令史。

[4]内臺書令史：《通典·職官典·晋官品》：“門下、散騎、中書、尚書、秘書令史。”按：“内臺”本作“中臺”，隋人避楊忠諱改。《初學記·職官部》引謝靈運《晋書》曰：“漢官，尚書爲中臺，御史爲憲臺，謁者爲外臺，是爲三臺。”晋及南朝人以中書、尚書、散騎、秘書、門下均爲内臺。《晋書》卷四四《華嶠傳》：“轉秘書監，加散騎常侍，班同中書，寺爲内臺。”又《南齊書》卷四三《王思遠傳》：“建武中，遷吏部郎。思遠以從兄晏爲尚書令，不欲竝居内臺權要之職，上表固讓。”

[5]外臺正令史：《通典·職官典》：“蘭臺、謁者、都水、黄沙令史。”按：黄沙，獄名。西晋初置，設御史掌之，以復核廷尉所辦案件。《晋書·職官志》曰：“泰始四年，又置黄沙獄，治書侍御史一人，秩與中丞同。掌詔獄及廷尉不當者皆治之。”晋制，以蘭臺（御史臺）、謁者臺、都水（屬謁者臺）、黄沙獄（屬御史臺）爲外臺。

[6]蓋□□右所定也：“蓋”字下各本空缺二字。中華本校勘記云：“按岳珂《愧郯録》卷十《人品明證》條云‘《宋書》志所載九品，明指言晋江右所定。’則所闕似即爲‘晋江’二字。”

宋書　卷四一

列傳第一

后妃

帝祖母號太皇太后，母號皇太后，妃號皇后，漢舊制也。[1]

[1]漢舊制：據《漢書》卷九七上《外戚傳上》：“漢興，因秦之稱號，帝母稱皇太后，祖母稱太皇太后，適稱皇后，妾皆稱夫人。”

晋武帝採漢、魏之制，[1]置貴嬪、夫人、貴人，是爲三夫人，位視三公。[2]淑妃、淑媛、淑儀、修華、修容、修儀、婕妤、容華、充華，是爲九嬪，[3]位視九卿。[4]其餘有美人、才人、中才人，爵視千石以下。[5]高祖受命，[6]省二才人，其餘仍用晋制。貴嬪，魏文帝所制。[7]夫人，魏武帝初建魏國所制。[8]貴人，漢光武所制。[9]淑妃，魏明帝所制。[10]淑媛，魏文帝所制。淑儀、修華，晉武帝所制。修容，魏文帝所制。修儀，魏明帝所制。婕妤、容華，前漢舊號。充華，晉武帝所制。美人，漢光武所制。世祖孝建三年，[11]省夫人、修華、修容，置貴妃，位比相國，[12]進貴嬪，位比丞相，[13]貴人位比三司，[14]以爲三夫人。又置昭儀、昭容、昭華，以代修華、修儀、修容。又置中才人、充衣，以爲散位。[15]昭儀，漢元帝所制。[16]昭容，世祖所制。昭華，魏明帝所制。中才人，晉武帝所制。充衣，前漢舊制。太宗泰始元年，[17]省淑妃、昭華、中才人、充衣，復置修華、修儀、修容、才人、良人。三年，又省貴人，置貴姬，以備三夫人之數。又置昭華，增淑容、承徽、列榮。以淑媛、淑儀、淑容、昭華、昭儀、昭容、修華、修儀、修容爲九嬪。婕妤、容華、充華、承徽、列榮凡五職，班亞九嬪。[18]美人、中才人、才人三職爲散役。[19]其後太宗留心後房，擬外百官，備位置內職。[20]列其名品于後。

[1]晉武帝：司馬炎。承父祖基業，於公元265年代魏稱帝，後滅吳，統一全國。公元290年去世。《晉書》卷三有紀。　魏：指三國曹魏朝。

[2]三公：古代爲最高輔政大臣的合稱。西漢末期，改丞相制爲宰相制，丞相與太尉、御史大夫共同執政。各朝名稱不同，但從東漢開始，三公以太尉爲首，丞相次之。但魏晉以後三公職任甚輕，多爲名譽之銜。位品最高，爲萬石或一品。

[3]九嬪：帝王后妃有九嬪之制。《禮記·昏義》："古者天子后立六宫、三夫人、九嬪、二十七世婦、八十一御妻。"歷代王朝名稱不同。

[4]九卿：泛指古代中央政府的九個高級官職；或不限九，指多位列卿。歷朝名稱和司職略有不同。漢代秩級爲中二千石，晉宋爲三品。

[5]千石：官俸等級。西漢置，東漢三國兩晉南北朝沿之。職如丞相長史、御史中丞及其他中央機構的副職，秩皆千石，月俸八十斛。大縣縣令並千石。

[6]高祖：宋武帝劉裕廟號。　受命：受有天命。指創建南朝宋。

[7]魏文帝：即曹丕。曹操次子，公元220年廢漢自立。《三國志》卷二有紀。

[8]魏武帝：即曹操。完成北方統一後，任東漢丞相，先後進爵魏公、魏王。公元220年去世後，其子曹丕稱帝，追謚其爲武帝。《三國志》卷一有紀。

[9]漢光武：即劉秀。公元25年創立東漢王朝，逐步實現全國統一。《後漢書》卷一有紀。

[10]魏明帝：即曹叡。曹丕之子，卒謚明。《三國志》卷三有紀。

[11]世祖：宋孝武帝劉駿廟號。本書卷六有紀。　孝建：宋孝武帝劉駿年號（454—456）。

[12]相國：官名。魏晉南北朝不常置，位尊於丞相，職權品秩略同。一品。

[13]丞相：官名。戰國秦始置，爲最高國務長官。後行三公制，相權三分，東漢稱司徒，爲宰相之一。魏晉南北朝省置無常，多用以官置權臣。一品。

[14]三司：官名合稱。東漢魏晉南北朝指太尉、司空、司徒等三公。一品。

[15]散位：内官等級，置無定員。

[16]漢元帝：劉奭。漢宣帝劉詢長子，公元前49年至前33年在位，謚孝元。《漢書》卷九有紀。

[17]太宗：宋明帝劉彧廟號。本書卷八有紀。　泰始：宋明帝劉彧年號（465—471）。　元年：《南史》卷一一《后妃傳上》"元年"作"二年"。

[18]班：班次，官職等級。

[19]美人、中才人、才人三職爲散役：丁福林《校議》引《南史》卷一一《后妃傳上》作"美人、才人、良人三職爲散役"，應據改。散役，供役使的散職，地位卑下。

[20]後房：後宮房帷。　擬：模仿。　內職：指管理後宮嬪妃事務之職，有別於外朝官職。

> 後宮通尹，準錄尚書。[1]
> 紫極户主。[2]
> 光興户主。[3]
> 　　官品第一　各置一人，並銓六宮。[4]

[1]準：官制用語。意爲某職同於某職。　錄尚書：初爲職銜名，始於東漢。時政令總於尚書臺，太傅、大將軍等加此名義始得綜理政務，成爲真宰相。魏晉南北朝多以公卿權重者居之，總領尚書省政務。位在三公上。後成爲正式官號。

[2]紫極：星名。借指帝王的宮殿。《文選》潘岳《西征賦》："厭紫極之閑敞，甘微行以游盤。"李善注："紫極，星名，王者爲宮以象之。曹植上表曰：'情注于皇居，心存乎紫極。'"　户主：宮官名。

[3]光興：後宮殿名。

[4]銓六宮：指選用六宮嬪妃宮人出任。以下"銓"皆指選用。

> 後宮列叙，[1]準尚書令，[2]銓六宮。

紫極中監尹，[3]銓六宮。

光興中監尹，銓六宮。

宣融户主，[4]銓六宮。

紫極房帥，[5]置一人。

光興房帥，置一人。

　　官品第二　各置一人。

[1]後宮列叙：宮官名。職掌不詳。

[2]尚書令：官名。兩晋、宋爲尚書省長官，綜理全國政務，出居外朝，實權有如宰相。如録尚書缺，則兼有宰相之名義。三品。

[3]中監尹：宮官名。紫極、光興二殿房設，掌銓選監察六宮。二品。

[4]宣融：宋後宮便殿名。便殿爲正殿以外的别殿，帝王休息消閑之處。

[5]房帥：宮官名。紫極、光興二殿俱置。房，古代指正室兩旁的房間。

後宮司儀，準左僕射，銓人士。[1]

後宮司政，[2]準右僕射，[3]銓人士。

參議女林，[4]準銀青光禄，[5]銓人士。

中臺侍御尹，[6]銓六宮。

宣融便殿中監尹，銓六宮。

采蕅房主，[7]銓六宮。

南房主，[8]銓六宮。

中藏女典，[9]銓六宮。

典坊，[10]銓六宮。

樂正，[11] 銓六宮。

內保，[12] 銓人士。

學林祭酒，[13] 銓人士。

昭陽房帥，[14] 置一人。

徽音房帥，[15] 置一人。

宣融房帥，置一人。

　　　官品第三　各置一人。

[1]後宮司儀：宮官名。司儀掌九儀之賓客儐相之禮，職事仿外朝之禮部。　左僕射：官名。即尚書左僕射。秦漢魏晋尚書僕射爲尚書令副貳，南朝尚書令爲宰相之任，不親庶務，尚書省日常政務由僕射主持，或並置左、右。左僕射位在右僕射上，領殿中、主客二郎曹。三品。　銓人士：選用士大夫、儒生任内宫職。

[2]後宮司政：宮官名。古代司政掌管政事獄訟。

[3]右僕射：官名。即尚書右僕射。品秩同左僕射，領祠部、儀曹二郎曹。三品。

[4]參議女林：宮官名。職掌不詳。

[5]銀青光禄：官名。即銀青光禄大夫。東晋置，即原光禄大夫，銀章青綬，故一般稱銀青光禄大夫。後沿之。三品。其重者加金章紫綬，謂之金紫光禄大夫。

[6]中臺侍御尹：宮官名。職掌不詳。由字面推測，似爲後宮糾察之官。

[7]采蕷：後宮殿房名。　房主：宮中女官名。

[8]南房：後宮殿房名。

[9]中藏女典：宮官名。中藏，宮中庫藏官署，掌宮中幣帛金銀諸物。

[10]典坊：宮官名。職掌不詳。典，掌管。坊，宮中別室。《文選》何晏《景福殿賦》："屯坊列署，三十有二。"李善注：

"《釋名》曰：'坊，別屋名。'"

[11]樂正：宮官名。外朝亦有樂正。屬太常卿，掌樂舞之事。

[12]內保：宮官名。保，古代內宮有保母、保傅，職在養育、傅教皇子。

[13]學林祭酒：宮官名。職掌不詳。由字義推測，應爲宮中學官，掌管后妃教育學政。三品。

[14]昭陽：後宮殿房名。

[15]徽音：後宮殿名。據本卷，文帝袁皇后曾住徽音殿，此殿共有房五間。

後宮都掌治職，[1]置二人。準左右丞，[2]位比尚書，銓人士。

後宮殿中治職，[3]置一人。準左民尚書，[4]銓人士。

後宮源典治職，[5]置一人。準祠部尚書，[6]銓人士。

後宮穀帛治職，[7]置一人。準度支尚書。[8]

中傅，[9]置一人。銓人士。

後宮校事女史，[10]置一人。銓人士。

紫極中監女史，[11]置一人。銓人士。

光興中監女史，置一人。銓人士。

紫極房參事，[12]置人無定數。銓人士，有限外。[13]

宣融房參事，置人無定數。銓人士，有限外。

中臺侍御奏案女史，[14]置一人。銓人士。

贊樂女史，[15]置一人。銓人士。

中訓女史，[16]置一人。銓人士。

女祝史，[17]置一人。

紫極中監典，[18]置一人。

光興中監典，置一人。

典樂帥，[19] 置人無定數。有限外。

紫極房廉帥祭酒，[20] 置一人。

光興房廉帥祭酒，置一人。

宣融房廉帥祭酒，置一人。

官品第四

[1]後宮都掌治職：宮官名。職掌不詳。由下“準左右丞”推斷，應主管後宮一切庶務。

[2]左右丞：官名。尚書左丞、尚書右丞合稱。爲尚書省佐官，位次尚書，共掌尚書省庶務。六品。

[3]後宮殿中治職：宮官名。職掌不詳。由下“準左民尚書”推斷，應主管後宮修繕等工程。

[4]左民尚書：官名。三國魏改民曹尚書置，爲五曹尚書之一。兩晋南朝沿之，爲尚書省左民曹長官，掌土木工程。三品。

[5]後宮源典治職：宮官名。職掌不詳。由下“準祠部尚書”推斷，應主管後宮祭祀禮樂事。

[6]祠部尚書：官名。東晋始置，南北朝沿之，爲尚書省祠部曹長官，掌宗廟禮祭。三品。

[7]後宮穀帛治職：宮官名。職掌不詳。由下“準度支尚書”推斷，應主管後宮收支財用事。

[8]度支尚書：官名。魏晋南北朝尚書省度支曹長官，掌軍國財賦收支會計及漕運物價等。三品。

[9]中傅：宮官名。職掌不詳。按漢代諸侯國亦設中傅，掌教導諸王之責，此應主管教導後宮嬪妃事。

[10]後宮校事女史：宮官名。職掌不詳。按東漢末曹操曾置校事，以監察臣民爲責，此似類同。女史，《周禮·天官·女史》：“掌王后之禮職。”

[11]中監女史：宮官名。職掌不詳。

[12]參事：宮官名。分房設置，無定員，職掌不詳。

[13]有限外：指限定在一定範圍內。

[14]中臺待御奏案女史：宮官名。職掌不詳。以字義推斷，似應掌管後宮奏書文案事。

[15]贊樂女史：宮官名。職掌不詳。以字義推斷，似應掌管女樂歌舞。

[16]中訓女史：宮官名。職掌不詳。《周禮·夏官》有訓方氏，掌民衆教化和向君王報告四方誦說傳言事，似與此相類同。

[17]女祝史：宮官名。職掌不詳。《周禮·天官》有女祝，掌王后宮內祭祀祝禱事。

[18]中監典：宮官名。職掌不詳。

[19]典樂帥：宮官名。職掌不詳。傳說舜時置典樂，掌教音樂。

[20]廉帥祭酒：宮官名。職掌不詳。

後宮通關參事，[1]置一人。

景德房參事，[2]置人無定數。銓人士。

采薁房參事，置人無定數。銓人士。

南房參事，置人無定數。銓人士。

内房參事，[3]置一人。銓人士。

校學女史，[4]置一人。銓人士。

後宮中房帥，[5]置二人。

後宮源典帥，[6]置二人。

後宮穀帛帥，[7]置二人。

中臺帥，[8]置一人。

中臺侍御起居帥，[9]置二人。

中臺侍御詔誥帥，[10]置二人。

斯男房帥，[11]置一人。

宜豫房帥，[12]置一人。

景德房帥，置一人。

采藝房帥，置一人。

中藏帥，[13]置一人。

内坊帥，[14]置一人。

南房帥，置一人。

外華房帥，[15]置一人。

招慶房帥，[16]置一人。

紫極諸房廉帥，置人無定數。有限外。

紫極中監省帥，[17]置一人。

紫極殿帥，[18]置六人。

光興殿帥，置四人。

徽音監帥，[19]置一人。

徽章監帥，[20]置一人。

宣融便殿中監典，[21]置一人。

清商帥，[22]置人無定數。

總章帥，[23]置人無定數。

左西章帥，[24]置人無定數。

右西章帥，置人無定數。

中厨帥，[25]置一人。

官品第五

[1]後宮通關參事：宮官名。職掌不詳。以字義推斷，似掌門禁出入通報事。

〔2〕景德：後宮殿房名。

〔3〕内房：後宮殿房名。

〔4〕校學女史：宮官名。職掌不詳。以字義推斷，似掌後宮學校事。

〔5〕後宮中房帥：宮官名。職掌不詳。

〔6〕後宮源典帥：宮官名。職掌不詳。由前"源典治職"推斷，似應掌祭祀禮樂事。

〔7〕後宮穀帛帥：宮官名。職掌不詳。由前"穀帛治職"推斷，似應掌收支財用事。

〔8〕中臺帥：宮官名。職掌不詳。

〔9〕中臺侍御起居帥：宮官名。職掌不詳。以字義推斷，似掌后妃言行記録以備修史。

〔10〕中臺侍御詔誥帥：宮官名。職掌不詳。以字義推斷，似掌撰詔章誥封嬪妃事。

〔11〕斯男：宋後宮殿房名。

〔12〕宜豫：宋後宮殿房名。

〔13〕中藏帥：宮官名。職掌不詳。漢魏外朝有中藏府令，掌宮中幣帛金銀諸貨物事，與此似近之。

〔14〕内坊帥：宮官名。職掌不詳。按北朝有太子内坊，掌閤門之禁令及宮人衣廩賜與之出入事，與此似近之。

〔15〕外華：宋後宮殿房名。

〔16〕招慶：後宮殿房名。

〔17〕中監省帥：宮官名。職掌不詳。

〔18〕殿帥：宮官名。職掌不詳。

〔19〕監帥：宮官名。職掌不詳。

〔20〕徽章：後宮殿房名。

〔21〕中監典：宮官名。職掌不詳。

〔22〕清商帥：宮官名。以字義推斷，應掌清商音樂（南北朝時民間音樂）及樂舞演員。時外朝太常卿下有清商署。

[23]總章帥：宮官名。管理後宮舞蹈演員。漢魏至南朝有樂官總章監，掌宮廷舞蹈事。

[24]左西章帥：宮官名。由字義推斷，似爲總章帥的下屬，掌後宮舞隊的一部分。下"右西章帥"同。

[25]中厨帥：宮官名。以字義推斷，似掌後宮飲食膳羞事。

中臺侍御執衛，[1]置人無定數。

中臺侍御監閨帥，[2]置二人。

中臺侍御監司帥，[3]置二人。

宣融便殿帥，置一人。

永巷帥，[4]置一人。

後宮都掌内史，[5]置二人。

後宮殿中内史，[6]置一人。

後宮源典内史，[7]置一人。

後宮穀帛内史，[8]置二人。

後宮監臨内史，[9]置二人。

中臺侍御執法内史，[10]置一人。

中臺侍御典内史，[11]置二人。

中臺侍御節度内史，[12]置二人。

中臺侍御應内史，[13]置六人。

紫極房内史，[14]置一人。

光興房内史，置一人。

助教，[15]置一人。

綵製帥，[16]置人無定數。

裝飾帥，[17]置人無定數。

繡帥，[18]置人無定數。

織帥，[19] 置人無定數。

學林館帥，[20] 置一人。

宮闈帥，[21] 置一人。

教堂帥，[22] 置人無定數。有限外。

監解帥，[23] 置人無定數。

累室帥，[24] 置人無定數。

行病帥，[25] 置人無定數。

官品第六

[1]中臺侍御執衛：宮官名。職掌不詳。由字義推斷，應爲負責安全保衛之事。

[2]中臺侍御監闈帥：宮官名。職掌不詳。似職在監察。闈，女子居住的内室。

[3]中臺侍御監司帥：宮官名。職掌不詳。

[4]永巷帥：宮官名。職掌不詳。漢代有永巷令，掌宮婢侍使及宮中獄事，此似近之。

[5]後宮都掌内史：宮官名。佐後宮都掌治職管理宮中事務。

[6]後宮殿中内史：宮官名。佐後宮殿中治職管理後宮殿中事務。

[7]後宮源典内史：宮官名。佐後宮源典治職管理後宮事務。

[8]後宮穀帛内史：宮官名。佐後宮穀帛治職管理宮中用度。

[9]後宮監臨内史：宮官名。職掌後宮監察事務。

[10]中臺侍御執法内史：宮官名。職掌後宮執法事務。

[11]中臺侍御典内史：宮官名。職掌不詳。

[12]中臺侍御節度内史：宮官名。職掌不詳。節度，節制調度。

[13]中臺侍御應内史：宮官名。職掌不詳。應，應詔左右。

[14]紫極房内史：宮官名。職掌不詳。

[15]助教：宮官名。外朝亦有助教，在國子學中協助博士教授生徒。此似爲後宮教職。

[16]綵製帥：宮官名。職掌不詳。以字義推斷，似掌後宮絲綢彩衣的製作。

[17]裝飾帥：宮官名。職掌不詳。以字義推斷，似掌後宮殿房的裝點美飾。

[18]繡帥：宮官名。職掌不詳。以字義推斷，似掌後宮刺繡事。

[19]織帥：宮官名。職掌不詳。以字義推斷，似掌後宮紡織事。

[20]學林館帥：宮官名。職掌不詳。以字義推斷，應爲學林祭酒下屬，掌後宮學館之一。

[21]宮闈帥：宮官名。職掌不詳。

[22]教堂帥：宮官名。職掌不詳。以字義推斷，似爲後宮學官下屬，掌教學。

[23]監解帥：宮官名。職掌不詳。以字義推斷，似爲後宮風紀官。

[24]累室帥：宮官名。職掌不詳。累室，疑爲祭祀嫘祖之室，掌管祀蠶神或養蠶事。嫘祖，傳説中黃帝元妃，爲中國最早養蠶的人。自宋元嘉以來，歷代王朝設先農壇，其中祀嫘祖爲先蠶。

[25]行病帥：宮官名。職掌不詳。以字義推斷，似掌後宮治療疾病事。

合堂帥，[1]置二人。

御清帥，[2]置一人。

監夜帥，[3]置一人。

諸房禁防，[4]置人無定數。

三厢禁防，[5] 置三人。

諸房廚帥，[6] 各置一人。

中廚廉，[7] 置三人。

應闌，[8] 置六人。

諸應閣，[9] 置人無定數。

宮闈史，[10] 置一人。

官品第七

[1]合堂帥：宮官名。職掌不詳。

[2]御清帥：宮官名。職掌不詳。

[3]監夜帥：宮官名。職掌不詳。以字義推斷，似掌後宮夜間巡察事體。

[4]禁防：宮官名。掌監察禁衛。時外朝有“禁防曹”，以禁防參軍爲長官，職掌略同。

[5]三厢：宋後宮紫極殿的三個厢房。厢，正屋旁邊的房屋，厢房。

[6]廚帥：宮官名。爲中廚帥的屬下，掌後宮各房的飲食膳羞事。

[7]中廚廉：宮官名。職掌不詳。以字義推斷，似爲中廚帥的屬下，廉查後宮飲食費用。

[8]應闌：宮官名。職掌不詳。以字義推斷，似爲應接闌房内隨時需索事。

[9]應閣：宮官名。職掌不詳。閣，房門。

[10]宮闈史：宮官名。職掌不詳。應爲宮闈帥的屬下。

諸房中掾，[1] 各置一人。

中藏掾，[2] 各置二人。

比五品敕吏[3]

紫極供殿直倀。[4]

光興供殿直倀。

總章伎倀。[5]

侍御扶侍。[6]

主衣。[7]

準二衛五品，[8]敕吏比六品。

[1]中掾：宮官名。職掌不詳。掾，屬官統稱，此似爲諸房帥的下屬。

[2]中藏掾：宮官名。應爲中藏帥的屬官。

[3]敕吏：皇帝正式委任的官吏。敕，南北朝以後皇帝專用的命令文書之一。

[4]供殿直倀：宮官名。職掌不詳。以字義推斷，供殿或爲祭供之殿，直爲輪值守衛，倀爲倀鬼。此職似爲掌驅鬼避邪事。

[5]總章伎倀：宮官名。職掌不詳。似爲管理宮廷歌舞的總章帥下屬，伎爲歌伎，掌以歌舞驅鬼。

[6]侍御扶侍：宮官名。職掌不詳。以字義推斷，似掌後宮貼身侍奉嬪妃事。

[7]主衣：宮官名。掌後宮所用衣服器玩事。

[8]二衛：例指左衛將軍、右衛將軍，但其官爲四品，與此職五品不合。此或指太子左衛率、太子右衛率，皆五品。

供殿左右。[1]紫極置二十人。光興置十人。

左右守藏，[2]置四人。

典樂人。[3]

比諸房禁防。

作倀。[4]

　　比王官[5]

供殿給使。[6]紫極置二十人。光興置十人。

典殿,[7]置人無定數。

　　比官人。[8]

紫極三厢給事,[9]置十人。

全堂給使,[10]置五人。

宮閨給使,[11]置六人。

　　比房。[12]

[1]供殿左右:宮官名。職掌不詳。

[2]左右守藏:宮官名。職掌不詳。以字義推斷,應爲中藏帥的屬官,職掌亦略同。

[3]典樂人:宮官名。似爲典樂帥的屬官,掌後宮音樂之事。

[4]作倀:宮官名。職掌不詳。似爲供殿直倀的屬官。

[5]王官:王朝(外朝)的官員。或説指諸侯王府之官。

[6]供殿給使:宮官名。職掌不詳。

[7]典殿:宮官名。職掌不詳。

[8]官人:有官職之人。此等或無正式職品,準以官人待遇之。

[9]給事:宮官名。職掌不詳。按漢魏官制,此多以職役待之,地位卑下,後漸入官銜。

[10]全堂給使:宮官名。職掌不詳。

[11]宮閨給使:宮官名。以字義推斷,應爲宮閨帥和宮閨史的屬下。

[12]比房:義不明。中華本疑“房”後有奪字。

孝穆趙皇后諱安宗,下邳僮人也。[1]祖彪字世範,治書侍御史。[2]父裔字彦冑，平原太守。[3]

[1]孝穆：謐號。宋武帝劉裕於永初元年（420）六月追尊父劉翹爲孝穆皇帝，母趙安宗爲穆皇后，陵曰興寧。　下邳：郡名。治所在今江蘇睢寧縣西北古邳鎮。　僮：縣名。在今安徽泗縣。

[2]治書侍御史：官名。亦稱治書御史。爲御史中丞佐貳，置二至四員，掌監察彈劾高官，亦奉使出朝，收捕審理犯官。六品。

[3]平原：郡名。治所在今山東平原縣。

　　后以晋穆帝升平四年嬪孝皇，[1]晋哀帝興寧元年四月二日生高祖。[2]其日，后以産疾殂于丹徒官舍，[3]時年二十一。葬晋陵丹徒縣東鄉練璧里雩山。[4]宋初追崇號謐，陵曰興寧。

[1]晋穆帝：司馬聃。公元344年至361年在位。《晋書》卷八有紀。　升平：晋穆帝司馬聃年號（357—361）。　嬪：嫁。　孝皇：宋武帝劉裕之父劉翹。

[2]晋哀帝興寧元年四月二日生高祖：本書卷一《武帝紀上》："高祖以晋哀帝興寧元年歲次癸亥三月壬寅（十七日）夜生"，與此所記不同。晋哀帝，即司馬丕。公元361年至365年在位。哀，東晋皇帝謐號。《晋書》卷八有紀。興寧，晋哀帝司馬丕年號（363—365）。

[3]殂：死亡。　丹徒：縣名。在今江蘇鎮江市丹徒區。時劉翹任晋陵郡功曹。

[4]晋陵：郡名。東晋初治京口（今江蘇鎮江市），公元413年移治晋陵（今江蘇常州市）。　雩山：山名。在今江蘇鎮江市丹徒區東。

　　永初二年，[1]有司奏曰：“大孝之德，盛於榮親。一人有慶，光被萬國。[2]是以靈文寵於西京，壽張顯於隆漢。[3]故平原太守趙裔、故洮陽令蕭卓，[4]並外屬尊戚，不逮休寵。[5]臣等仰述聖思，遠稽舊章，[6]並可追贈光禄大夫，[7]加金章紫綬。裔命婦孫可豫章郡建昌縣君，[8]卓命婦趙可吳郡壽昌縣君。”[9]孫氏，東莞人也。[10]其年，又詔曰：“推恩之禮，在情所同。故内樹宗子，外崇后屬，[11]爰自漢、魏，咸遵斯典。外祖趙光禄、蕭光禄，名器雖隆，茅土未建，[12]並宜追封開國縣侯，[13]食邑五百户。”於是追封裔臨賀縣侯。[14]裔長子宣之，仕至江乘令。[15]蚤卒，無子，以弟孫襲之繼宣之紹封。襲之卒，子祖憐嗣。齊受禪，國除。宣之弟倫之，[16]自有傳。

　　[1]永初：宋武帝劉裕年號（420—422）。

　　[2]慶：福。

　　[3]靈文：西漢文帝即位後，追尊生母薄太后之父爲靈文侯，於會稽郡置園邑三百家，使奉守寢廟。於櫟陽亦置靈文夫人園，祠太后生母魏媪。事見《漢書》卷九七《外戚傳》。　西京：西漢都長安，故借指西漢。　壽張：縣名。東漢建國後，光武帝劉秀封舅父樊宏爲壽張侯，追爵外祖樊重爲壽張敬侯，立廟於湖陽。事見《後漢書》卷三二《樊宏傳》。

　　[4]洮（tāo）陽：縣名。在今廣西全州縣。　蕭卓：人名。宋武帝劉裕繼母蕭太后之父。事見本卷。

　　[5]逮：及。　休寵：美善之寵。休，美。

　　[6]聖思：皇帝的思念。　稽：考核。

　　[7]光禄大夫：官名。西漢武帝改太中大夫置，掌論議。後漸

爲貴戚重臣的加官或告老拜職，亦用作卒後贈官。晋宋凡加金章紫綬者稱金紫光禄大夫，銀章青綬者稱銀青光禄大夫，以資區別。

[8]命婦：受帝王封號的婦女。　豫章郡：治所在今江西南昌市。　建昌：縣名。治所在今江西永修縣。　縣君：命婦封號。多封皇后母、縣公之妻及高官之母妻。

[9]吳郡：治所在今江蘇蘇州市。　壽昌：縣名。治所在今浙江建德市西南大同鎮。

[10]東莞：郡名。治所在今山東莒縣，東晋、宋僑置於今江蘇常州市東南。

[11]推恩：帝王推廣封贈，以示恩典。　宗子：同姓子孫。此特指皇族。　后屬：皇后親屬。

[12]茅土：指王、侯的封爵。古代分封，用代表方位的五色土築壇，按封地所在方向取一色土，包以白茅而授之，作爲受封者得以有國建社的表徵。

[13]開國縣侯：侯爵名。初指侯爵中開國置官食封者，後僅爲爵位名，食邑爲縣，亦稱開國侯。位在開國公下。二品。

[14]臨賀縣：治所在今廣西賀州市東南。

[15]江乘：縣名。治所在今江蘇句容市北。

[16]倫之：人名。即趙倫之。本書卷四六有傳。

孝懿蕭皇后諱文壽，蘭陵蘭陵人也。[1]祖亮字保祚，侍御史。[2]父卓字子略，洮陽令。

[1]蘭陵：郡名。治所在今山東棗莊市東南嶧城區，宋移治今山東滕州市。東晋南朝僑置於今江蘇常州市武進區西。　蘭陵：縣名。原在今山東蒼山縣，東晋初僑置於今江蘇常州市武進區。

[2]侍御史：官名。西漢初置，爲御史大夫屬官，分曹監察文武官員。後沿之。南朝置侍御史十員。七品。

　　孝穆后殂，孝皇帝娉后爲繼室，[1]生長沙景王道憐、臨川烈武王道規。[2]義熙七年，[3]拜豫章公太夫人。[4]高祖爲宋王，又加太妃之號。高祖以十二年北伐，仍停彭城、壽陽，[5]至元熙二年入朝，[6]因受晋禪，在外凡五年，后常留東府。[7]高祖踐阼，[8]有司奏曰："臣聞道積者慶流，德洽者禮備。故祇敬表於崇高，[9]嘉號彰於盛典。伏惟太妃母儀之德，化穆不言，保翼之訓，光被洪業。[10]雖幽明同慶，[11]而稱謂未窮。稽之前代，禮有恒準，宜式遵舊章，允副群望。臣等請上宋王太后號皇太后。"[12]故有司奏猶稱太妃也。

[1]孝皇帝娉后爲繼室："孝"字之後應補一"穆"字。

[2]長沙景王道憐：即劉道憐。宋武帝劉裕中弟，封長沙王，屢任重職。本書卷五一有傳。　臨川烈武王道規：人名。即劉道規。宋武帝劉裕少弟，宋開國前卒，謚烈武公。後追封臨川王。本書卷五一有傳。

[3]義熙：晋安帝司馬德宗年號（405—418）。

[4]豫章公：公爵名。公國在今江西南昌市。東晋義熙二年（406）十月劉裕被封爲豫章郡公。

[5]仍：乃。　彭城：縣名。在今江蘇徐州市。　壽陽：縣名。治所在今安徽壽縣。

[6]元熙：晋恭帝司馬德文年號（419—420）。

[7]東府：即東晋南朝丞相府，亦稱東府城。在今江蘇南京市通濟門附近，臨秦淮河。

[8]踐阼：皇帝即位。阼，大堂前東面的臺階。古代帝王登阼階以主持祭祀，因此以"阼"代指帝位。

[9]祇（zhī）敬：恭敬。

[10]母儀：人母的儀範。　穆：和暢，和睦。　保翼：保護扶助。指養育。　訓：準則。　洪業：大業。

[12]幽明：生與死。指人與鬼神。

[12]臣等請上宋王太后號皇太后：按各本並作“臣等參受宋王太后號”，中華本據《元龜》卷一八九訂正，今從之。

上以恭孝爲行，奉太后素謹，及即大位，春秋已高，每旦入朝太后，未嘗失時刻。

少帝即位，[1]加崇曰太皇太后。景平元年，[2]崩于顯陽殿，[3]時年八十一。遺令曰：“孝皇背世五十餘年，古不祔葬，[4]且漢世帝后陵皆異處，今可於塋域之内別爲一壙。[5]孝皇陵墳本用素門之禮，[6]與王者制度奢儉不同，婦人禮有所從，可一遵往式。”乃開別壙，與興寧陵合墳。初，高祖微時，貧約過甚，孝皇之殂，葬禮多闕。[7]高祖遺旨，太后百歲後不須祔葬。[8]至是故稱后遺旨施行。

[1]少帝：即劉義符。宋武帝劉裕長子。公元 422 年即位，公元 424 年因荒淫失德被大臣廢殺。本書卷四有紀。

[2]景平：宋少帝劉義符年號（423—424）。

[3]顯陽殿：宮殿名。多爲皇太后所居。

[4]祔葬：合葬。解釋有二：一是與皇帝合爲一墓，二是在皇帝墓另修一墓。

[5]塋域：墓地。古代於墓地四周，築垣爲圍，又稱陵園。壙：墓穴。

[6]素門：寒素門第。

[7]闕：同“缺”。

[8]百歲：人死的諱言。

卓初與趙裔俱贈金紫光禄大夫，又追封封陽縣侯，[1]妻下邳趙氏封吳郡壽昌縣君。卓子源之襲爵，源之見子《思話傳》。[2]

[1]封陽縣：治所在今廣西賀州市。
[2]《思話傳》：見本書卷七八《蕭思話傳》。

武敬臧皇后諱愛親，[1]東莞人也。祖汪字山甫，尚書郎。[2]父儁字宣義，郡功曹。[3]

[1]武敬：謚號。“武”爲高祖劉裕謚號，“敬”爲臧皇后謚號。
[2]尚書郎：官名。爲尚書省諸郎曹長官，分曹執行政務，隸諸列曹尚書。東晉共十五郎。六品。
[3]功曹：官名。漢於郡縣皆置功曹史，職掌人事，並參與一郡一縣政務。後沿之。

后適高祖，生會稽宣長公主興弟。[1]高祖以儉正率下，后恭謹不違。及高祖興復晉室，居上相之重，[2]而后器服粗素，不爲親屬請謁。義熙四年正月甲午，[3]殂於東城，[4]時年四十八。追贈豫章公夫人，還葬丹徒。高祖臨崩，遺詔留葬京師，[5]於是備法駕，[6]迎梓宮祔葬初寧陵。[7]

[1]會稽宣長公主興弟：人名。即劉興弟。宋武帝劉裕長女，

封會稽長公主，適徐達之。卒後謚宣。

[2]上相：對宰相的尊稱。

[3]義熙四年正月甲午：丁福林《校議》云：“‘甲午’，《南史·后妃傳上》作‘甲子’。今考是年正月丙申朔，無甲午，甲子爲月之二十九日。則《南史》是也。”

[4]東城：即東府，又稱東府城。

[5]留葬京師：指宋武帝劉裕葬在建康。

[6]法駕：天子車駕的一種。天子出行有大駕、法駕、小駕三種，儀衛繁簡各不同。法駕“上乘金根車，駕六馬，有五時副車，駕四馬，侍中參乘，屬車三十六乘”。

[7]梓官：指皇帝或皇后的棺材。　初寧陵：宋武帝劉裕陵名。在今江蘇南京市東門麒麟門外麒麟鋪。

　　宋初追贈儁金紫光禄大夫，妻高密叔孫氏封遷陵永平鄉君。[1]儁子燾，燾弟熹，熹子質，自有傳。[2]

[1]高密：郡名。治所在今山東濰坊市。　遷陵：縣名。治所在今湖南保靖縣。　永平：鄉名。確址待考。　鄉君：命婦封號。多封予后妃之母、鄉侯之妻，地位低於縣君。按此各本作“封永陵平鄉君”，中華本據《南史》改，從之。

[2]熹子質，自有傳：見本書卷七四《臧質傳》。臧燾、臧熹附於其中。

　　武帝張夫人諱闕，不知何郡縣人也。義熙初，得幸高祖，生少帝，又生義興恭長公主惠媛。[1]永初元年，拜爲夫人。少帝即位，有司奏曰：“臣聞嚴親敬始，[2]所因者本，克孝之道，由中被外。伏惟夫人德並坤元，[3]徽音光劭，[4]發祥兆慶，誕啟聖明。宜崇極徽號，[5]允備盛則。[6]從《春秋》母以子貴之義，[7]遵漢、晉推愛之典，謹上尊號爲皇太后。宮曰永樂。"少帝既廢，太后還璽綬，[8]隨居吳縣。[9]太祖元嘉元年，[10]拜營陽王太妃。[11]三年，[12]薨。

[1]義興恭長公主惠媛：人名。即劉惠媛。宋武帝劉裕之女，封義興長公主，所適不詳。卒後謚恭。

[2]嚴親：指父母。

[3]坤元：與"乾元"對稱，指大地滋生萬物之德。借謂母德。

[4]徽音：猶德音。指令聞美譽。《詩·大雅·思齊》："大姒嗣徽音，則百斯男。"徽，美也。 劭：美好。

[5]徽號：美號。

[6]允：允許。 盛則：盛朝法則。

[7]母以子貴：古禮，庶子繼位，其母亦因之顯榮，故稱。後泛指母親因兒子榮貴而榮貴。《春秋公羊傳》隱公元年："子以母貴，母以子貴。"何休注："禮，妾子立，則母得爲夫人。"

[8]璽綬：此指皇太后印信和綬帶。綬，印璽上所繫的彩色絲帶。

[9]隨居吳縣：隨同已廢少帝居吳縣。吳縣，治所在今江蘇蘇州市。

[10]太祖：宋文帝劉義隆廟號。 元嘉：宋文帝劉義隆年號（424—453）。

[11]營陽王：王爵名。王國在今湖南道縣。少帝劉義符被廢爲營陽王。

[12]三年：《南史》卷一一《后妃傳上》作"二年"。

少帝司馬皇后諱茂英，[1]河內溫人，[2]晉恭帝女也。[3]初封海鹽公主，少帝以公子尚焉。[4]宋初，拜皇太子妃。少帝即位，立爲皇后。元嘉元年，降爲營陽王妃，又爲南豐王太妃。[5]十六年薨，時年四十七。[6]

[1]皇后：各本並作“皇太妃”，中華本據《南史》、《御覽》卷一四九引改，今從之。

[2]河内：郡名。治所在今河南沁陽市。　溫：縣名。今屬河南。

[3]晋恭帝：即司馬德文。公元 418 年即位，公元 420 年禪位於宋武帝。《晋書》卷一〇有紀。

[4]公子：豫章公劉裕之子。

[5]南豐王：即劉朗。本爲江夏王劉義恭長子，出繼少帝，封南豐縣王。故此稱少帝司馬皇后爲南豐王太妃。本書卷六一有附傳。

[6]時年四十七：按張森楷《校勘記》云：“少帝死年十九，則妃于時亦當二十左右。後十六七年至元嘉十六年卒，應年三十六七，不應四十七，疑有誤。”

武帝胡婕妤好諱道安，[1]淮南人。[2]義熙初，爲高祖所納，生文帝。[3]五年，被譴賜死，時年四十二，葬丹徒。高祖踐阼，追贈婕妤。

[1]諱道安：“道安”各本並作“道女”，中華本據《南史》、《御覽》卷一四二引改，今從之。

[2]淮南：郡名。治所在今安徽壽縣。東晋南朝曾僑置於今安徽當塗縣。

[3]文帝：即劉義隆。宋武帝劉裕第三子，公元 424 年至 453 年在位。本書卷五有紀。

太祖即位，有司奏曰：“臣聞德厚者禮尊，慶深者位極。故《閟宫》既構，咏歌先妣；[1]園陵崇衛，聿追來孝。[2]伏惟先婕妤柔明塞淵，光備六列，德昭坤範，訓洽母儀。[3]用能啓祚聖明，奄宅四海。[4]嚴親莫逮，天禄永違。[5]臣等遠準《春秋》，近稽漢、晋。謹上尊號曰章皇太后，陵曰熙寧。”立廟於京師。太后兄子元慶，位至奉朝請。[6]

[1]《閟宫》：《詩》篇名。《詩·魯頌·閟宫》鄭玄《箋》：“閟，神也。姜嫄神所依，故廟曰神宫。”此描述了周人姬姓女祖先姜嫄之廟。　先妣：先祖之母。此處借指亡母。

[2]聿追：追述。謂追述先人德業。《詩·大雅·文王有聲》：“匪棘其欲，遹追來孝。”

[3]柔明：柔順而聰明。多用來稱頌婦德。　塞淵：謂篤厚誠實，見識深遠。《詩·邶風·燕燕》：“仲氏任只，其心塞淵。”孔穎達疏：“言仲氏有大德行也，其心誠實而深遠也。”　六列：謂《古列女傳》之《母儀》《賢明》《仁智》《貞順》《節義》《辯通》六篇。　坤範：婦德之範。

[4]啓祚：發祥。此謂誕育。　奄宅：撫定。謂統治。

[5]天禄：天賜的福禄。　違：離開。

[6]奉朝請：官名。原爲漢代給予退休大臣、列侯、宗室、外戚等的一種政治優待職銜，東晋南朝獨立爲官，亦作加官，屬散騎（集書）省，安置閑散，所施較濫。

文帝袁皇后諱齊嬀，陳郡陽夏人，[1]左光禄大夫敬公湛之庶女也。[2]母本卑賤，后年五六歲，方見舉。[3]後適太祖，初拜宜都王妃。[4]生子劭、東陽獻公主英娥。[5]上待后恩禮甚篤，袁氏貧薄，后每就上求錢帛以贍與之。上性節儉，所得不過三五萬、三五十匹。後潘淑妃有寵，[6]愛傾後宮，咸言所求無不得。后聞之，欲知信否，乃因潘求三十萬錢與家，以觀上意。信宿便得。[7]因此恚恨甚深，稱疾不復見上。上每入，必他處回避。上數掩伺之，[8]不能得。始興王濬諸庶子問訊，[9]后未嘗視也。后遂憤恚成疾。元嘉十七年，疾篤，上執手流涕問所欲言。[10]后視上良久，乃引被覆面。崩于顯陽殿，時年三十六。上甚相悼痛，詔前永嘉太守顏延之爲哀策。[11]文甚麗。其辭曰：

[1]陳郡：治所在今河南淮陽縣。　陽夏：縣名。治所在今河南太康縣。

[2]左光禄大夫：官名。三國魏始置，常作爲在朝顯職的加官或卒後贈官，無職掌。後沿之。　湛：人名。即袁湛。出身名門，外祖爲東晋名相謝安。曾佐助劉裕北伐，任東晋尚書右僕射，兼太尉。卒後謚曰敬公，追贈左光禄大夫。本書卷五二有傳。　庶女：非嫡妻所生女。

[3]見舉：其身份被承認。周一良《札記》：“魏晋南北朝文獻中，舉字又有承認其身份地位之意。”

[4]宜都王：王爵名。王國在今湖北宜都市。宋文帝劉義隆即位之前的封號。

[5]劭：人名。即劉劭。宋文帝劉義隆長子，任皇太子時多有過失，懼廢，率兵入宮弑父，奪取帝位。後被其弟劉駿發兵擊敗。事見本書卷九九《二凶傳》。　英娥：人名。即劉英娥。宋文帝劉義隆之女，封東陽公主，卒後謚獻。其事分見本書卷七一《王僧綽

傳》、卷九九《二凶傳》等。

[6]潘淑妃：宋文帝劉義隆寵姬，始興王劉濬生母，後在元凶劉劭篡弒時被殺。其事見本書卷九九等卷。

[7]信宿：謂兩三日。原意連宿兩夜。語出《詩·周頌·有客》：“有客宿宿，有客信信。”毛傳：“一宿曰宿，再宿曰信。”

[8]掩伺：暗中窺伺。

[9]始興王：王爵名。王國在今廣東韶關市東南蓮花嶺下。濬：人名。即劉濬。宋文帝劉義隆次子。母潘妃有寵，被封始興王。後因附和劉劭篡弒，被其弟劉駿誅殺。本書卷九九有傳。

[10]問所欲言：“言”字上各本並有“不”字，中華本據《南史》刪，今從之。

[11]永嘉：郡名。治所在今浙江温州市。 顔延之：人名。琅邪臨沂（今山東費縣）人，官至光禄大夫，以文辭華美名世。本書卷七三有傳。 哀策：亦作“哀册”。文體的一種。古代頌揚帝王、后妃生前功德的韻文，多書於玉石木竹之上。行葬禮時由太史令讀後，埋於陵墓中。

龍輴纚紼，[1]容翟結驂。[2]皇塗昭列，[3]神路幽嚴。[4]皇帝親臨祖饋，[5]躬瞻宵載。[6]飾遺儀於組旒，[7]想徂音乎珩佩。[8]悲黼筵之移御，[9]痛翚褕之重晦。[10]降輿客位，[11]撤奠殯階。[12]乃命史臣，誄德述懷。[13]其辭曰：

[1]龍輴：畫以龍形象的停放棺椁的器具。帝、后所用，形似長床。《文選》李善注：“龍輴，凶飾也。” 纚紼：亦作“纚紼”。繫引棺之索。《文選》李善注引《韓詩》：“纚，繫也。”《禮記·雜記下》：“四十者執紼。”特指引棺的繩索。

[2]容翟：有車帷的喪車。《文選》李善注：“容謂幨車也。”

張銑注："容翟，吉制。雖爲喪事，而同生儀也。" 結驂：一車並駕三匹馬。

[3]皇塗：猶"皇路"。皇家的典制儀仗。 昭列：鮮明的排列。

[4]神路：指亡靈所經的路徑。 幽嚴：陰暗静肅。

[5]祖饋：猶祖奠。指出殯前夕行祖祭禮。古代出行前祭祀路神爲祖。

[6]宵載：謂夜晚將辭祖廟的喪車。《文選》李善注引《白虎通》："始載於庭，輀車辭祖禰也。"

[7]遺儀：前代的儀仗規制。 組旒：旌旗懸垂的絲織飾物。

[8]祖音：消逝的聲音。 珩佩：指各種不同的佩玉。《文選》吕延濟注："凡后妃皆鳴玉珮。后既崩，則與其音俱絶也。"

[9]繡筵：指邊緣以黑白相間的絲織品作飾的席具。

[10]翬（huī）褕（yú）：后妃禮服。畫翬者爲褘衣，畫鷂者爲褕翟。翬，五彩山雉。 晦：昏暗無光。

[11]降輿：將柩車上的靈柩放在門户之西。 客位：賓客的席位、位置。《禮記·坊記》："小斂於户内，大斂於阼，殯於客位，祖於庭，葬於墓，所以示遠也。"《孔子家語》王肅注："户西爲客位。"

[12]殯階：殯斂時停放靈柩的屋階。《文選》李善注："《禮記》曰：'周人殯於西階之上。'"

[13]誄德：謂累述並表彰死者的德行。誄，文體名。叙述死者生前事迹，表示哀悼並以之定謚（多用於上對下）。

　　倫昭儷昇，[1]有物有憑。[2]圓精初鑠，[3]方祇始凝。[4]昭哉世族，祥發慶膺。[5]秘儀景胄，[6]圖光玉繩。[7]昌輝在陰，[8]柔明將進。率禮蹈和，[9]稱詩納順。[10]爰自待年，[11]金聲鳳振。[12]亦既有行，[13]素章增絢。

［1］倫昭儷昇：《文選》李善注：“言天地未分之前，已明倫匹之義，又昇伉儷之道。”倫，人倫，古代以君臣、父子、夫妻、兄弟、朋友爲五倫。儷，伉儷，配偶。

［2］有物有憑：《文選》李善注：“皆有物象有所依憑。”

［3］圓精：指天。《文選》李善注引《吕氏春秋》：“何以説天道之圓也。精氣一上一下，圜周複雜，無所稽留。” 鑠：光輝閃爍。

［4］方祇：指地。《文選》李善注引《吕氏春秋》：“何以説地道之方也。萬物殊類，形皆有分，職不能相爲。” 凝：凝結，凝聚。《淮南子·天文訓》曰：“清陽者薄靡而爲天，重濁者凝滯而爲地。”

［5］祥發：發祥，顯現吉利的徵象。 慶膺：承受福澤。

［6］秘儀：隱藏儀形。 景胄：大族之家。

［7］玉繩：星名。《文選》張衡《西京賦》李善注引《春秋元命苞》：“玉衡北兩星爲玉繩。”另宋後宫有玉繩殿。《文選》李周翰注：“言后在室時，閉藏儀形於大族之家；及配於帝，圖發容光於玉繩之内。”

［8］昌輝在陰：國家昌盛在乎妻道。陰，坤道。

［9］率禮：遵循禮法。 蹈：實行。《論語·學而》：“禮之用，和爲貴。”

［10］稱詩納順：與《詩》所言相稱，順於公婆丈夫。《詩·召南·采蘋》：“于以采蘋？南澗之濱。于以采藻？于彼行潦。”鄭玄《箋》曰：“蘋之言賓也，藻之言澡也。婦人之行，尚柔順，自潔清，故取名以爲戒。”

［11］待年：謂女子待年長而聘。

［12］金聲鳳振：比喻聲名昭著遠揚。《文選》李善注引《孟

子》："集大成也者，金聲而玉振。"

　　[13]有行：出嫁。《詩·邶風·泉水》："女子有行，遠父母兄弟。"

　　[14]素章：白色花紋。　絢：有文彩，絢麗。

　　　　象服是加，[1]言觀惟則。[2]俾我王風，[3]始基嬪德。蕙問川流，[4]芳猷淵塞。[5]方江泳漢，再謠南國。[6]伊昔不造，[7]洪化中微。[8]用集寶命，[9]仰陟天機。[10]釋位公宮，[11]登耀紫闈。[12]欽若皇姑，[13]允迪前徽。[14]孝達寧親，[15]敬行宗祀。進思才淑，[16]傍綜圖史。發音在咏，[17]動容成紀。[18]壼政穆宣，[19]房樂昭理。[20]坤則順成，[21]星軒潤飾。[22]德之所屆，[23]惟深必測。[24]下節震騰，[25]上清朓側。[26]有來斯雍，[27]無思不極。[28]謂道輔仁，[29]司化莫晰。[30]

　　[1]象服：古代后妃所穿的禮服，上面繪有各種物象作爲裝飾。

　　[2]言觀：看。言，助詞。

　　[3]俾：使。　王風：王者的教化。

　　[4]蕙問：指婦女美好的名聲。問，通"聞"。

　　[5]芳猷：美德。　淵塞：同"塞淵"。深遠誠實。

　　[6]南國：古指江漢一帶的諸侯國。《文選》李善注："《詩序》曰：'文王之道，被于南國，江漢之域，無思犯禮。'《詩》曰：'漢之廣矣，不可泳思，江之永矣，不可方思。'"

　　[7]不造：不幸。指宋少帝劉義符即位後驕奢淫逸。

　　[8]中微：中道衰微。

　　[9]寶命：對天命的美稱。此指宋文帝劉義隆即帝位。《尚

書·金縢》："無墜天之降寶命。"

〔10〕仰陟：上登。 天機：即璿璣玉衡。爲王者正天文之器，借指朝政大權。

〔11〕釋位：離去本職。即去其原位，贊輔皇室。《左傳》昭公二十六年："諸侯釋位，以間王政。" 公宮：君王的宮殿。《文選》李善注引《禮記》曰："古者婦人先嫁三月，祖廟未毀，教于公宮。"

〔12〕紫闈：指皇宮。

〔13〕欽若：敬順。 皇姑：古代婦女對丈夫已故母親的尊稱。

〔14〕允迪：認真遵循。 前徽：前人美好的德行。

〔15〕寧親：使父母安寧。 宗祀：宗廟祭祀。

〔16〕進思才淑：推進有才而且賢淑之人。《文選》呂向注："才，能；淑，善。"

〔17〕咏：慢聲長吟。形容言談溫和雍重。《文選》李善注引《國語》："咏之以中音。"

〔18〕動容：舉止儀容。《孟子·盡心下》："動容周旋中禮者，盛德之至也。" 成紀：合乎法度，成其紀綱。

〔19〕壼政：管理後宮之政。《文選》注引《爾雅》曰："宮中巷謂之壼。" 穆宣：誠信公明。

〔20〕房樂：即房中樂。周代始創的一種樂歌，由后妃諷誦，故稱。 昭理：明於事理。"昭"《文選》作"韶"。李善注引《禮記》曰："韶，繼也。"

〔21〕坤則順成：婦德以柔順而成。《文選》注引《韓詩》曰："淑女奉順坤德，成其紀綱。"

〔22〕星軒：星座名。軒轅星。在星宿北，共十七星，蜿蜒如龍。其第十四星爲一等大星，因在五帝座之旁，故爲女主象。後多借指皇后。 潤飾：粉飾潤色。

〔23〕屆：至，到達。

〔24〕惟深必測：惟其德澤深厚必致清爽。測，清也。《文選》

注引《卞蘭太子頌表》曰："道無深而不測。"

[25]下節：指水。水屬陰，故此喻皇后。

[26]上清：指月。月爲陰德，比喻皇后。　胐側：《文選》吕向注："震騰、胐側，謂皇后將崩之徵也。"李善注引《尚書五行傳》曰："晦日而月見西方謂之胐，朔而月見東方謂之側匿。"認爲月行疾緩合度，比喻人的行爲規範，"言后道得宜，即地安静而月合度也"。與上説不同。

[27]雍：和諧。

[28]極：中，中正的準則。

[29]輔仁：謂培養仁德。《文選》李善注引牽秀《四言詩》曰："乾道輔仁，坤德尚沖。"沖，謙虚。

[30]司化：掌管造化者，造物主。　晰：明白，明智。嚴可均《全宋文》卷三八作"晣"，同"晢"。

象物方臻，[1]眡祲告沴。[2]太和既融，[3]收華委世。[4]蘭殿長陰，[5]椒塗弛衛。[6]嗚呼哀哉！

[1]象物：指麟、鳳、龜、龍四靈。《文選》李善注引《周禮》鄭玄注曰："象物，有象在天，所謂四靈也。非德之和則不至也。"臻：至。

[2]眡（shì）祲：古官名。掌望氣預言灾祥之事。《文選》李善注引《周禮》鄭玄注曰："祲，陰陽氣相祲，漸成祥也。"　沴：灾氣惡氣。《文選》李善注引《漢書》曰："氣相傷謂之沴，臨莅不和意也。"

[3]太和：太平。　融：明亮。《廣雅》："融，朗也。"

[4]收華：謂花蕊凋零。喻早逝。　委世：棄世。喻死。

[5]蘭殿：後宫后妃所居處的美稱。《文選》李善注引《漢武故事》曰："帝以七月七日旦生於猗蘭殿。"　長陰：死的婉辭。

［6］椒塗：皇后居住的宮室。因用花椒和泥塗壁，故名。　弛衛：解除警衛。亦死之婉辭。

　　　戒涼在殣，[1]杪秋即夕，[2]霜夜流唱，[3]曉月升魄。[4]八神警引，[5]五輅遷迹。[6]嗷嗷儲嗣，[7]哀哀列辟。[8]灑零玉墀，[9]雨泗丹掖，[10]撫存悼亡，[11]感今懷昔。嗚呼哀哉！

［1］戒涼：亦作戒寒。指霜降以後天氣。《國語·周語中》："馰見而隕霜，火見而清風戒寒。"韋昭注：戒寒，"謂霜降之後，清風先至，所以戒人爲寒備也"。　殣：各本並作"律"。中華本據《文選》改，今從之。李善注引《儀禮》曰："死三日而殣，三月而葬。"引《說文》曰："殣，瘞也。"

［2］杪秋：晚秋。　夕（xī）：墓穴。

［3］流唱：謂唱挽歌。

［4］升魄：謂人死將葬之際，舉柩升車上，行祖祭禮，以祈死者魂魄升天。《文選》李善注："升魄，祖載也。"呂延濟注"升魄，神靈升天也。"

［5］八神：八方之神。《文選》注引《甘泉賦》曰："八神奔而警蹕兮，振殷轔而軍裝。"

［6］五輅：亦稱五路。古代王后所乘的五種車子，即重翟、厭翟、安車、翟車、輦車。　遷迹：遷徙，搬移。

［7］嗷嗷：哀號聲，哀鳴聲。　儲嗣：諸子。

［8］哀哀：悲傷不已。《詩·小雅·蓼莪》："哀哀父母，生我劬勞。"鄭玄《箋》："哀哀者，恨不得終養父母，報其生長己之苦。"　列辟：指公卿諸官。《文選》班固《典引》李周翰注："列辟，百官也。"

［9］灑零：細雨灑落。零，下雨。　玉墀：宮殿前的石階。

[10]雨泗：形容泪流如雨。《文選》吕向注：“灑零，雨泗，皆淚落也。” 丹掖：宮殿。

[11]撫存悼亡：撫慰死者的親屬，悼念亡者。西晋潘岳因妻死，作《悼亡詩》三首，後因稱喪妻爲悼亡。

　　　南背國門，北首山園。僕人案節，[1]服馬顧轅，[2]遥酸紫蓋，[3]眇泣素軒。[4]滅綵清都，[5]夷體壽原。[6]邑野淪藹，[7]戎夏悲嚾。[8]來芳可述，往駕弗援。[9]嗚呼哀哉！

[1]案節：謂按轡徐行。

[2]服馬：古代一車四馬，當中夾轅二馬稱服馬。 顧轅：回首車轅。謂車馬悲鳴，彷徨不前。

[3]酸：酸心。 紫蓋：紫色車蓋。帝王儀仗之一。借指帝王車駕。

[4]眇：遥遠。 素軒：素車，喪車。

[5]綵：彩色的絲織品。 清都：神話傳説中天帝居住的宮闕。

[6]夷體：安放遺體。 壽原：壽陵。《文選》李善注引《漢書》李善注曰：“天子未死呼（壽陵爲）壽原。”

[7]邑野：都邑郊野。 淪藹：暗淡，蕭條。《文選》李周翰注：“淪藹，謂失其茂盛之色也。”

[8]悲嚾：因悲痛而大聲呼叫。

[9]來芳可述，往駕弗援：《文選》吕延濟注曰：“芳塵將來，有足紀述；靈駕既往，不可攀援也。”來芳，將來的美譽。

　　策既奏，上自益“撫存悼亡，感今懷昔”八字，以致其意焉。有司奏謚宣皇后，上特詔曰“元”。

　　初，后生劭，自詳視之，馳白太祖：“此兒形貌異常，必破國亡家，不可舉。”便欲殺之。太祖狼狽至后殿户外，[1]手撥幔禁之，乃止。后亡後，常有小小靈應。沈美人者，[2]太祖所幸也。[3]嘗以非罪見責，應賜死。從后昔所住徽音殿前度。[4]此殿有五間，自后崩後常閉。美人至殿前，流涕大言曰：“今日無罪就死。先后若有靈，當知之。”殿諸窗户應聲豁然開。職掌遽白太祖。[5]太祖驚往視之，美人乃得釋。

[1]狼狽：急速，急忙。　户：門。

[2]沈美人：即文帝沈婕妤。名容姬，生明帝，後被追尊爲皇太后。本卷有傳。

[3]太祖：各本並作“太宗”。按：太宗即宋明帝，此顯誤。中華本改爲“太祖”，今從之。

[4]度：經過。

[5]職掌：主事官吏。　遽：急速，匆忙。　白：下對上陳述。

大明五年，[1]世祖詔曰：“昔漢道既靈，博平輝絕。[2]魏國方安，[3]嘉憲啓策。[4]皆因心所弘，酌典沿誥。[5]亡外祖親王夫人柔德淑範，[6]光啓坤載。[7]屬内位闕正，[8]攝饋閨庭，[9]儀被芳閫，[10]聞宣戚里。[11]永言感遠，思追榮秩，[12]宜式傍鴻則，[13]敬登徽序。”[14]乃追贈豫章郡新淦縣平樂鄉君。[15]后之所生母也。又詔：“趙、蕭、臧光禄、袁敬公、平樂鄉君墓，[16]先未給塋户。[17]加世數已遠，胤嗣衰陵。[18]外戚尊屬，不宜使墳塋蕪穢。可各給蠻户三。[19]以供灑掃。”后父湛，自有傳。[20]

[1]大明：宋孝武帝劉駿年號（457—464）。

[2]博平：漢代封誥名。據《漢書》卷九七上《外戚傳上》，漢宣帝即位後，尋訪得外祖母王媼，賜號博平君，以博平、蠡吾縣戶萬一千爲湯沐邑。　輝絕：聖光照映已絕之親。輝，同"輝"。照映。

[3]魏國：指三國魏。

[4]嘉：人名。指魏明帝毛皇后父毛嘉。明帝即位，封毛嘉爲博平鄉侯。見《三國志》卷五《魏書·后妃傳》。　憲：效法，摹仿。　啓策：漢朝開啓的封策。

[5]酌：斟酌，經過衡量決定取捨。　誥：皇帝任命高級官吏或封爵的文書。

[6]柔德：婦德。　淑範：良好的楷模。

[7]坤載：謂帝后功德博厚，如地之載育萬物。

[8]内位：皇后之位。亦指皇后。　闈正：宮廷之正。

[9]攝饋：撫養，養育。　閨庭：家庭。

[10]儀：禮儀，儀容。　芳闈：美譽之家。

[11]戚里：親戚鄰里。

[12]榮秩：榮譽官爵品級。

[13]式傍：效法貼近。　鴻：大。

[14]徽序：盛美的爵序。

[15]新淦：縣名。在今江西樟樹市。　平樂：鄉名。確址待考。

[16]趙：指孝穆趙皇后之父趙裔。　蕭：指孝懿蕭皇后之父蕭卓。　臧光禄：武敬臧皇后之父臧俊。　平樂鄉君："鄉君"各本並作"郡君"。中華本據《南史》改正，今從之。

[17]塋户：受官府之命專事看守墳塋的民户，可以免去賦税。

[18]胤嗣：後代。　衰陵：衰落。

[19]蠻户：指南方少數民族之户。

[20]后父湛，自有傳："湛"各本並作"湛之"，中華本據本

書卷五二《袁湛傳》删“之”字，今從之。

文帝路淑媛諱惠男，丹陽建康人也。[1]以色貌選入後宮，生孝武帝，[2]拜爲淑媛。年既長，無寵，常隨世祖出蕃。[3]世祖入討元凶，淑媛留尋陽。[4]上即位，遣建平王宏奉迎。[5]有司奏曰：“臣聞曆集周邦，[6]徽音克嗣。[7]氣淳漢國，沙麓發祥。[8]昔在上代，業隆祚遠，未有不敷陰教以闡洪基，[9]膺淑慶以載聖哲者也。[10]伏惟淑媛柔明内昭，徽儀外範，合靈初迪，[11]則庶姬仰燿；引訓蕃閫，[12]則家邦被德。民應惟和，神屬惟祉，故能誕鍾叡躬，[13]用集大命，[14]固靈根於既殞，[15]融盛烈乎中興。載厚化深，聲詠允緝，[16]宜式諧舊典，[17]恭享極號。謹奉尊號曰皇太后。[18]宮曰崇憲。”太后居顯陽殿。[19]

[1]丹陽：郡名。治所在今江蘇南京市。　建康：縣名。治所在今江蘇南京市。

[2]孝武帝：宋皇帝劉駿。本書卷六有紀。

[3]出蕃：到受封或任職的地區。出，離開京師。“蕃”，同“藩”。

[4]尋陽：縣名。治所在今江西九江市。時爲江州刺史治所。

[5]建平王：王爵名。王國在今重慶巫山縣。　宏：人名。即劉宏。宋文帝劉義隆第七子。本書卷七二有傳。

[6]曆：曆數。喻君位相承背後的天命。

[7]徽音克嗣：德音上達神明，則能够有善嗣啓運。《詩·大雅·思齊》：“大姒嗣徽音，則百斯男。”“克”各本並作“充”，中華本據《元龜》卷一八九改，今從之。

[8]沙麓：古山名。一作“沙鹿”。一説古地名。故址在今河北大名縣東。《春秋》僖公十四年：“秋八月辛卯，沙鹿崩。”《公羊傳》：“沙鹿者何？河上之邑也。”據《漢書》卷九八《元后傳》，春秋晋史官曾以爲沙鹿崩乃“陰爲陽雄，土火相乘”之象，斷言六百四十五年後宜有聖女興。漢人推附爲漢元帝皇后王政君“女主聖明之祥”。後代常作爲頌揚皇太后、皇后之詞。

[9]敷：布，施。　陰教：女子的教化。《周禮·天官·内宰》：“以陰禮教六宫，以陰禮教九嬪。”　闡：開闢。　洪基：宏大基業。指帝業。

[10]膺：受。　淑慶：美善之福。　載：開始。　聖哲：超人的道德才智。常指帝王。

[11]合靈：謂與鬼神有相同之靈應，如福善禍淫。《淮南子·泰族訓》：“故大人者，與天地合德，日月合明，鬼神合靈，與四時合信。”

[12]蕃閨：蕃王的後宫。指宋孝武帝之生母非文帝嫡妻。

[13]誕鍾叡躬：誕育出聖明皇帝之身。叡躬，聖明之身。

[14]大命：天命。《尚書·太甲》：“天監厥德，用集大命。”孔傳：“天視湯德，集王命於其身。”

[15]靈根：對祖先的敬稱。

[16]允緝：同“允輯”。綿延。

[17]式諧：效法光大。

[18]謹奉尊號：各本並脱“謹”字，中華本據《元龜》卷一八九補，今從之。

[19]顯陽殿：宫殿名。爲皇太后所居。

　　上於閨房之内，禮敬甚寡。[1]有所御幸，或留止太后房内，故民間諠然，咸有醜聲。[2]宫掖事秘，莫能辨也。

[1]閨房：女子卧室。　禮敬甚寡：隱喻在兩性關係上胡作非爲，違禮亂倫。

[2]醜聲：不良的名聲。

孝建二年，追贈太后父興之散騎常侍，[1]興之妻徐氏餘杭縣廣昌鄉君。[2]大明四年，太后弟子撫軍參軍瓊之上表曰：[3]“先臣故懷安令道慶賦命乖辰，自違明世。[4]敢緣衛戍請名之典，特乞雲雨，微垂灑潤。”[5]詔付門下。[6]有司承旨奏贈給事中。[7]瓊之及弟休之、茂之並超顯職。太后頗豫政事，賜與瓊之等財物，家累千金，居處服器，與帝子相侔。

[1]散騎常侍：官名。侍從左右，主掌圖書文翰，諫諍拾遺，爲閑散之職。三品。

[2]餘杭：縣名。治所在今浙江杭州市。

[3]撫軍參軍：官名。即撫軍將軍府參軍事。參軍，亦作參軍事。王、公、將軍府及諸州多置爲僚屬，掌參謀軍務。品級自六品至九品不等。

[4]先臣：古代朝臣於君前稱自己已死的祖先、父親爲先臣。　懷安：縣名。治所在今廣西貴港市。　道慶：人名。即路道慶。路淑媛之弟。　賦命乖辰：指命運背常。　自違明世：自己得罪聖明。此隱言路道慶被治罪，具體史實不詳。

[5]緣：沿用。　衛戍：指帝王的武職侍從。　請名：要求任命官職。一作“請命”。　雲雨：恩澤。　垂：施，賜。

[6]門下：官署名。即門下省。東漢謂侍中寺，晋時因其掌管門下衆事，始稱門下省。宋因之。掌受天下之成事，審查詔令，駁正違失，受發通進奏狀等，與尚書、中書省並立。

　　[7]給事中：官名。秦始置，西漢因之，爲加官。宋隸集書省，地位漸低，常侍從皇帝左右，收發轉達諸奏聞文書，亦掌修史等事。五品。

　　瓊之宅與太常王僧達並門。[1]嘗盛車服衛從造僧達，[2]僧達不爲之禮。瓊之以訴太后，太后大怒，告上曰：“我尚在，而人皆陵我家，死後乞食矣。”欲罪僧達。上曰：“瓊之年少，自不宜輕造詣。王僧達貴公子，豈可以此事加罪。”

　　[1]太常：官名。西漢由奉常改，後沿置。掌祭祀禮儀，位尊職閑。三品。　王僧達：人名。琅邪臨沂人。時爲一等門閥世族，故蔑視寒門出身的外戚路氏。本書卷七五有傳。
　　[2]造：造訪，前往。

　　大明五年，[1]太后隨上巡南豫州，[2]妃主以下並從。廢帝即位，[3]號太皇太后。

　　[1]大明五年：丁福林《校議》據本書卷六《孝武帝紀》、《南史》卷二《宋本紀中》、《建康實錄》卷一三、《通鑑》卷一二九考證：“孝武帝巡南豫州在大明七年二月。此云‘五年’，非是。”
　　[2]南豫州：治所在今安徽和縣。
　　[3]廢帝：指前廢帝劉子業。宋孝武帝劉駿長子，公元464年即位。本書卷七有紀。

　　太宗踐阼，號崇憲太后。初太宗少失所生，爲太后所攝養，太宗盡心祇事，[1]而太后撫愛亦篤。及上即位，供奉禮儀，不異舊日。有司奏曰："夫德敷於內，典章必遠；化覃于外，徽號宜宣。[2]伏惟皇太后懿聖自天，母儀允著，義明八遠，道變九圍。[3]聖明登御，景胙攸改，[4]皇太后宜即前號，別居外宮。"[5]詔曰："朕備丁艱罰，夙嬰孤苦，[6]特蒙崇憲太后聖訓撫育。昔在蕃闈，常奉藥膳，中迫凶威，抱懷莫遂。[7]今泰運初啓，情典獲申，方欲親奉晨昏，盡歡閨禁。[8]不得如所奏。"尋崩，[9]時年五十五。遷殯東宮，門題曰崇憲宮。上又詔曰："朕幼集荼蓼，[10]夙憑德訓，龕翦定業，[11]實資仁範，恩著屯夷，有兼常慕。[12]夫禮沿情施，義循事立，可特齊衰三月，[13]以申追仰之心。"謚曰昭皇太后，葬世祖陵東南，號曰修寧陵。

[1]少失所生：自幼失去生母。宋明帝生母即沈婕妤。本卷有傳。　太宗：各本並作"世祖"，中華本據孫虨《考論》改，今從之。　祇（zhī）事：恭敬事奉。

[2]覃：延伸，遍及。　宣：通暢。

[3]八遠：八方邊遠之地。　九圍：九州。《詩·商頌·長發》："帝命式于九圍。"孔疏："謂九州爲九圍者，蓋以九分天下，各爲九處，規圍然。"

[4]景胙：即"景祚"。比喻帝業。

[5]前號：指宋孝武帝即位前之淑媛號。按：宋明帝與宋孝武帝爲異母兄弟，以"母以子貴"之義，宋明帝應尊生母沈婕妤爲皇太后。　外宮：皇宮以外之地。

[6]丁艱：即"丁憂"。遭逢父母喪事。　夙：同"早"。嬰：被……纏著。

[7]中迫凶威：指前廢帝劉子業在位時，忌恨劉彧諸叔父，爲

防備其在外爲患，就把他們召到京城建康，軟禁於宮中。 抱懷：存於心中，懷抱。

[8]泰運：大運，天運。 情典：親情禮則。 晨昏："晨昏定省"的略語。謂朝夕服侍慰問雙親。 闈禁：宮中后妃居住的地方。

[9]尋崩：路太后是被宋明帝毒死的。事見《南史》卷一一一《孝武昭路太后傳》。

[10]荼蓼：荼味苦，蓼味辛。因比喻艱難困苦。

[11]龕戡：亦作"龕暴"。平定暴亂。龕，通"戡"。

[12]屯夷：艱危與平定。屯，卦名。《易·屯卦》："剛柔始交而難生。"夷，討平。《逸周書·明堂》："是以周公相武王以伐紂，夷定天下。" 兼：勝過，超越。 常慕：普通敬仰之情。

[13]齊（zī）衰（cuī）：喪服名。爲五服之一。服用粗麻布製成，以其緝邊縫齊，故稱"齊衰"。按古禮，齊衰爲孫喪祖之服。《儀禮·喪服》："同居，則服齊衰期；異居，則服齊衰三月。"

先是晉安王子勛未平，[1]巫者謂宜開昭太后陵以爲厭勝。[2]修復倉卒，不得如禮。上性忌，慮將來致災。泰始四年夏，詔有司曰："崇憲昭太后修寧陵地，大明之世，久所考卜。[3]前歲遭諸蕃之難，禮從權宜。奉營倉卒，未暇營改。而塋隧之所，山原卑陋。[4]頃年頹壞，日有滋甚，恒費修整，終無永固。且詳考地形，殊乖相勢。[5]朕蚤蒙慈遇，情禮兼常，思使終始之義，載彰幽顯。[6]史官可就巖山左右，更宅吉地。[7]明審龜筮，須選令辰，[8]式遵舊典，以禮創制。今中宇雖寧，邊虜未息，營就之功，務在從簡。舉言尋悲，情如切割。"有司奏："北疆未緝，戎役是務，[9]禮之詳略，各沿時宜。臣等參議，修寧陵玄宮補治毀壞，權施油殿，[10]暫出梓宮，事畢即窆，[11]於事爲允。”詔可。

[1]晋安王：王爵名。王國在今福建福州市。　子勛：人名。即劉子勛。宋孝武帝劉駿第三子。本書卷八〇有傳。

[2]厭勝：古代一種巫術，謂能以詛咒等方式，可以壓服人或邪物。此因路太后爲晋安王嫡祖母，謂開其陵墓可以破其王氣。

[3]考卜：以龜卜決疑。此指通過占卜確定陵址。

[4]塋隧：墳墓。隧，墓道。　卑陋：低下狹小。

[5]乖：違背。　相勢：古代相墓術肯定的地勢。

[6]終始：自始至終都不改變。《荀子·禮論》：“敬始而慎終，終始若一，是君子之道。”　幽顯：指陰間和陽間。

[7]巖山：山名。即今江蘇南京市江寧區龍山。　宅：占卜葬地。

[8]龜筮：龜甲和筮草。古代占卜用龜，卜筮用蓍草，視其象與數以定吉凶。泛指占卦。　令辰：吉利的日時。

[9]緝：通“輯”。和睦。　戎役是務：以邊疆征戰爲急務。

[10]玄宮：帝后的墳墓。　油殿：古代皇家用油布帳幕臨時張設的殿堂。

[11]窆（biǎn）：埋葬。

瓊之爲衡陽內史，[1]先后卒。廢帝景和中，[2]以休之爲黃門侍郎，[3]茂之左軍將軍，[4]並封開國縣侯，邑千戶。又追贈興之侍中、金紫光禄大夫，[5]諡曰孝侯；道慶散騎常侍、光禄大夫、開府儀同三司，[6]諡曰敬侯。立道慶女爲皇后，以休之爲侍中，茂之黃門郎。[7]太宗廢幼主，欲說太后之心，乃下令書曰：[8]“太皇太后蚤垂愛遇，沿情即事，同於天屬。[9]前車騎諮議參軍路休之、前丹陽丞路茂之，[10]崇憲密戚，蚤延榮貫，並懷所勳，宜殊恒飾。[11]休之可黃門侍郎，領步兵校尉；[12]茂之可中書侍郎。"[13]太宗未即位，故稱令書。茂之又遷司徒從事中郎，[14]休之桂陽王休範鎮北諮議參軍。[15]太宗殺世祖諸子，因此陷休之等，宥其諸子。

[1]衡陽：郡名。治所在今湖南株洲市。

[2]景和：宋前廢帝劉子業年號（465）。

[3]黃門侍郎：官名。爲侍中省或門下省次官，位頗重要。五品。

[4]左軍將軍：官名。三國魏始置，後沿之。掌宿衞，爲侍衞武職。四品。

[5]侍中：官名。爲侍中省或門下省長官，侍從左右，平議尚書奏事，參預機密。三品。

[6]開府儀同三司：官名。意謂與太尉、司徒、司空禮制、待遇相同，許開設府署，自辟僚屬。

[7]黃門郎：官名。即黃門侍郎。詳見上注。

[8]說：同"悅"。取悅。　令書：原指皇太子所下的書面命令，以與皇帝詔書相別。此時因劉彧未正式即位，故權稱之。

[9]即事：就事。　天屬：天性相連。指有血緣關係相連的親屬。

[10]車騎諮議參軍：官名。即車騎將軍府諮議參軍。掌顧問諫議。　丹陽丞：官名。即丹陽郡丞。郡丞爲郡守副貳，佐郡守掌衆事。八品。

[11]密戚：近戚。　榮貫：榮寵備至。　勳：功勞。　恒飾：正常、一般的表彰。

[12]步兵校尉：官名。皇帝的侍衞武官，不領營兵，用以安置

勳舊。四品。

[13]中書侍郎：官名。亦稱中書郎。職閑官清，如中書省缺監、令，亦主持省務。五品。

[14]司徒從事中郎：官名。即司徒府從事中郎。或掌機密，或參謀議，地位較高。六品。

[15]桂陽王：王爵名。王國在今湖南郴州市。　休範：人名。即劉休範。宋文帝劉義隆第十八子。本書卷七九有傳。　鎮北諮議參軍：官名。即鎮北將軍府諮議參軍。

孝武文穆王皇后諱憲嫄，琅邪臨沂人。[1]元嘉二十年，拜武陵王妃。[2]生廢帝、豫章王子尚、山陰公主楚玉、臨淮康哀公主楚佩、皇女楚琇、康樂公主脩明。[3]世祖在蕃，后甚有寵。上入伐凶逆，后留尋陽，與太后同還京都，立爲皇后。

[1]琅邪：郡名。治所在今山東諸城市。　臨沂：縣名。治所在今山東臨沂市費縣東。

[2]武陵王：王爵名。王國在今湖南常德市。是宋孝武帝劉駿即帝位前的封號。

[3]豫章王：王爵名。王國在今江西南昌市。　子尚：人名。即劉子尚。宋孝武帝第二子。本書卷八〇有傳。　山陰公主：封邑在今浙江紹興市。　楚玉：人名。即劉楚玉。宋孝武帝長女。本書卷八〇有附傳。　臨淮康哀公主：封邑在今江蘇泗洪縣。　楚佩：人名。即劉楚佩。宋孝武帝之女，封臨淮公主，康哀爲諡號，爲王瑩妻。

大明四年，后率六宮躬桑于西郊，[1]皇太后觀禮。上下詔曰："朕卜祥大昕，測辰拂羽，[2]爰詔六宮，親蠶川室。[3]皇太后降鑾從御，佇蹕觀禮。[4]綠蘧既具，玄紞方修，[5]庶儀發椒，闈化動中。[6]縣妃主以下，[7]可量加班錫。”

[1]桑：采桑。古代皇宮有養蠶的宮館，並舉行勸農飼蠶的禮儀，由皇后采桑，以祭祠蠶神。《漢舊儀》：“春桑生而皇后親桑於苑中……祠以中牢羊豕，祭蠶神。”《晋書·禮志上》：“皇后東面躬桑，採三條，諸妃公主各採五條，縣鄉君以下各採九條，悉以桑授蠶母，還蠶室。”蠶母爲主管蠶事的女官。

[2]昕：黎明，天亮。 測辰：測定時間。辰，時間。 羽：古代用雉羽製成的舞具。

[3]蠶：蠶禮，親蠶儀式。 川室：古代宮中養蠶之處。《禮記·祭義》：“古者天子諸侯，必有公桑蠶室，近川而爲之。”陳澔《集説》：“近川，便於浴種也。”

[4]降鑾：走下車駕。鑾，帝后車子上的鈴。代指車駕。 佇蹕：帝后出行，途中停留。

[5]蘧（qú）：即蘧廬，古代驛傳中供人休息的房子。 紞（dǎn）：古代帝王冠冕上垂於耳旁用繫瑱的絲繩。《國語·魯語下》：“王后親織玄紞。”韋昭注：“紞所以懸瑱當耳者也。”瑱，美玉。

[6]庶儀：衆多禮儀。 發椒：發自椒房。椒，即椒房。古代后妃所居，以花椒子和泥塗壁，亦代指后妃。 闈化：後宮的教化。闈，内宮。

[7]縣妃主：縣主和妃主。縣主，皇族女子封號，諸王女封縣主。妃主，指王侯或皇子的妻妾。

廢帝即位，尊曰皇太后，宮曰永訓。其年，崩于含章殿，[1]時年三十八。祔葬景寧陵。[2]

[1]含章殿：宫殿名。名起《易·坤卦》："六三，含章可貞。"章，美也。後有典故"含章梅妝"，指"壽陽公主在含章殿，梅花飄著其額"。

[2]祔葬：合葬。　景寧陵：宋孝武帝劉駿陵名，在今江蘇南京市東麒麟門外麒麟鋪。

后父偃，字子游，晋丞相導玄孫，[1]尚書嘏之子也。[2]母晋孝武帝女鄱陽公主，[3]宋受禪，封永成君。偃尚高祖第二女吴興長公主諱榮男，[4]少歷顯官，黄門侍郎，秘書監，[5]侍中。元嘉末，爲散騎常侍、右衛將軍。[6]世祖即位，以后父，授金紫光禄大夫，領義陽王師，[7]常侍如故。遷右光禄大夫，[8]常侍、王師如故。偃謙虚恭謹，不以世事關懷。[9]孝建二年卒，[10]時年五十四。追贈開府儀同三司，本官如故，謚曰恭公。

[1]導：人名。即王導。東晋初南渡的北方士族代表人物，擁立司馬睿創建東晋政權，官居宰輔，攬國政於元、明、成三朝。《晋書》卷六五有傳。

[2]尚書嘏之子：各本並脱"書"字，孫虨《考論》云："當作尚書嘏之子。"中華本據補正，今從之。嘏，人名。即王嘏。字偉世，曾任東晋侍中、左户尚書，爵始興公。事見《南史》卷二三《王誕傳》。

[3]母晋孝武帝女鄱陽公主：張森楷《校勘記》云："據《晋書·王導傳》，公主是簡文帝女，孝武帝妹。此女字疑是妹字之誤。"按：《晋書》卷三二《孝武文李太后傳》記載，簡文李夫人"生孝武帝及會稽文孝王、鄱陽長公主"。張説是。

[4]榮男：人名。即劉榮男。宋武帝次女。吴興爲封邑，在今

浙江湖州市。

　　[5]秘書監：官名。秘書省長官，掌圖書經籍，校定文字。三品。

　　[6]右衛將軍：官名。屬中軍將軍，爲禁衛軍主要統帥之一。四品。

　　[7]義陽王：王爵名。王國在今河南信陽市南。此義陽王即劉昶，宋文帝劉義隆第九子，初封義陽王。本書卷七二有傳。　王師：官名。國王師傅，掌輔導諸王。六品。

　　[8]右光禄大夫：官名。加官，無職掌。屬光禄勳，位金紫光禄大夫上。二品。

　　[9]關懷：在意，操心。

　　[10]孝建：宋孝武帝劉駿年號（454—456）。　二年：丁福林《校議》據本書卷六《孝武帝紀》考證，王偃卒於孝建三年二月癸亥，此"二年"誤。

　　長子藻，位至東陽太守。[1]尚太祖第六女臨川長公主諱英媛。公主性妒，而藻別愛左右人吳崇祖。[2]前廢帝景和中，主讒之於廢帝，藻坐下獄死，主與王氏離婚。泰始初，以主適豫章太守庾沖遠，[3]未及成禮而沖遠卒。

　　[1]東陽：郡名。治所在今浙江金華市。

　　[2]左右人：指幸臣。　吳崇祖：人名。其事不詳。

　　[3]庾沖遠：人名。潁川鄢陵人。出身名門大族，曾任衛軍長史等職。事見本書卷五三《庾登之傳》。

　　宋世諸主，莫不嚴妒，太宗每疾之。湖熟令袁慆妻以妒忌賜死，[1]使近臣虞通之撰《妒婦記》。[2]左光禄大夫江湛孫斅當尚世祖女，[3]上乃使人爲斅作表讓婚，曰：

[1]湖熟：縣名。治所在今江蘇南京市江寧區東南湖熟鎮。
袁慆：人名。其事不詳。

[2]虞通之：人名。會稽餘姚（今浙江餘姚市）人。善言
《易》，官至步兵校尉。《南史》卷七二有附傳。

[3]江湛：人名。濟陽考城（今河南民權縣）人。本書卷七一
有傳。　斅：人名。即江斅。母爲宋文帝女淮陽公主，尚孝武帝女
臨汝公主。歷官宋、齊二代。《南齊書》卷四三有傳。

伏承詔旨，當以臨汝公主降嬪，[1]榮出望表，
恩加典外。[2]顧審輶蔽，[3]伏用憂惶。臣寒門頛族，
人凡質陋，閭閻有對，本隔天姻。[4]如臣素流，室
貧業寡，年近將冠，皆已有室，荊釵布裙，足得成
禮。[5]每不自解，無偶迄茲，媒訪莫尋，[6]素族弗
問。自惟門慶，屬降公主，天恩所覆，容及醜
末。[7]懷憂抱惕，慮不獲免，徵命所當，果膺茲
舉。[8]雖門泰宗榮，於臣非幸，仰緣聖貸，冒陳
愚實。[9]

[1]臨汝公主：各本並作“臨海公主”，中華本據《南齊書》
卷四三《江斅傳》改正，今從之。按：臨海公主爲宋文帝第四女，
適何顗之，與此非一人。　降嬪：皇室之女下嫁。

[2]望表：望外。　典外：常制之外。

[3]輶（yóu）蔽：輕微卑賤。輶，輕。《詩·大雅·烝民》：
“德輶如毛，民鮮克舉之。”鄭玄《箋》：“輶，輕。”

[4]頛族：貧賤之族。頛，困苦。　閭閻有對：應該門當户對。

閭，里巷大門。閻，里巷內門。　隔：門戶懸隔。　天姻：皇家姻親。

[5]素流：寒素之輩。指門第低微的人。　冠：古代的一種禮儀。男子二十歲舉行冠禮，表示已經成人。　室：家室，妻。指結婚成家。　荊釵布裙：荊枝爲釵，粗布爲裙。指婦女簡陋寒素的服飾。

[6]無偶迄茲：自己無配偶以至於今。　媒訪："媒"各本並作"謀"，中華本據《南史》改，今從之。

[7]惟：思，考慮。　門慶：家門之福。　天恩：皇帝的恩澤。　罩：延伸。　醜末：自謙之詞。謂鄙陋微賤。

[8]惕：擔心，提心吊膽。　獲免：得以避免。　徵命：徵召的命令。　膺：受。

[9]聖貸：皇帝的寬恕。貸，寬免。　愚實：謙稱自己的情實。

　　自晉氏以來，配尚王姬者，雖累經美胄，亟有名才，[1]至如王敦懾氣，[2]桓溫斂威，[3]真長佯愚以求免，[4]子敬灸足以違詔，[5]王偃無仲都之質，而保露於北階；[6]何瑀闕龍工之姿，而投軀於深井；[7]謝莊殆自同於矇叟，[8]殷沖幾不免於強鉏。[9]彼數人者，[10]非無才意，而勢屈於崇貴，事隔於聞覽，吞悲茹氣，[11]無所逃訴。制勒甚於僕隸，防閑過於婢妾。[12]

[1]尚：仰攀婚姻。特指娶公主爲妻。　王姬：初指周朝天子的女兒。周，姬姓，故稱王姬。後世代稱帝王之女。　美胄：名門子孫。　亟：屢次。

[2]王敦：人名。琅邪臨沂人，與王導爲叔伯兄弟。尚晉武帝女襄城公主。東晉初任鎮東大將軍，擁重兵於武昌。後舉兵東下，

威逼朝廷，病死於軍中。《晋書》卷九八有傳。　慴氣：因恐懼而屏息。

[3]桓温：人名。譙國龍亢人，尚晋明帝女南康公主。東晋前期任荆州刺史、征西大將軍，曾三次率軍北伐。擅權廢帝，意欲受禪自立，未遂而病死。《晋書》卷九八有傳。　斂威：收縮威勢。

[4]真長：人名。即劉惔。字真長，沛國相（今安徽濉溪縣）人。尚明帝女廬陵公主。爲士族清流之人，喜老莊自然，官至丹陽尹。《晋書》卷七五有傳。

[5]子敬：人名。即王獻之。字子敬，琅邪臨沂人。初以郗曇女爲妻，後離婚，以選尚東晋簡文帝女新安公主。官至中書令。《晋書》卷八〇有附傳。　灸足：以艾炷灼脚。此謂王獻之托足疾以違詔命。

[6]王偃：人名。即本卷孝武帝王皇后之父。　仲都：安丘望之。西漢京兆長陵（今陝西咸陽市）人，治《老子》，爲道家所宗。《後漢書》卷一九《耿弇傳》引嵇康《聖賢高士傳》：“成帝聞，欲見之，望之辭不肯見，爲巫醫於人閒。”　倮露：赤身露體。

[7]何瑀：人名。廬江灊（今安徽霍山縣）人。官至衛將軍，尚宋武帝少女豫章公主劉欣男。本卷有傳。　龍工：龍陽君之功。謂内媚之功。據《戰國策·魏策四》，魏王有男寵龍陽君。

[8]謝莊：人名。陳郡陽夏人。善著文章，於宋孝武時屢任重職，官至吏部尚書。本書卷八五有傳。　矇叟：各本並作“蒙室”，中華本據《南史》改，今從之。錢大昕《考異》云：“案《謝莊傳》，無尚主事，疑以目疾辭，遂停尚主也。”

[9]殷沖：人名。陳郡長平（今河南西華縣東北）人。曾於宋文帝時任御史中丞等職，其侄女爲元凶劉劭太子妃，後被宋孝武帝賜死。本書卷五九有傳，但其傳中未載其曾有尚主事。疑爲“庾沖遠”之誤，其尚臨川公主。　鉏：誅滅，清除。

[10]彼數人者：各本並脱“彼”字，中華本據《南史》補，今從之。

[11]茹：吃，含。

[12]防閑：防備和禁阻。防，提防。閑，圈欄，獸圈。

　　往來出入，人理之常；當賓待客，朋從之
義。[1]而令掃轍息駕，無闚門之期；廢筵抽席，絶
接對之理。[2]非唯交友離異，乃亦兄弟疏闊。[3]第令
受酒肉之賜，制以動静；監子荷錢帛之私，節其言
笑。[4]姆嬭争媚，相勸以嚴；妮媪競前，[5]相詔以
急。第令必凡庸下才，監子皆葭萌愚豎，[6]議舉止
則未閑是非，聽言語則謬於虛實。姆嬭敢恃耆
舊，[7]唯贊妒忌；尼媪自倡多知，務檢口舌。其間
又有應答問訊，卜筮師母，乃至殘餘飲食，詰辯與
誰，衣被故敝，必責頭領。[8]

[1]朋從：朋輩相從。

[2]闚門：視門開否。　廢筵抽席：不設坐席。筵，席的一種。
接對：接待應對。此句喻不與外界往來。

[3]疏闊：疏遠，久隔別。

[4]第令：府第内供差遣的人。　監子：猶宦者。

[5]姆嬭：女師和乳母。姆，古代以婦道教女子的女師。嬭，
嬭子，乳母。　妮媪：做婢女的老婦人。

[6]葭萌：遠方之民。

[7]耆舊：年高望重。

[8]卜筮師母：以占卦爲業的女巫。　頭領：爲首的人。

　　又出入之宜，繁省難衷，或進不獲前，或入不
聽出。[1]不入則嫌於欲疏，求出則疑有別意。召必

以三晡爲期，[2]遣必以日出爲限，夕不見晚魄，朝不識曙星。[3]至於夜步月而弄琴，畫拱袂而披卷，一生之內，與此長乖。[4]又聲影裁聞，則少婢奔迸；裾袂向席，則老醜叢來。[5]左右整刷，以疑寵見嫌；賓客未冠，以少容致斥。[6]禮則有列媵，象則有貫魚，[7]本無嫚嫡之嫌，豈有輕婦之誚。[8]況今義絶傍私，虔恭正匹，而每事必言無儀適，設辭輒言輕易我。[9]

[1]衷：適當，恰當。　獲：得到。

[2]三晡：晡爲申時，一般分上晡、中晡、下晡，故又稱三晡。約當今十五至十七時。

[3]晚魄：指月亮。　曙星：拂曉之星。多指啓明星。

[4]拱袂：執袖。　披卷：翻閲書籍。

[5]聲影：没有根據的謡傳。　奔迸：逃散。　裾袂：盛服。裾，衣服的前後襟。袂，衣袖。　叢來：集聚而來。

[6]整刷：整備刷洗。　未冠：未成年。　少容：童顔。

[7]列媵：古代諸侯嫁女，以侄娣從嫁稱媵。爲上古群婚制的遺存。後亦泛指小妻。《儀禮》鄭玄注："古者嫁女必姪娣從，謂之媵。姪，兄之子；娣，女弟也。"　貫魚：比喻君王依次御幸宮人。後指不偏愛。《易·剥卦》："六五，貫魚以宮人寵，無不利。"高亨注："貫，穿也。貫魚者個個相次，不得相越……用宮人而寵愛之，輪流當夕，則宮人不致争寵吃醋，相妒相軋。"

[8]嫚：輕慢。　嫡：正妻。　誚：責備。

[9]傍私：私愛。　正匹：正妻。　儀適：儀式，禮節。　輕易：輕視，簡慢。

reason。

又竊聞諸主集聚，唯論夫族。緩不足爲急者法，[1]急則可爲緩者師。更相扇誘，本其恒意，不可貸借，固實常辭。[2]或言野敗去，或言人笑我，雖家曰私理，有甚王憲，發口所言，恒同科律。[3]王藻雖復强佷，頗經學涉，戲笑之事，遂爲冤魂。[4]褚曖憂憤，[5]用致夭絕。傷理害義，難以具聞。

[1]緩：柔弱寬和。　急：嚴刻急躁。　法：效法。
[2]扇誘：煽動引誘。　貸借：寬恕。　固實：加固。
[3]野：不合禮儀，放浪不羈。　王憲：王法。　科律：法律。
[4]佷：乖戾。　學涉：廣學博覽。　戲笑之事：指王藻別愛左右人吳崇祖。見上文。
[5]褚曖：人名。河南陽翟（今河南禹州市）人，官至太宰參軍。尚宋文帝第六女琅邪公主。早卒。事見本書卷五二《褚叔度傳》。

夫螽斯之德，實致克昌；[1]專妒之行，有妨繁衍。是以尚主之門，往往絕嗣；駙馬之身，通離釁咎。[2]以臣凡弱，何以克堪。必將毀族淪門，豈伊身眚。[3]前後嬰此，其人雖衆，然皆患彰遐邇，事隔天朝，故吞言咽理，無敢論訴。[4]臣幸屬聖明，矜照由道，弘物以典，處親以公，[5]臣之鄙懷，可得自盡。[6]如臣門分，世荷殊榮，足守前基，便預提拂，[7]清官顯宦，或由才升，一叨婚戚，咸成恩假。[8]是以仰冒非宜，披露丹實。[9]非唯止陳一己，規全身願；實乃廣申諸門憂患之切。伏願天慈照察，特賜蠲停，[10]使燕雀微群，得保叢蔚；[11]蠢物含生，自己彌篤。[12]若恩詔難降，披請不申，便當刊膚剪髮，[13]投山竄海。

[1]螽（zhōng）斯：《詩經》篇名。《詩·周南·螽斯》序曰："螽斯，后妃子孫眾多也。言若螽斯不妬忌，則子孫眾多也。"螽斯本爲蟲名，一名蚣蝑，尾端有劍狀産卵管。鄭玄注："凡物有陰陽情慾者，無不妬忌，維蚣蝑不耳，各得受氣而生子，故能詵詵然眾多。"後以"螽斯之德"指后妃妻妾間不妒忌的婦德。克：能。

[2]駙馬：駙馬都尉的簡稱。魏晉以後，尚公主者常加此官，後世因作爲皇帝女婿的俗稱。　離：通"罹"。遭遇。　釁咎：過失，罪過。

[3]伊：指示代詞。此。　眚（shēng）：灾禍。

[4]患：擔憂，害怕。　彰：廣布，散播。　遐邇：遠近。天朝：對朝廷的尊稱。　論訴：論是非訴苦衷。

[5]矜照：憐憫關照。　弘物：寬弘和物。　處親以公：以公正之心處置皇親。

[6]鄙懷：謙稱自己的心意。　自盡：盡情傾訴。

[7]門分：家族門第，門望。　提拂：提攜。

[8]叨：貪。多用於自謙，表示不够格或受之有愧。　成：各本並作"有"，中華本據《南史》及《初學記》卷一〇、《類聚》卷一六、《御覽》卷一五三引改，今從之。　恩假：借恩典。

[9]仰冒：自謙高攀。　丹實：赤誠之心。

[10]天慈：皇帝的慈愛。　蠲：免除。

[11]叢蔚：茂密之處。借指棲息之所。

[12]蠢物含生：喻微賤生類。《南史》卷二三《王藻傳》作

"蠢物憐生"，與此不同。　自己：知己親近，關係密切者。　彌篤：更加厚道親密。

[13]刊膚剪髮：指出家入佛門。

太宗以此表徧示諸主。於是臨川長公主上表曰："妾遭隨奇薄，[1]絕於王氏，私庭囂戾，[2]致此分異。今孤疾煢然，假息朝夕，情寄所鍾，[3]唯在一子。契闊荼炭，持兼憐愍，否泰枯榮，繫以爲命。[4]實願申其門釁，[5]還爲母子。推遷俄俛，[6]未及自聞。先朝慈愛，[7]鑑妾丹衷。[8]若賜使息徹歸第定省，[9]仰揆天旨，[10]或有可尋。今事迫誠切，不顧典憲，敢緣恩燾，[11]觸冒披聞。[12]特乞還身王族，守養弱嗣，雖死之日，實甘於生。"許之。

[1]遭隨：遭命和隨命的合稱。《論衡·命義》："說命有三：一曰正命，二曰隨命，三曰遭命。"正命爲不假操行以求福，而吉自至。隨命爲勠力操行而吉福至，縱情施欲而凶禍到。遭命爲行善得惡，逢遭於外而得凶禍。後泛指命運的好壞。　奇薄：數奇命薄。謂命運不好。奇，不遇。

[2]私庭：私家。　囂戾：喧鬧凶暴。

[3]煢然：孤單。　鍾：集聚。

[4]契闊：久別懷念。　荼炭：同"塗炭"。比喻極困苦的境地。　否泰：《易》的兩個卦名。天地交，萬物通，謂之泰；不交，閉塞，謂之否。後指命運的順逆和世事的盛衰。

[5]門釁：家門罪過。

[6]推遷：推移變化。　俄俛：須臾，頃刻。

[7]先朝：指臨川公主之父宋文帝。

[8] 鑑：照影。　丹衷：赤誠之心。

[9] 息：兒子。　定省：子女早晚向親長問安。《禮記·曲禮上》：“昏定而晨省。”

[10] 揆：估量，測度。　天旨：皇帝旨意。

[11] 恩燾：即恩叨。帝王恩惠的蔭庇。

[12] 觸冒：觸犯，冒犯。　披聞：報聞。

藻弟懃，昇明末貴達。[1] 懃弟攸，太宰從事中郎。[2] 蚤卒，追贈黃門侍郎。弟臻，昇明末顯宦。

[1] 昇明：宋順帝劉準年號（477—479）。

[2] 太宰從事中郎：官名。即太宰府從事中郎。“從事中郎”見前注。

前廢帝何皇后諱令婉，廬江灊人也。[1] 孝建三年，納爲皇太子妃，大明五年，薨于東宮徽光殿，[2] 時年十七。葬□□，[3] 諡曰獻妃。上更爲太子置内職二等，[4] 曰保林，曰良娣，納南中郎長史太山羊瞻女爲良娣，[5] 宜都太守袁僧惠女爲保林。[6] 廢帝即位，追崇獻妃曰獻皇后。太宗踐阼，遷后與廢帝合葬龍山北。

[1] 廬江：郡名。南朝治所在今安徽舒城縣。　灊（qián）：縣名。治所在今安徽霍山縣。

[2] 徽光殿：宋東宮殿名。

[3] 葬□□：據丁福林《校議》考證，“葬”後二字應爲“龍山”。

[4] 内職：此指嬪妃。

[5] 南中郎長史：官名。即南中郎將府長史。主管府中衆事。

太山：郡名。治所在今山東泰安市。太，同"泰"。　　羊瞻：人名。曾任尋陽太守。事見本書卷六二《羊徽傳》。

[6]宜都：郡名。治所在今湖北宜都市。　　袁僧惠：人名。本書僅此一見，其事不詳。

后父瑀，字稚玉，晉尚書左僕射澄曾孫也。[1]祖融，大司農。[2]瑀尚高祖少女豫章康長公主諱欣男。公主先適徐喬，[3]美容色，聰敏有智數，太祖世，禮待特隆。瑀豪競於時，與平昌孟靈休、東海何勗等，[4]並以輿馬驕奢相尚。公主與瑀情愛隆密，何氏外姻疏戚，莫不沾被恩紀。[5]瑀歷位清顯，至衛將軍。[6]大明八年，公主薨，瑀墓開，世祖追贈金紫光祿大夫，加散騎常侍。

[1]尚書左僕射：官名。見前"左僕射"注。　　澄：人名。即何澄。東晉外戚。《晉書》卷九三有附傳。

[2]大司農：官名。西漢置爲九卿之一，掌管租賦收支事。後沿置。三品。

[3]徐喬：人名。本書僅此一見，其事不詳。

[4]平昌：郡名。治所在今山東諸城市。　　孟靈休：人名。孟昶之子，封臨汝公，官至秘書監。其事見本書卷四二《劉穆之傳》、卷七一《徐湛之傳》。　　東海：郡名。治所在今山東郯城縣。　　何勗：人名。何無忌之子，封安成公。官至侍中。卒諡荒公。事見本書卷七一《徐湛之傳》。

[5]恩紀：恩情。

[6]衛將軍：《南史》作"右衛將軍"。

子邁，尚太祖第十女新蔡公主諱英媚。邁少以貴戚居顯宦，好犬馬馳逐，多聚才力之士。有墅在江乘縣界，[1]去京師三十里。邁每游履，輒結駟連騎，武士成群。大明末，爲豫章王子尚撫軍諮議參軍，加寧朔將軍、南濟陰太守。[2]廢帝納公主於後宮，僞言薨殞，殺一婢送出邁第殯葬行喪禮。常疑邁有異圖，邁亦招聚同志，欲因行幸廢立。[3]事覺，廢帝自出討邁誅之。太宗即位，追封建寧縣侯，[4]食邑五百戶。子曼倩嗣，齊受禪，國除。

[1]墅：家宅以外另建的供游玩休息的園林房屋。 江乘：縣名。治所在今江蘇句容市。

[2]寧朔將軍：官名。三國魏始置。晉時爲駐幽州軍政長官，兼管烏桓事務。宋沿置。四品。 南濟陰：郡名。治所在今安徽宿州市。

[3]同志：志向相同之人。 行幸：指皇帝出行。 廢立：廢帝而立新君。

[4]建寧：縣名。宋大明八年（464）降建寧郡置，治所在今湖北麻城市。 縣侯：侯爵名。即開國縣侯，見前注。

瑀兄子亮，孝建初，爲桂陽太守。[1]丞相南郡王義宣爲逆，[2]遣參軍王師壽斷桂陽道，[3]以防廣州刺史宗愨，[4]亮收斬之。[5]官至新安内史。[6]亮弟恢，廢帝元徽初，[7]爲廣州刺史，未之鎮，坐國哀蒨晦不到，[8]免官。復起爲都官尚書，[9]未拜，卒。恢弟誕，司徒右長史。[10]誕弟衍，最知名。性躁動。太宗初，爲建安王休仁司徒從事中郎，仍除黃門郎。[11]未拜竟，求轉司徒司馬。[12]得司馬，復求太子右率。[13]拜右率一二日，復求

侍中。旬日之間，求進無已。不得侍中，以怨詈
賜死。[14]

[1]桂陽：郡名。治所在今湖南郴州市。

[2]南郡王：王爵名。王國在今湖北荆州市荆州區。　義宣：
人名。即劉義宣。宋武帝劉裕第六子。本書卷六八有傳。

[3]王師壽：人名。本書僅此一見，其事不詳。

[4]廣州：治所在今廣東廣州市。　宗愨：人名。南陽人。宋
前期著名武將，官至雍州刺史。本書卷七六有傳。

[5]亮收斬之：各本並作"收亮斬之"。孫虨《考論》："案文
義當爲'亮收斬之'。"中華本據之改正，今從之。

[6]新安：郡名。治所在今浙江淳安縣。

[7]廢帝：後廢帝劉昱。爲宋明帝劉彧長子，公元472年至477
年在位，殘暴荒淫，被權臣蕭道成派人誅殺，史稱"後廢帝"。本
書卷九有紀。　元徽：宋後廢帝劉昱年號（473—477）。

[8]國哀：國喪。一般帝、后之喪，臣民縞素，停止宴樂婚嫁。
朞晦：即一周年之晦日。朞，一周年。晦，晦日，特指正月晦日
（三十日）。

[9]都官尚書：官名。尚書省都官曹長官。領都官、水部、庫
部、功論四郎曹，職掌軍事刑獄、水利庫藏、官吏考課諸事務。
三品。

[10]司徒右長史：官名。三國魏分司徒長史置，與司徒左長史
並爲司徒府僚屬之長，佐司徒總管府內諸曹，位次左長史。六品。

[11]建安王：王爵名。王國在今福建建甌市南松溪南岸。　休
仁：人名。即劉休仁。宋文帝劉義隆第十二子。本書卷七二有傳。
仍：乃。

[12]未拜竟：《南史》卷一一《后妃傳上》作"拜意"。　司
徒司馬：官名。司徒府司馬。爲公府高級幕僚，位次長史，管理府

内武職，参贊軍務。

[13]太子右率：官名。即太子右衛率，掌宿衛東宮，亦任征伐。五品。

[14]怨詈：怨恨罵詈。

文帝沈婕妤諱容姬，[1]不知何許人也。納於後宮，爲美人，生明帝，拜爲婕妤。元嘉三十年卒，時四十。葬建康之莫府山。[2]世祖即位，追贈湘東國太妃。[3]太宗即位，有司奏曰：“昔豳都追遠，正邑纏哀，[4]緬慕德義，敬奉園陵。[5]先太妃德履端華，徽景明峻，[6]風光宸掖，訓流國闈，[7]鞠聖誕靈，蕃捐鴻祚。[8]臣等遠模漢册，近儀晋典，謹上尊號爲皇太后。”下禮官議謚，謚曰宣太后，陵號曰崇寧。

[1]文帝沈婕妤諱容姬：各本並脱“姬”字，中華本據《南史》補，今從之。

[2]莫府山：山名。一作“幕府山”。在今江蘇南京市西。

[3]湘東國：王國名。治所在今湖南衡陽市。宋明帝即位前爲湘東王。　太妃：尊稱諸王之母爲太妃。

[4]豳都追遠：周人的祖先公劉曾率族人遷徙豳地定居，奠定周族强盛之基。後人追述頌揚，《詩·大雅·公劉》：“篤公劉，于豳斯館。”　正邑：確定都邑。　纏哀：哀思盤繞。按《詩·豳風·七月》陸德明題解：“周公遭流言之難，居東都，思公劉、大王爲豳公，憂勞民事，以此叙己志而作《七月》《鴟鴞》之詩。”

[5]緬慕：緬懷思慕。　園陵：帝王的陵墓。

[6]德履：德行。　端華：端正美麗。　徽景：美好的容貌風範。景，同“影”。　明峻：光明高大。

[7]風：風範。　光：光大。　宸掖：帝王内宮。　國闈：皇

妃所居的地方。

[8]鞠：養育，撫養。　誕：誕生。　捐：抛棄。　鴻祚：鼎盛的王業。

以太后弟道慶爲給事中。始三年卒，追贈通直散騎常侍，[1]賜爵縣侯。又追贈太后父散騎常侍，母王氏成樂鄉君。

[1]通直散騎常侍：官名。西晉使員外散騎二人與散騎常侍通員當直（值），故名。後沿之。宋屬集書省，多以衰老之士擔任。地位漸低。

明恭王皇后諱貞風，琅邪臨沂人也。元嘉二十五年，拜淮陽王妃。[1]太宗改封，又爲湘東王妃。[2]生晉陵長公主伯姒、建安長公主伯媛。太宗即位，立爲皇后。

[1]淮陽王：王爵名。王國在今江蘇淮安市淮陰區西古泗水西岸。此淮陽王指劉彧。

[2]又爲湘東王妃：各本並脱“又爲”二字，中華本據《南史》補，今從之。按：太宗即明帝劉彧，初封淮陽王，元嘉二十九年改封湘東王，故其妃亦改稱湘東王妃。

上嘗宮内大集，而臝婦人觀之，[1]以爲歡笑。后以扇障面，獨無所言。帝怒曰：“外舍家寒乞，[2]今共爲笑樂，何獨不視？”后曰：“爲樂之事，其方自多。豈有姑姊妹集聚，而臝婦人形體。以此爲樂？外舍之爲歡適，實與此不同。”帝大怒，遣后令起。后兄揚州刺史景文以此事語從舅陳郡謝緯曰：[3]“后在家爲儜弱婦人，[4]不知今段遂能剛正如此。”

[1]贏：袒露。

[2]寒乞：小家子氣，寒酸。

[3]揚州：治所在今江蘇南京市。　景文：人名。即王景文。原名王彧，避明帝諱改字行。屢任重職，後遭忌被明帝賜死。本書卷八五有傳。　謝緯：人名。謝述之子，尚宋文帝女長城公主，官至正員郎中。事見本書卷五二《謝述傳》。

[4]儜弱：懦弱，怯弱。

廢帝即位，尊爲皇太后，宮曰弘訓。廢帝失德，太后每加勗譬。[1]始者猶見順從，後狂慝轉甚，[2]漸不悅。元徽五年五月五日，太后賜帝玉柄毛扇，帝嫌其毛柄不華，因此欲加酖害。已令太醫煮藥，左右人止之曰：“若行此事，官便應作孝子，[3]豈復得出入狡獪。”[4]帝曰：“汝語大有理。”乃止。

[1]勗譬：勸勉比喻。勗，勉勵。

[2]狂慝（tè）：狂暴凶惡。慝，邪惡。

[3]官：魏晉以下對帝王的稱呼或帝王自稱。　孝子：指父母亡故後居喪者，要遵守禮法規定。

[4]狡獪：游戲，兒戲。亦指玩笑。

順帝即位，[1]齊王秉權。[2]宗室劉晃、劉綽、卜伯興等有異志，[3]太后頗與相關。順帝禪位，太后與帝遷于東邸。[4]因遷居丹陽宮，[5]拜汝陰王太妃。[6]順帝殂於丹陽，更立第京邑。建元元年，[7] 薨于第，時年四十四。追加號諡，葬以宋后禮。父僧朗，事別見《景文傳》。

[1]順帝：即劉準。宋明帝劉彧第三子，公元477年至479年在位，後禪位於齊高帝蕭道成。本書卷一〇有紀。

[2]齊王：王爵名。王國在今山東淄博市臨淄區。此指宋末權臣蕭道成。後廢帝死後，進位爲相國、齊王，總攬朝政。又以禪讓名義廢掉傀儡宋順帝，建立南齊。《南齊書》卷一至三有紀。

[3]劉晃：人名。宗室劉義慶侄孫，襲封臨澧侯，於昇明二年謀反被誅。事見本書卷五一《劉覬傳》。　劉綽：人名。字子流，宗室劉義慶子，襲封爲臨川王，官至步兵校尉。昇明三年謀反被誅。事見本書卷五一《劉義慶傳》。　卜伯興：人名。吳興餘杭人。官至前將軍、南平昌太守。昇明元年與袁粲同謀反蕭道成，失敗被殺。本書卷九一有附傳。

[4]東邸：指東宮。

[5]丹陽宮：別宮名。在丹陽故縣府。

[6]汝陰王：王爵名。王國在今安徽阜陽市。此指劉準。遜位後，被齊高帝蕭道成封爲汝陰王。

[7]建元：齊高帝蕭道成年號（479—482）。

明帝陳貴妃諱妙登，丹陽建康人，屠家女也。世祖常使尉司採訪民間子女有姿色者。[1] 太妃家在建康縣界，家貧，有草屋兩三間。上出行，問尉曰：“御道邊那得此草屋，當由家貧。”賜錢三萬，令起瓦屋。尉自送錢與之，家人並不在，唯太妃在家，時年十二三。尉見其容質甚美，即以白世祖，於是迎入宮，在路太后房内。經二三年，再呼，不見幸。太后因言於上，以賜太宗。

始有寵，一年許衰歇，以乞李道兒。[2]尋又迎還，生廢帝，故民中皆呼廢帝爲李氏子。廢帝後每自稱李將軍，或自謂李統。

[1]尉司：指縣尉及其下屬官吏，掌禁盜賊，理鬬訟。

[2]李道兒：人名。臨淮人。本爲湘東王師，太宗即位，任中書通事舍人，爲心腹親信，封新渝縣侯。本書卷九四有傳。

太宗即位，拜貴妃，禮秩同皇太子妃。廢帝踐阼，有司奏曰：“臣聞河龍啓聖，理浹民神；[1]郊電基皇，慶爍天地。[2]故資敬之道，粹古銘風；沿貴之誼，眇代凝則。[3]伏惟貴妃含和日暑，表淑星樞，[4]徽音峻古，柔光照世，[5]聲華帝掖，軌秀天嬪，[6]景發皇明，祚昌睿命。[7]而備物之章，未焕彝策。[8]遠酌前王，允陟鴻典。[9]臣等參議，謹上尊號曰皇太妃。輿服一如晋孝武帝太后故事。[10]置家令一人。改諸國太妃曰太妃。[11]妃音怡。宮曰弘化。”追贈太妃父金寶散騎常侍，金寶妻王氏永世縣成樂鄉君。[12]昇明初，降爲蒼梧王太妃。[13]

[1]河龍：古代傳説中的黄河龍馬，其出現預示聖人降臨。《易·繫辭上》“河出圖”孔穎達疏引《春秋緯》：“河以通乾出天苞，洛以流坤吐地符。河龍圖發，洛龜書感。” 浹：通達，融合。 民神：民和神。

[2]郊電基皇：比喻帝王皆感天而生。據《漢書》卷一上《高帝紀上》：“母媼嘗息大澤之陂，夢與神遇。是時雷電晦冥，父太公往視，則見交龍於上。已而有娠，遂產高祖。”古代帝王祭祀天地分别在南郊和北郊。 慶：福。 爍：發光的樣子。

[3]資：憑藉。　粹古：純美的古代。　銘風：記録下風習。
銘，銘刻。　誼：通“義”。　眇代：遠代。眇，久遠。

[4]含和：蘊藏祥和之氣。常喻仁德。也指含有温暖之氣。
日晷：原指測日影定時刻的儀器。此指日影。謂如日影一樣含和祥
瑞。　表：標志。　淑：善良，好。　星樞：古星名。北斗第一
星，也叫天樞。亦指北極五星的紐星，爲天之樞也。

[5]峻古：高超於古。　柔光：仁慈之光。

[6]聲華：聲譽榮耀。　帝掖：皇宮。　軌：高尚的道德風範。
天嬪：後宮妃嬪。

[7]景發皇明：祥瑞誕育出聖明的皇帝。景，祥瑞之光。　祚：
賜福。　睿命：皇朝之命。

[8]備物：指儀衛、祭祀等所用的器物。　焕：鮮明，光亮。
彝策：常典簡册。

[9]允陟鴻典：使人信服地登上大典。允，敬信。陟，登，上。
鴻，大。

[10]晋孝武帝太后：東晋孝武帝生母李陵容。本出微賤，爲晋
簡文帝宫女，得幸生孝武帝。孝武即位後，進號皇太妃，儀服一同
太后。後又尊爲皇太后。事見《晋書》卷三二《孝武文李太后
傳》。

[11]改諸國太妃曰太妃：“太妃”《南史》、《御覽》卷一四二
引作“太姬”。孫彪《考論》云：“姬字是。”

[12]永世：縣名。在今江蘇溧陽市南古縣橋。　成樂：鄉名。
確址待考。

[13]蒼梧王：王爵名。王國在今廣西梧州市。後廢帝劉昱被誅
後，追廢爲蒼梧王。故其生母亦降爲蒼梧王太妃。

伯父照宗，中書通事舍人。[1]叔佛念，步兵校尉。
兄敬元，通直郎，[2]南魯郡太守。[3]佛念大通貨賄，侵亂

朝政。昇明初，賜死。

[1]中書通事舍人：官名。中書省屬官，掌收納、轉呈文書章
奏。宋武帝劉裕原出身寒門，遂引用親信寒士爲之，入直禁中，漸
奪士族高門中書侍郎草擬詔令之任。通事舍人職卑權重，勢傾天
下，把持政務中樞。員四人。七品。
[2]通直郎：官名。通直散騎侍郎的簡稱。屬集書省，多爲加
官，地位漸低。掌文學侍從，收納章奏。五品。
[3]南魯郡：僑置。屬南兗州，轄秦、義成、尉氏、懷德四縣，
治所確址待考。

　　後廢帝江皇后諱簡珪，濟陽考城人，[1]北中郎長史
智淵孫女。[2]泰始五年，太宗訪求太子妃，而雅信小
數，[3]名家女多不合。后弱小，[4]門無强蔭，以卜筮最
吉，故爲太子納之。諷朝士州郡令獻物，[5]多者將直百
金。始興太守孫奉伯止獻琴書，[6]其外無餘物。上大怒，
封藥賜死，既而原之。太子即帝位，立爲皇后。帝既
廢，降爲蒼梧王妃。智淵自有傳。

[1]濟陽：郡名。治所在今山東定陶縣。　考城：縣名。治所
在今河南民權縣。
[2]北中郎長史：官名。北中郎將府長史。掌府中庶務。　智
淵：人名。即江智淵。宋孝武時以詞采知名。本書卷五九有傳。
[3]雅信：素來相信。　小數：術數。泛指陰陽卜筮、鬼神仙
道、祈禳厭勝之類。
[4]后弱小：丁福林《校議》引《南史》卷一一《后妃傳上》
作“江氏雖爲華族，而后父祖並已亡，弟又弱小”。是后弟弱小，
非后族弱小，故“后”字後應加一“弟”字。

[5]諷：用含蓄的話暗示或勸告。

[6]始興：郡名。治所在今廣東韶關市東南蓮花嶺下。　孫奉伯：人名。於宋明帝時先後任南譙郡太守和交州刺史。事見本書卷八《明帝紀》。

　　明帝陳昭華諱法容，丹陽建康人也。太宗晚年，痿疾不能內御，[1]諸弟姬人有懷孕者，輒取以入宮。及生男，皆殺其母，而以與六宮所愛者養之。順帝，桂陽王休範子也，以昭華爲母焉。明帝崩，昭華拜安成王太妃。[2]順帝即位，進爲皇太妃。順帝禪位，去皇太妃之號。

　　[1]痿疾：身體某部分萎縮或失去機能的病。此特指陽痿。內御：指與婦人同房。

　　[2]安成王：王爵名。王國在今江西安福縣。此指順帝劉準。其在即位前封安成王。故其母陳昭華爲安成王太妃。

　　順帝謝皇后諱梵境，陳郡陽夏人，右光祿大夫莊孫女也。[1]昇明二年，立爲皇后。順帝禪位，降爲汝陰王妃。莊自有傳。

　　[1]莊：人名。即謝莊。見前注。

　　史臣曰：飲食男女，人之大欲存焉。[1]故聖人順民情而爲之度，王宮六列，士室二等，皆司事設防，典文曲立。[2]若夫義篤閨闈，[3]化形邦國，古先哲王有以之致治者矣。夫后妃專夕，配以德升；姬嬙並御，進非色幸。[4]欲使情有覃被，愛罔偏流，專貞内表，妖蠱外息。[5]至於降班在四，簪珥成行；[6]同列者三，環珮係響，乃可以變理陰教，輔佐君德。[7]宋氏藉晉世令典，娉納有章，儷天作儷，必四岳之後。[8]雖正位天閨，禮亢尊極，而衰厭易兆，恩宴難留，[9]一謝屬車之塵，永隔青蒲之地。[10]是故元后憤終，良有以也。[11]自元嘉以降，内職稍繁，椒庭綺觀，千門萬户，而淫粧怪飾，變炫無窮。[12]自漢氏昭陽之輪奂，魏室九華之照曜，[13]曾不能概其萬一。徒以所選止於軍署之内，徵引極乎厮皁之間，非若晉氏採擇濫及冠冕也。[14]且愛止帷房，權無外授，戚屬饋賓，歲時不過肴漿，[15]斯爲美矣。及太祖之傾惑潘嫗，謀及婦人；大明之淪溺殷姬，並后匹嫡，[16]至使多難起於肌膚，并命行於同產，[17]又況進於此者乎。以斯言之，三代、二漢之亡於淫嬖，非不幸也。[18]

[1]飲食男女：指對吃喝和性的需要。此句見《禮記·禮運》。人：各本並作“民”，中華本據《禮記·禮運》改，從之。

[2]度：法度。　二等：指妻、妾嫡庶之別。　曲立：婉轉而立。《易·繫辭下》：“其旨遠，其辭文，其言曲而中。”孔穎達疏：“其言隨物屈曲，而各中其理也。”

[3]閨闈：古時婦女所居内室。此指後宮。

[4]專夕：專夜，專寵。指一人專自侍寢。　德：道德，品行。嬙：次於妃的宮内女官。　色：容貌顏色。　幸：寵愛。

[5]覃（tán）：延伸，廣遍。　罔：無，沒有。　貞：正。内表：内心的標準。　妖蠱：以妖術蠱惑害人。亦指艷麗的外貌。

[6]降班：降級。　在四：指后妃分皇后、三夫人、九嬪、五

職四等。　簪珥：髮簪和耳飾。比喻後宮姬妾。

［7］同列：同一班列，同等地位。　環珮：古代婦女所繫玉飾。借指美女。　燮理：協和治理。　陰教：女子的教化。語本《周禮·天官·內宰》："以陰禮教六宮，以陰禮教九嬪。"

［8］令典：美善之典。　倪（xiàn）天：語見《詩·大雅·大明》："大邦有子，倪天之妹。"意謂大國有一個女兒，好比天上的仙子。本爲贊頌文王所聘太姒。後借指皇后、公主。　四岳：相傳爲共工的後裔，因佐禹治水有功，賜姓姜，封於呂，並使爲諸侯之長。此喻門閥世族。

［9］天闈：指內宮。　亢：同"伉"。匹敵，相當。　尊極：指皇帝。　衰厭：情衰生厭。　恩宴：皇帝的恩愛。宴，快樂。

［10］謝：辭別。　屬車：帝王出行時的侍從車。借指帝王。青蒲：指天子內庭。青蒲爲水生植物，可以莖葉編織蒲席。《文選》任昉《天監三年策秀才文》李周翰注："青蒲，天子內庭也，以青色規之，而諫者伏其上。"

［11］元后：指宋文帝皇后袁齊嬀。

［12］椒庭：指宮內。　綺：華麗，美麗。　淫粧：浮華輕薄的粧飾。　變炫無窮：變幻無窮。

［13］昭陽：漢宮殿名。泛指后妃所住的宮殿。班固《西都賦》："昭陽特盛，隆乎孝成。"　輪奐：形容屋宇高大衆多。　九華：魏臺榭名。魏文帝黃初七年（226）築九華臺於洛陽皇宮。

［14］選：選妃。　軍署：軍營。時軍士社會地位低下。　廝皂：廝役與皂隸。泛指衙門的差役，地位卑賤。　非若晋氏採擇濫及冠冕也：各本並脫"若"字，中華本據《南史》補，今從之。濫，過度。冠冕，指門族仕宦之家。

［15］帷房：內室。　外授：授給宮外戚族。　饋賚：饋贈賞賜給食物。　歲時：年節之時。　肴漿：菜肴水酒。肴，熟肉。漿，本指飲料，引申爲酒。

［16］潘嫗：指宋文帝寵幸的潘淑妃。　大明：宋孝武帝劉駿年

號（457—464）。代指孝武帝。　殷姬：指殷貴妃。　並后匹嫡：
與嫡妻皇后並列匹敵。匹，相等。

[17]肌膚：比喻骨肉之親。　并命：同死。　同産：同母所
生。指兄弟。

[18]三代：指夏、商、周三朝。　淫嬖：指受帝王寵愛的
女人。

宋書　卷四二

列傳第二

劉穆之　王弘

　　劉穆之，字道和，小字道民，東莞莒人，[1]漢齊悼惠王肥後也。[2]世居京口。[3]少好《書》《傳》，博覽多通，爲濟陽江斅所知。[4]斅爲建武將軍、琅邪内史，[5]以爲府主簿。[6]

　　[1]東莞：郡名。治所在今山東莒縣。　莒：縣名。在今山東莒縣。

　　[2]漢：指西漢。　齊：王國名。在今山東淄博市東北。　悼惠：謚號。按《謚法》：“中年早殀曰悼。”“柔質受諫曰惠。”肥：人名。即劉肥。漢高帝劉邦子。《漢書》卷三八有傳。

　　[3]京口：地名。在今江蘇鎮江市。

　　[4]濟陽：郡名。治所在今河南民權縣東北。　江斅：人名。陳留郡圉（今河南尉氏縣）人。歷任琅邪内史、驃騎諮議。

　　[5]建武將軍：官名。爲五武將軍之一。四品。　琅邪：國名。在今山東諸城市。　内史：官名。掌王國民政。五品。

[6]主簿：官名。即建武將軍府主簿，軍府幕僚長，主管州郡府中政務。

　　初，穆之嘗夢與高祖俱泛海，^[1]忽值大風，驚懼。俯視船下，見有二白龍夾舫。既而至一山，峰萼聳秀，林樹繁密，意甚悦之。及高祖克京城，^[2]問何無忌曰：^[3]"急須一府主簿，何由得之?"無忌曰："無過劉道民。"高祖曰："吾亦識之。"即馳信召焉。時穆之聞京城有叫噪之聲，晨起出陌頭，屬與信會。穆之直視不言者久之。既而反室，壞布裳爲絝，往見高祖。高祖謂之曰："我始舉大義，方造艱難，須一軍吏甚急，卿謂誰堪其選?"穆之曰："貴府始建，軍吏實須其才。倉卒之際，當略無見踰者。"高祖笑曰："卿能自屈，吾事濟矣。"即於坐受署。

[1]高祖：宋武帝劉裕廟號。

[2]京城：地名。即京口城，在今江蘇鎮江市。

[3]何無忌：人名。東晉東海郡郯縣（今江蘇鎮江市）人。曾與劉裕起兵討桓玄，後爲盧循戰敗而死。《晋書》卷八五有傳。

　　從平京邑，^[1]高祖始至，諸大處分，皆倉卒立定，並穆之所建也。遂委以腹心之任，動止咨焉。穆之亦竭節盡誠，無所遺隱。時晋綱寬弛，威禁不行，盛族豪右，負勢陵縱，小民窮蹙，自立無所。重以司馬元顯政令違舛，^[2]桓玄科條繁密。^[3]穆之斟酌時宜，隨方矯正，不盈旬日，風俗頓改。遷尚書祠部郎，^[4]復爲府主簿，記室録事參軍，[5]領堂邑太守。[6]以平桓玄功，封西華縣五等子。[7]

[1]京邑：地名。即建康，今江蘇南京市。

[2]司馬元顯：人名。東晉簡文帝庶孫。與父司馬道子專擅朝政，爲桓玄所殺。《晉書》卷六四有附傳。

[3]桓玄：人名。東晉大司馬桓溫之子。曾任荆、江二州刺史，發兵討滅司馬元顯。執朝政。旋稱帝建楚國，後爲劉裕所敗。《晉書》卷九九有傳。

[4]尚書祠部郎：官名。亦稱祠部郎中，爲祠部曹長官。六品。

[5]記室録事參軍：官名。爲記室曹和録事曹長官之總稱。前者掌文疏表奏，後者總録衆曹文簿，舉彈善惡，位在列曹參軍之上。

[6]堂邑：郡名。治所在今江蘇南京市六合區。

[7]西華：縣名。在今河南西華縣南。　五等子：子爵等級之一，不食封。

義熙三年，[1]揚州刺史王謐薨，[2]高祖次應入輔，劉毅等不欲高祖入，[3]議以中領軍謝混爲揚州。[4]或欲令高祖於丹徒領州，[5]以内事付尚書僕射孟昶。[6]遣尚書右丞皮沈以二議咨高祖。[7]沈先見穆之，具説朝議。穆之僞起如厠，即密疏白高祖曰：“皮沈始至，其言不可從。”高祖既見沈，且令出外，呼穆之問曰：“卿云沈言不可從，其意何也？”穆之曰：“昔晉朝失政，非復一日，加以桓玄篡奪，天命已移。公興復皇祚，勳高萬古。既有大功，便有大位。位大勳高，非可持久。公今日形勢，豈得居謙自弱，遂爲守藩之將邪？劉、孟諸公，與公俱起布衣，共立大義，本欲匡主成勳，以取富貴耳。事有前後，故一時推功，非爲委體心服，宿定臣主之分也。力敵勢均，終相吞咀。揚州根本所係，不可假人。前者以授王謐，事出權道，豈是始終大計必宜若此而已哉。今若復以他授，便應受制於人。一失權柄，無由可得。而公功高勳重，不可直置，疑畏交加，異端互起，將來之危難，可不熟念。今朝議如此，宜相酬答，必云在我，厝辭又難。唯應云：'神州治本，宰輔崇要，興喪所階，宜加詳擇。此事既大，非可懸論，便暫入朝，共盡同異。'公至京，彼必不敢越公更授餘人明矣。"高祖從其言，由是入輔。

[1]義熙：晉安帝司馬德宗年號（405—418）。

[2]揚州：治所在今江蘇南京市。　王謐：人名。琅邪臨沂（今山東臨沂市）人。王導孫。《晉書》卷六五有附傳。

[3]劉毅：人名。彭城沛（今江蘇沛縣）人，與劉裕等起兵討桓玄，因功封南平郡開國公。後因反劉裕爲劉裕所敗，自殺。《晉書》卷八五有傳。

[4]中領軍：官名。東晉時又稱北軍中候，總領二衛、驍騎、材官諸營禁軍。宋掌京師駐軍及禁軍。三品。　謝混：人名。陳郡陽夏（今河南太康縣）人。謝安孫。《晉書》卷七九有附傳。

[5]丹徒：縣名。治所在今江蘇鎮江東南丹徒鎮。

[6]尚書僕射：官名。爲尚書省次官。南朝時主持尚書省日常政務。三品。　孟昶：人名。東晉安丘（今山東安丘市）人。曾與劉裕合謀討桓玄，拜丹陽尹，累遷吏部尚書。盧循攻建康，恐懼，自殺。

[7]尚書右丞：官名。尚書省佐官，位次尚書。與左丞共掌尚

書省庶務，又掌本省庫藏廬舍，督録遠道州郡文書章奏。六品。

皮沈：人名。《南史》、本書均一見，其事不詳。

從征廣固，[1]還拒盧循，[2]常居幃中畫策，決斷衆事。劉毅等疾穆之見親，每從容言其權重，高祖愈信仗之。穆之外所聞見，莫不大小必白，雖復閭里言謔，塗陌細事，皆一二以聞。高祖每得民間委密消息以示聰明，皆由穆之也。又愛好賓遊，坐客恒滿，布耳目以爲視聽，故朝野同異，穆之莫不必知。雖復親暱短長，皆陳奏無隱，人或譏之，穆之曰：“以公之明，將來會自聞達。我蒙公恩，義無隱諱，此張遼所以告關羽欲叛也。”[3]高祖舉止施爲，穆之皆下節度。高祖書素拙，穆之曰：“此雖小事，然宣彼四遠，願公小復留意。”高祖既不能厝意，又稟分有在。穆之乃曰：“但縱筆爲大字，一字徑尺，無嫌。大既足有所包，且其勢亦美。”[4]高祖從之，一紙不過六七字便滿。凡所薦達，不進不止，常云：“我雖不及荀令君之舉善，[5]然不舉不善。”穆之與朱齡石並便尺牘，[6]嘗於高祖坐與齡石答書。自旦至日中，[7]穆之得百函，齡石得八十函，而穆之應對無廢也。轉中軍太尉司馬。[8]八年，加丹陽尹。[9]

[1]廣固：地名。在今山東青州市西北。晋隆安年間南燕慕容德都於此。義熙五年（409）劉裕克廣固，滅南燕。

[2]盧循：人名。范陽涿縣（今河北涿州市）人，參加孫恩反晋軍。孫恩死，被推爲首領。後敗退廣州，投水死。《晋書》卷一○○有傳。

[3]張遼所以告關羽欲叛：建安五年（200）曹操東征劉備，關羽爲曹操所擒，受禮遇優厚。曹操派部將張遼察問關羽心志。關羽言：“吾極知曹公待我厚，然吾受劉將軍厚恩，誓以共死，不可背之。吾終不留，吾要當立效以報曹公乃去。”張遼以此言報曹操。後關羽爲曹操斬袁紹大將顏良，解白馬之圍，遂投奔劉備。事見《三國志》卷三六《蜀書·關羽傳》。

[4]且其勢亦美：“勢”各本並作“名”，中華本據《南史》、《元龜》卷七二二改。

[5]荀令君：即荀彧。東漢末潁川潁陽（今河南許昌市）人。爲曹操謀主，任漢侍中，守尚書令。舉薦戲志才、郭嘉、荀攸、鍾繇、陳群、司馬懿等十數人，皆稱職，或爲命世大才，曹操以爲知人。事見《三國志》卷一○《魏書·荀彧傳》。

[6]朱齡石：人名。東晉沛郡沛縣人。曾率兵伐蜀，以功封豐城縣侯。本書卷四八有傳。

[7]自旦至日中：各本並脫“日”字，中華本據《南史》，《類聚》卷五八引，《建康實錄》，《元龜》卷三八八、卷七一八、卷八五○，《御覽》卷五九五引補。

[8]中軍：官名。即中軍將軍。爲東晉將軍名號，不領宿衛禁軍，可出任持節都督，鎮守一方。　太尉：官名。東漢時三公之首，魏晉以後爲名譽宰相，多爲大臣加官，無實際職掌。但東晉末劉裕任太尉，則有實權。　司馬：官名。爲軍府高級幕僚，掌參贊軍務，管理府内武職，位僅次於長史。義熙四年（408）劉裕遣劉敬宣伐蜀譙縱，無功而返，自降爲中軍將軍，七年受任太尉、中書監，劉穆之先爲中軍將軍司馬，後隨府轉爲太尉司馬。

[9]丹陽尹：官名。爲京師所在郡府級長官。掌京師行政諸務並詔獄，一度掌少府職事，地位頗重要。

高祖西討劉毅，以諸葛長民監留府，[1]總攝後事。

高祖疑長民難獨任，留穆之以輔之。加建威將軍，[2]置佐吏，配給實力。長民果有異謀，而猶豫不能發，乃屏人謂穆之曰：“悠悠之言，皆云太尉與我不平，何以至此？”穆之曰：“公泝流遠伐，而以老母稚子委節下，若一毫不盡，豈容如此邪？”意乃小安。高祖還，長民伏誅。十年，進穆之前將軍，[3]給前軍府年布萬匹，錢三百萬。十一年，高祖西伐司馬休之，[4]中軍將軍道憐知留任，[5]而事無大小，一決穆之。遷尚書右僕射，[6]領選，將軍、尹如故。十二年，高祖北伐，留世子爲中軍將軍，[7]監太尉留府；轉穆之左僕射，[8]領監軍、中軍二府軍司，[9]將軍、尹、領選如故。[10]甲仗五十人，入殿。[11]入居東城。[12]

[1]諸葛長民：人名。琅邪陽都（今山東沂南縣）人。從劉裕討桓玄，以功拜輔國將軍，終因謀亂爲劉裕所殺。《晋書》卷八五有傳。

[2]建威將軍：官名。五威將軍之一。四品。

[3]前將軍：官名。軍府名號，用作加官。常不載官品。

[4]司馬休之：人名。東晋宗室。曾任平西將軍、荆州刺史。因怨望謀誅執政，劉裕征之，戰敗奔後秦姚興。《晋書》卷三七有附傳。

[5]道憐：人名。即劉道憐。宋武帝劉裕中弟。本書卷五一有傳。

[6]尚書右僕射：官名。尚書僕射爲尚書省次官，或單置，或置左、右。僕射主持尚書省政務。右僕射領祠部、儀曹二郎曹。

[7]世子：諸侯之嫡長子，後世則稱繼承王位、爵位者爲世子，多由嫡長子充任。此指劉裕長子劉義符。

[8]左僕射：官名。爲尚書省次官，領殿中、主客二郎曹，位在右僕射之上。三品。

[9]監軍：官名。初爲臨時差遣之職，在軍中監督出征將帥。晋朝或統兵開府。 軍司：官名。爲諸軍府主要僚屬，佐主帥統帶軍隊，負有匡正監察主帥之責，地位很高，常繼任主帥。

[10]將軍：各本並脱"軍"字，中華本據《南史》補。

[11]入殿：各本並脱此二字，中華本據《南史》補。

[12]東城：又稱東府城。東晋築，在今江蘇南京市通濟門附近，臨秦淮河。每建康有事，必置兵鎮守。

穆之内總朝政，外供軍旅，決斷如流，事無擁滯。賓客輻輳，求訴百端，内外諮稟，盈揩滿室，目覽辭訟，手答牋書，耳行聽受，口並酬應，不相參涉，皆悉贍舉。又數客暌賓，言談賞笑，引日互時，未嘗倦苦。裁有閑暇，自手寫書，尋覽篇章，校定墳籍。性奢豪，食必方丈，旦輒爲十人饌。穆之既好賓客，未嘗獨餐。每至食時，客止十人以還者，帳下依常下食，以此爲常。嘗白高祖曰："穆之家本貧賤，贍生多闕。自叨忝以來，雖每存約損，而朝夕所須，微爲過豐。自此以外，一毫不以負公。"

十三年，疾篤，詔遣正直黃門郎問疾，[1]十一月卒，時年五十八。

[1]正直黃門郎：官名。指黃門郎中主要值事者，由黃門郎輪流擔任。黃門郎，官名。侍中省或門下省次官，位頗重要。

高祖在長安，[1]聞問驚慟，哀惋者數日。本欲頓駕關中，[2]經略趙、魏。[3]穆之既卒，京邑任虛，乃馳還彭城，[4]以司馬徐羨之代管留任，[5]而朝廷大事常決穆之者，並悉北諮。[6]穆之前軍府文武二萬人，以三千配羨之建威府，[7]餘悉配世子中軍府。追贈穆之散騎常侍、衛將軍、開府儀同三司。[8]

[1]長安：地名。今陝西西安市。

[2]關中：區域名。指函谷關、武關、散關、蕭關之間地，即今河南靈寶市及其以西陝西關中盆地。

[3]趙：指以今河北邯鄲市爲中心的原戰國時期趙國轄區。魏：指以鄴城（今河北臨漳縣）和安陽（今河南安陽市）爲中心的原魏郡轄區。

[4]彭城：地名。今江蘇徐州市。

[5]司馬：官名。爲軍府高級幕僚，掌參贊軍務，管理府司武職。劉裕北伐，以徐羨之爲太尉左司馬。　徐羨之：人名。東晉東海郯（今山東郯城縣）人。本書卷四三有傳。

[6]北諮：向北咨詢。即向北咨詢劉裕。因建康在南，彭城在北，故云北咨。

[7]建威府：建威將軍府。劉穆之卒，劉裕以徐羨之爲吏部尚書、建威將軍、丹陽尹、總知留任。見本書卷四三《徐羨之傳》。

[8]散騎常侍：官名。爲門下重職，散騎省長官。侍從皇帝左右，諫諍得失，顧問應對。亦常用作宰相諸公加官，得入宮禁議政。　衛將軍：官名。在諸名號大將軍之上，多作軍府名號，以加大臣、重要州郡長官，無具體職掌。常以中書監、尚書令等權臣兼任、統兵出征。二品。開府者位從公，一品。　開府儀同三司：官名。爲大臣加號，意謂與三司即太尉、司徒、司空享受的禮制待遇，許開設府署，自辟僚屬。

　　高祖又表天子曰："臣聞崇賢旌善，王教所先；念功簡勞，義深追遠。故司勳秉策，[1]在勤必書；德之休明，没而彌著。故尚書左僕射、前將軍臣穆之，[2]爰自布衣，協佐義始，內端謀猷，[3]外勤庶政，密勿軍國，[4]心力俱盡。及登庸朝右，尹司京畿，翼新王化，敷讚百揆，頃戎車遠役。居中作扞，撫寄之勳，實洽朝野。方宣讚盛猷，緝隆聖世，志績未究，遠邇悼心。皇恩褒述，班同三事，[5]榮哀兼備，寵靈已厚。臣伏思尋，自義熙草創，艱患未弭，外虞既殷，內難彌結，時屯世故，靡歲暫寧。豈臣以寡乏，負荷國重，實賴穆之匡翼之益。豈唯讜言嘉謀，溢于民聽；若乃忠規遠畫，潛慮密謨，造膝詭辭，莫見其際。功隱於視聽，事隔於皇朝者，[6]不可稱記。所以陳力一紀，克遂有成，出征入輔，幸不辱命。微夫人之左右，未有寧濟其事者矣。履謙居寡，守之彌固，每議及封賞，輒深自抑絕。所以勳高當年，而未沾茅社，[7]撫事永傷，胡寧可昧。謂宜加贈正司，追甄土宇，俾大賚所及，永秩於善人，忠正之烈，不泯於身後。臣契闊屯泰，[8]旋觀始終，金蘭之分，[9]義深情密。是以獻其乃懷，布之朝聽。"於是重贈侍中、司徒，封南昌縣侯，[10]食邑千五百户。[11]

　　[1]司勳：官名。掌勳爵戎職封賞事宜。

　　[2]前將軍：官名。各本並作"前軍將軍"，中華本據《南史》刪"軍"字。孫彪《考論》云："是前將軍，誤多軍字。"

　　[3]內端謀猷：丁福林《校議》據《南史》卷一五《劉穆之傳》、《文選》卷三八載傅亮《爲宋公求加贈劉將軍表》皆作"內

竭謀猷”，疑是。

[4]密勿：勤勉。《漢書》卷三六《劉向傳》：“《詩》曰密勿
從事。”顏師古注：“密勿，猶黽勉從事也。”

[5]三事：周指三事大夫，即三公。漢朝以後謂丞相，亦有三
司意。

[6]事隔於皇朝者：各本並脱“者”字，中華本據《南
史》補。

[7]茅社：茅土與社。皇帝分封諸侯，賜茅土並使之建社。

[8]契闊：一指離散，二指死生相約。　屯：艱難。

[9]金蘭：言交友相投合。《易·繫辭上》：“二人同心，其利
斷金，同心之言，其臭如蘭。”

[10]侍中：官名。門下之侍中省長官。常侍衛皇帝左右，管理
門下衆事，侍奉生活起居，出行則護駕。掌顧問應對，拾遺補缺，
諫靜糾察，儐相威儀，平議尚書奏事。或加予宰相、尚書等高級官
員，使其出入殿省，入宮議政。兼統宮廷內諸署。三品。　司徒：
官名。名譽宰相。亦掌參録朝政，然僅掌事務，加録尚書事者方爲
真宰相。一品。其府處理全國日常行政事務。

[11]南昌縣侯：侯爵名。即食邑於縣的列侯。侯國在今江西南
昌市。

　　高祖受禪，思佐命元勳，詔曰：“故侍中、司徒、
南昌侯劉穆之，深謀遠猷，肇基王跡，勳造大業，誠實
匡躬。今理運惟新，蕃屏並肇，感事懷人，實深悽悼。
可進南康郡公，[1]邑三千户。故左將軍、青州刺史王鎮
惡，[2]荆、郢之捷，剋翦放命，[3]北伐之勳，參跡方
叔。[4]念勤惟績，無忘厥心，可進龍陽縣侯，[5]增邑千五
百户。”謚穆之曰文宣公。太祖元嘉九年，[6]配食高祖廟
庭。二十五年四月，車駕行幸江寧，[7]經穆之墓，詔曰：

“故侍中、司徒、南康文宣公穆之，秉德佐命，翼亮景業，謀猷經遠，元勳克茂，功銘鼎彝，義彰典策，故已嗣徽前哲，宣風後代者矣。近因遊踐，瞻其塋域，九原之想，[8]情深悼嘆。可致祭墓所，以申永懷。”

[1]南康郡公：公爵名。公國在今江西贛州市西南。

[2]左將軍：官名。武官名號，略高於一般雜號將軍，不典禁兵，不與朝政。爲軍府名號，用作加官。三品。　青州：地名。東晉僑治於廣陵縣（今江蘇蘇州市西北）。宋初併入南兗州。　王鎮惡：人名。東晉北海劇（今山東昌樂縣）人。前秦丞相王猛孫。本書卷四五有傳。

[3]放命：方命。《尚書·堯典》：“方命圮族。”

[4]方叔：人名。周宣王卿士，先後領兵征伐玁狁和楚國，取得勝利。

[5]龍陽縣侯：侯爵名。侯國在今湖南漢壽縣。

[6]太祖：宋文帝劉義隆廟號。　元嘉：宋文帝劉義隆年號（424—453）。

[7]江寧：地名。治所在今江蘇南京市江寧區西南江寧鎮。

[8]九原之想：典出劉向《新序·雜事四》：“晉平公過九原而嘆曰：‘嗟乎！此地之蘊吾良臣多矣’。”九原，春秋時期卿大夫墓地。後泛指墓地。《禮記·檀弓下》：“趙文子與叔譽觀乎九原。”

　　穆之三子，長子慮之嗣，仕至員外散騎常侍。[1]卒，子邕嗣。先是郡縣爲封國者，内史、相並於國主稱臣，[2]去任便止。至世祖孝建中，[3]始革此制。爲下官致敬。河東王歆之嘗爲南康相，[4]素輕邕。後歆之與邕俱豫元會，[5]並坐。邕性嗜酒，謂歆之曰：“卿昔嘗見臣，今不能見勸一盃酒乎?"歆之因敩孫晧歌答之曰:[6] "昔爲汝作臣，今與汝比肩。既不勸汝酒，亦不願汝年。"邕所至嗜食瘡痂，以爲味似鰒魚。嘗詣孟靈休，[7]靈休先患灸瘡，瘡痂落牀上，因取食之。靈休大驚。答曰："性之所嗜。"靈休瘡痂未落者，悉褫取以餉邕。邕既去，靈休與何勗書曰:[8] "劉邕向顧見噉，遂舉體流血。"南康國吏二百許人，[9]不問有罪無罪，遞互與鞭，鞭瘡痂常以給膳。卒，子彤嗣。大明四年，[10]坐刀斫妻，奪爵土，以弟彪紹封。齊受禪，降爲南康縣侯，食邑千户。

[1]員外散騎常侍：官名。初爲正員之外添差之散騎常侍，無員數，後爲定員官。屬散騎省。初多授公族、宗室，雖是閑職，仍爲顯官。常用以安置閑退人員、衰老之士，地位漸低。

[2]内史：官名。西晉武帝太康十年（289）改諸王國相爲内史，掌管民政。五品。 相：官名。爲諸侯國行政長官，由朝廷委派。品秩隨民户多少而定。

[3]世祖：宋孝武帝劉駿廟號。 孝建：宋孝武帝劉駿年號（454—456）。

[4]河東：郡國名。原在今山西夏縣。東晉僑置於湖北松滋市。

王歆之：人名。字叔道。宋文帝時，歷任左民尚書、光禄大夫，卒官。本書卷九二有附傳。

[5]元會：皇帝元旦朝見群臣稱元會，也叫正會。

[6]孫晧歌：西晉滅東吳，以吳末代皇帝孫晧爲歸命侯。一次宴會，晉武帝司馬炎令孫晧作《爾汝歌》。孫晧舉杯勸酒，吟道"昔與汝爲鄰，今與汝爲臣，上汝一杯酒，令汝壽萬春。"

[7]孟靈休：人名。平昌（今山東臨邑縣）人。孟昶子，性奢

豪，官至秘書監。事見本書卷七一《徐湛之傳》。

　　[8]何勗：人名。東海（今山東郯城縣）人，與孟靈休、何璃以興馬驕奢相尚。

　　[9]南康國吏：“吏”各本並作“史”，中華本據《元龜》卷九二八、《御覽》卷七四二引改。南康國，在今江西贛州市東北。

　　[10]大明：宋孝武帝劉駿年號（457—464）。

　　穆之中子式之字延叔，通易好士。累遷相國中兵參軍，[1]太子中舍人，[2]黃門侍郎，[3]寧朔將軍、宣城淮南二郡太守。[4]在任贓貨狼藉，揚州刺史王弘遣從事檢校。[5]從事呼攝吏民，欲加辯覆。式之召從事謂曰：“治所還白使君，劉式之於國家粗有微分，偷數百萬錢何有，況不偷邪！吏民及文書不可得。”從事還具白弘，弘曰：“劉式之辯如此奔！”亦由此得停。還爲太子右率，[6]左衛將軍，[7]吳郡太守。[8]卒，追贈征虜將軍。[9]從征關、洛有功，封德陽縣五等侯，[10]謚曰恭侯。[11]長子敳，世祖初，黃門侍郎。敳弟衍，大明末，以爲黃門郎，出爲豫章内史。[12]晉安王子勛稱僞號，[13]以爲中護軍。[14]事敗伏誅。

　　[1]相國中兵參軍：官名。亦作“中兵參軍事”。相國府僚屬之一。掌本府中兵曹事務，兼備參謀咨詢。

　　[2]太子中舍人：官名。東宮官屬。與中庶子共掌東宮文翰，位在中庶子下，洗馬上。

　　[3]黃門侍郎：官名。給事黃門侍郎之省稱，爲侍中省或門下省次官。在宮内待從皇帝，顧問應對，出則陪乘。

　　[4]寧朔將軍：官名。西晉爲幽州軍政長官。四品。朔，朔方，

爲北方地名。　宣城：郡名。治所在今安徽宣城市宣州區。　淮南：僑郡名。東晉咸和初僑置於今安徽當塗縣。

[5]從事：官名。州部屬吏，又稱從事史。

[6]太子右率：官名。即太子右衛率。宿衛東宮，亦任征伐。五品。

[7]左衛將軍：官名。爲禁衛軍主要統帥之一。四品。

[8]吳郡：地名。治所在今江蘇蘇州市。

[9]征虜將軍：官名。將軍名號。亦作爲高級文職官員的加官。三品。

[10]德陽縣：治所在今四川遂寧市東南龍馬場。　五等侯：侯爵名。侯爵等級之一，不食封。

[11]謚曰恭侯：按《謚法》：“尊賢貴義曰恭。”

[12]豫章：郡名。治所在今江西南昌市。

[13]晉安王：王爵名。王國在今福建福州市。　子勛：人名。即劉子勛。宋孝武帝第三子。本書卷八〇有傳。

[14]中護軍：官名。掌督護京師以外地方諸軍。三品。

衍弟瑀字茂琳，少有才氣。爲太祖所知。始興王濬爲南徐州，[1]以瑀補別駕從事史，[2]爲濬所遇。瑀性陵物護前，不欲人居己上，時濬征北府行參軍吳郡顧邁輕薄而有才能。[3]濬待之甚厚，深言密事，皆與參之。瑀乃折節事邁，深布情款，家內婦女間事，言語所不得至者，莫不倒寫備說。邁以瑀與之款盡，深相感信。濬所言密事，悉以語瑀。瑀與邁共進射堂下，瑀忽顧左右索單衣幘，邁問其所以，瑀曰：“公以家人待卿，相與言無所隱，而卿於外宣泄，致使人無不知。我是公吏，何得不啓”。因而白之。濬大怒，啓太祖徙邁廣州。[4]邁在廣州，值蕭簡爲亂，[5]爲之盡力，與簡俱死。

　　[1]始興王：王爵名。王國在今廣東韶關市南蓮花嶺下。　濬：人名。即劉濬。字休明，宋文帝子。本書卷九九有傳。　南徐州：地名。宋永初二年（421）置，治所在京口（今江蘇鎮江市）。

　　[2]別駕從事史：官名。又稱別駕、別駕從事。漢州部佐吏從刺史行部，別駕傳車，故稱。宋主吏員選舉。

　　[3]征北府：官署名。征北將軍府。　行參軍：官名。州府、公府、將軍府自辟，無固定職掌。　顧邁：人名。吳郡（今江蘇蘇州市）人。曾任揚州主簿。

　　[4]廣州：地名。治所在今廣東廣州市。

　　[5]蕭簡：人名。南蘭陵（今江蘇常州市武進區）人。以安南諮議參軍、南海太守行府州事。世祖入討劉劭，遣輔國將軍、南海太守鄧琬討簡，固守經時，城陷被誅。事見本書卷七八《蕭思話傳》。

　　瑀遷從事中郎，[1]領淮南太守。元嘉二十九年，出爲寧遠將軍、益州刺史。[2]元凶弑立，[3]以爲青州刺史。瑀聞問，即起義遣軍，並送資實於荊州。[4]世祖即位，召爲御史中丞。[5]還至江陵，[6]值南郡王義宣爲逆，[7]瑀陳其不可，言甚切至。義宣以爲丞相左司馬，[8]俱至梁山。[9]瑀猶乘其蜀中船舫，又有義宣故部曲潛於梁山洲外下投官軍。[10]除司徒左長史。[11]明年，遷御史中丞。瑀使氣尚人，爲憲司甚得志。彈王僧達云：[12]“蔭籍高華，人品冗末。”朝士莫不畏其筆端，尋轉右衛將軍。[13]瑀願爲侍中，不得，謂所親曰：“人仕宦不出當入，不入當出，安能長居戶限上。”因求益州。世祖知其此意，許之。孝建三年，除輔國將軍、益州刺史。既行，甚不得意。至江陵，與顏竣書曰：[14]“朱脩之三世叛兵，[15]一旦居荊州，青油幕下，作謝宣明面見向，[16]使齋帥以長刀引吾下席。[17]於吾何有，政恐匈奴輕漢耳。”其年，坐奪人妻爲妾，免官。大明元年，起爲東陽太守。[18]明年，遷吳興太守。[19]侍中何偃嘗案云：[20]“參伍時望。”瑀大怒曰：“我於時望何參伍之有！”遂與偃絕。及爲吏部尚書，意彌憤憤。[21]族叔秀之爲丹陽尹，[22]瑀又與親故書曰：“吾家黑面阿秀，遂居劉安衆處，[23]朝廷不爲多士。”其年疽發背，何偃亦發背癰。瑀疾已篤，聞偃亡，歡躍叫呼，於是亦卒。謚曰剛子。子卷，南徐州別駕。卷弟藏，尚書左丞。[24]

[1]從事中郎：官名。其職依時依府而異，或主吏，或分掌諸曹，或掌機密，或參謀議。六品。

[2]寧遠將軍：官名。將軍名號。五品。　益州：治所在成都（今四川成都市）。

[3]元凶：即劉劭。爲宋文帝太子，殺文帝自立，狂悖無道，終被殺。本書卷九九有傳。

[4]荊州：治所在今湖北荊州市荊州區。

[5]御史中丞：官名。御史臺長官，職掌監察執法。四品。御史臺又稱憲司。

[6]江陵：地名。治所在今湖北荊州市荊州區。

[7]南郡王：王爵名。王國在今湖北荊州市荊州區。　義宣：人名。即劉義宣。宋武帝子。本書卷六八有傳。

[8]丞相：官名。省置無常，多用以安置權臣。一品。　左司馬：官名。司馬爲公府高級幕僚，位次長史，管理府內武職。或分

爲左右。

[9]梁山：山名。在今安徽和縣南長江西岸西梁山。

[10]又有義宣故部曲潛於梁山洲外下投官軍：中華本以爲："'有'疑當作'與'，或文有訛奪。"

[11]左長史：官名。與右長史並爲司徒府僚屬之長，位在右長史上。六品。

[12]王僧達：人名。琅邪臨沂人。官至太常，遭陷害死獄中。本書卷七五有傳。

[13]右衛將軍：官名。爲禁衛軍主要統帥之一，權任頗重，多由皇帝親信擔任。

[14]顏竣：人名。琅邪臨沂（今山東費縣）人。官至散騎常侍、丹陽尹。遭陷害死獄中。

[15]朱脩之：人名。字恭祖，義陽平氏（今河南桐柏縣）人。本書卷七六有傳。

[16]謝宣明：人名。即謝晦。陳郡陽夏人。本書卷四四有傳。

[17]齋帥：官名。在皇帝、諸王及州郡長官左右擔任侍衛及灑掃鋪設等職事。

[18]東陽：郡名。治所在今浙江金華市。

[19]吳興：郡名。治所在今浙江湖州市吳興區。

[20]何偃：人名。字仲弘，廬江灊（今安徽霍山縣）人。本書卷五九有傳。

[21]及爲吏部尚書，意彌憒憒：丁福林《校議》云："劉瑀如由吳興太守而入爲吏部，不當憒憒。"又考之《通志》卷一三一載此作"及偃爲吏部尚書，意彌憒憒"。知本文"及"之後佚一"偃"字。吏部尚書，官名。爲尚書臺（省）吏部曹長官，主管官吏銓選考課獎懲。三品。

[22]秀之：人名。即劉秀之。字道寶，東莞莒（今山東莒縣）人。本書卷八一有傳。

[23]劉安衆：人名。即劉湛。南陽涅陽（今河南鄧州市東）

人。本書卷六九有傳。又"劉"各本並作"留"，中華本據《南史》、《元龜》卷九四四改。

[24]尚書左丞：官名。尚書省佐官，位次尚書，與右丞共掌尚書省庶務。率諸都令史監督稽核尚書曹、郎曹政務，監察文武百官，號稱"監司"。又分掌宗廟祠祀等文書奏事，職權甚重。

穆之少子貞之，中書黃門侍郎，[1]太子右衛率，寧朔將軍、江夏內史。[2]卒官。子衷，始興相，以贓貨繫東冶內。[3]

[1]中書黃門侍郎：官名。中書侍郎職閑官清，成爲諸王起家官，五品。黃門侍郎爲侍中省或門下省次官，與侍中俱掌門下衆事。五品。

[2]江夏：郡名。治所在今湖北武漢市。

[3]東冶：官署名。有令丞，隸少府，掌鼓鑄鍛冶，領工徒。

穆之女適濟陽蔡祐，[1]年老貧窮。世祖以祐子平南參軍孫爲始安太守。[2]

[1]濟陽：郡名。治所在今河南民權縣。　蔡祐：人名。其事見本卷，餘事不詳。

[2]平南："平南大將軍"或"平南將軍"之省稱。與平東、平西、平北將軍合稱四平將軍，多持節都督或監某地區軍事，有時亦作爲刺史等地方官員兼理軍務的加官。二、三品。　參軍：官名。亦作"參軍事"。王、公、將軍府、都水臺以及諸州多置爲僚屬。六至九品不等。　始安：郡名。治所在今廣西桂林市。

王弘字休元，琅邪臨沂人也。[1]曾祖導，[2]晉丞相。

祖洽，[3]中領軍。父珣，[4]司徒。

[1]琅邪：郡名。東晉治所在開陽縣（今山東臨沂市北）。
臨沂：縣名。治所在今山東臨沂市東。
[2]導：人名。即王導。《晉書》卷六五有傳。
[3]洽：人名。即王洽。《晉書》卷六五有附傳。
[4]珣：人名。即王珣。《晉書》卷六五有附傳。

　　弘少好學，以清恬知名，與尚書僕射謝混善。弱冠，爲會稽王司馬道子驃騎參軍、主簿。[1]時農務頓息，末役繁興，弘以爲宜建屯田，陳之曰："近面所諮立屯田事，已具簡聖懷。南畝事興，[2]時不可失，宜早督田畯，[3]以要歲功。而府資役單刻，[4]控引無所，雖復屬以重勸，肅以嚴威，適足令囹圄充積，而無救於事實也。伏見南局諸冶，[5]募吏數百，雖資以廩贍，收入甚微。愚謂若回以配農，必功利百倍矣。然軍器所須，不可都廢，今欲留銅官大冶及都邑小冶各一所，[6]重其功課，一准揚州，州之求取，亦當無乏，餘者罷之，以充東作之要。[7]又欲二局田曹，[8]各立典軍募吏，[9]依冶募比例，並聽取山湖人，此皆無損於私，有益於公者也。其中亦應疇量，分判番假，[10]及給廩多少，自可一以委之本曹。親局所統，必當練悉，且近東曹板水曹參軍納之領此任，[11]其人頗有幹能，自足了其事耳。頃年以來，斯務弛廢，田蕪廩虛，實亦由此。弘過蒙飾擢，志輸短效，豈可相與寢默，有懷弗聞邪！至於當否，尊自當裁以遠鑒。若所啓謬允者，伏願便以時施行，庶歲有務農之勤，倉有盈廩之實，禮節之興，可以垂拱待也。"道子欲以爲黃門侍郎，珣以其年少固辭。

[1]會稽王：王爵名。王國在今浙江紹興市，宋時復爲郡。司馬道子：人名。東晋簡文帝子，孝武帝同母弟，專擅朝權。《晋書》卷六四有傳。　驃騎：官名。"驃騎大將軍"或"驃騎將軍"之省稱。驃騎將軍爲重號將軍，僅次於大將軍，高於諸名號大將軍。作爲軍府名號，加授大臣、重要州郡長官，無具體職掌。一、二品。

[2]南畝：本指南北向的田壟。後泛指農田。《詩·豳風·七月》："同我婦子，饁彼南畝"。

[3]田畯：周代農官。掌管監督農民的農事耕作。

[4]資役單刻：役力不足。各本並脱"役"字，中華本據《元龜》卷五〇三補。

[5]南局諸冶：南冶。朝廷冶鑄器物之所，主管官爲南冶令。

[6]銅官：山名。在今安徽銅陵市南。

[7]東作：春耕生產。《尚書·堯典》"寅賓出日，平秩東作。"孔傳："歲起於東，而始就耕，謂之東作。"

[8]田曹：官署名。掌農政、參軍之曹事。　二局：指南局、東局。

[9]典軍：官名。主管營兵。

[10]番假：又作"番休"。輪流休假。

[11]東曹：官署名。典府外官吏，位在西曹下。　水曹：官署名。係主管水利的機構，以行參軍領之。　參軍：行參軍。　納之：人名。其事不詳。

珣頗好積聚，財物布在民間。珣薨，弘悉燔燒券書，一不收責；餘舊業悉以委付諸弟。未免喪，後將軍司馬元顯以爲諮議參軍，[1]加寧遠將軍，知記室事，[2]固辭不就。道子復以爲諮議參軍，加建威將軍，領中兵，[3]又固辭。時內外多難，在喪者皆不終其哀，惟弘固執得免。桓玄剋京邑，[4]收道子付廷尉，[5]臣吏畏恐，莫敢瞻送。弘時尚在喪，獨於道側拜，攀車涕泣，論者稱焉。

[1]後將軍：官名。軍府名號，用作加官。三品。　諮議參軍：官名。王府、相府、公府、位從公府、州、軍府之僚屬，職掌不定，位在列曹參軍上。

[2]記室：官署名。專掌文疏表章。諸王府、公府、將軍府皆置，以參軍主其事。

[3]中兵：官署名。即中兵曹。公、軍府諸曹之一，掌本府親兵。

[4]京邑：建康，在今江蘇南京市。

[5]廷尉：官名。主管詔獄。文武大臣有罪，由其審理收獄。三品。

高祖爲鎮軍，[1]召補諮議參軍。以功封華容縣五等侯。[2]遷琅邪王大司馬從事中郎。[3]出爲寧遠將軍、琅邪內史，尚書吏部郎中，[4]豫章相。盧循寇南康諸郡，[5]弘奔尋陽。[6]高祖復命爲中軍諮議參軍，遷大司馬右長史，轉吳國內史。[7]義熙十一年，徵爲太尉長史，轉左長史。從北征，前鋒已平洛陽，[8]而未遣九錫，[9]弘銜使還京師，諷旨朝廷。時劉穆之掌留任，而旨反從北來，穆之愧懼，發病遂卒。而高祖還彭城，[10]弘領彭城太守。

[1]鎮軍："鎮軍將軍"或"鎮軍大將軍"之省稱。鎮軍將軍，位在鎮軍大將軍下，兩職可並置。主要爲中央軍職，亦可出任地方軍事長官，並領刺史等地方官，兼理民政。二、三品。劉裕時任鎮軍將軍。

[2]華容縣：地名。治所在今湖北監利縣北。

[3]大司馬：官名。八公之一，居三公上、三師下，開府置僚屬，然無具體職司，多作贈官。一品。

[4]尚書吏部郎中：官名。與吏部郎互稱，爲尚書省吏部曹長官，屬吏部尚書。主管官吏選任銓叙調動事務。六品。

[5]盧循：人名。東晋范陽涿縣（今河北涿州市）人。參加孫恩起兵，率孫恩餘部占領廣州，又北上進逼建康，戰敗投水死。《晋書》卷一〇〇有傳。

[6]尋陽：地名。在今江西九江市西南。

[7]吳國：封國名。在今江蘇蘇州市。

[8]洛陽：地名。在今河南洛陽市漢魏故城。

[9]九錫：古代帝王賜給有功或有權勢的諸侯大臣的九種物品。《公羊傳》莊公元年何休注以車馬、衣服、樂則、朱户、納陛、虎賁、弓矢、鐵鉞、秬鬯爲九錫。

[10]彭城：郡名。治所在今江蘇徐州市。

宋國初建，遷尚書僕射領選，太守如故。奏彈謝靈運曰：[1]"臣聞閑厥有家，垂訓《大易》，[2]作威專戮，致誡《周書》。[3]斯典或違，刑兹無赦。世子左衛率康樂縣公謝靈運，[4]力人桂興淫其嬖妾，[5]殺興江涘，棄尸洪流。事發京畿，播聞遐邇。宜加重劾，肅正朝風。案世子左衛率康樂縣公謝靈運過蒙恩獎，頻叨榮授，聞禮知禁，爲日已久。而不能防閑閫閾，[6]致兹紛穢，罔顧憲軌，忿殺自由。此而勿治，典刑將替。請以見事免靈運所居官，上臺削爵土，^[7]收付大理治罪。^[8]御史中丞都亭侯王准之，^[9]顯居要任，邦之司直，風聲噂嗒，曾不彈舉。若知而弗糾，則情法斯撓；如其不知，則尸昧已甚。豈可復預班清階，式是國憲。請免所居官，以俟還散輦中。内臺舊體，不得用風聲舉彈，此事彰赫，曝之朝野，執憲蔑聞，群司循舊，國典即頽，所虧者重。臣弘忝承人乏，位副朝端，若復謹守常科，則終莫之糾正。所以不敢拱默，自同秉彝。違舊之愆，伏須准裁。"高祖令曰："靈運免官而已，餘如奏。端右肅正風軌，^[10]誠副所期，豈拘常儀。自今爲永制。"

[1]謝靈運：人名。陳郡陽夏人。襲封康樂公。著名詩人。本書卷六七有傳。

[2]《大易》：書名。即《周易》。其卷四作"閑有家"。

[3]《周書》：書名。即《尚書》中的《周書》，其《泰誓》篇作"作威殺戮"。

[4]左衛率：官名。領兵宿衛東宮，亦任征伐。　康樂：縣名。治所在今江西萬載縣康樂鎮。　縣公：公爵名。常爲開國縣公之省稱。

[5]力人：有大力氣的人。此指僮僕。　桂興：人名。本書、《南史》各一見，其事不詳。

[6]閫閨：指婦女住處。閫，門檻，指閨門。閨，内室。

[7]上臺：官署名。此處指御史臺。

[8]大理：官署名。主管刑獄的機構。

[9]都亭侯：侯爵名。初封都亭，後無封地。位在鄉侯下。

[10]端右：尚書令僕射或功曹之别稱。

十四年，遷監江州豫州之西陽新蔡二郡諸軍事、撫軍將軍、江州刺史。[1]至州，省賦簡役，百姓安之。永初元年，[2]加散騎常侍。以佐命功，封華容縣公，食邑二千戶。三年，入朝，進號衛將軍、開府儀同三司。

[1]江州：地名。治所於東晉咸康六年（340）徙尋陽（今湖北黃梅縣西南），宋昇明元年（477）徙柴桑（今江西九江市西南）。　豫州：地名。東晉咸和四年（329）僑置，治所無常，義熙年間徙治壽縣（今安徽壽縣）。　西陽：地名。治所在今湖北黃岡市黃州區東。　新蔡：郡名。宋泰始中僑置，治所在今河南固始縣東北。　撫軍將軍：官名。此職與中軍、鎮軍位比四鎮將軍。三品。

[2]永初：宋武帝劉裕年號（420—422）。

高祖因宴集，謂群公曰：“我布衣，始望不至此。”傅亮之徒並撰辭欲盛稱功德。[1]弘率爾對曰：“此所謂天命，求之不可得，推之不可去。”時人稱其簡舉。

[1]傅亮：人名。字季友，北地靈州（今寧夏靈武市）人。本書卷四三有傳。

少帝景平二年，[1]徐羨之等謀廢立，召弘入朝。太祖即位，以定策安社稷，進位司空，[2]封建安郡公，[3]食邑千戶。上表固辭曰：“臣聞趙武稱隨會‘夫子之家事治，言於晉國無隱情’。[4]臣千載幸會，謬荷榮遇，雖以智能虛薄，政績蔑聞，而言無隱情，竊所庶幾。向令天啓其心，預定大策，而名編司勳，功不見紀，固將請不賞之罪，懸龍蛇之書，[5]豈當稽違成命，苟修小節。但無功勤，暴之四海，進闕君子勞心之謀，退微小人勞力之效，而聖朝僭賞於上，愚臣苟忝於下，則爲厚誣當時，永貽口實。竊財之誚，比此爲輕，惟塵盛猷，虧玷爲大，微躬所惜，一朝亦盡，非唯仰塵國紀，實亦俯畏友朋。憂心彌疹，胡顏靡託。且凡人之交，尚申知己，況在明主，可用理干。所以敢遂愚狷，守之以死。”乃見許。加使持節、侍中，[6]改監爲都督，[7]進號車騎大將軍，[8]開府、刺史如故。

[1]景平：宋少帝劉義符年號（423—424）。

[2]司空：官名。三公之一。名譽宰相，多爲大臣加官，無實際職掌。一品。

[3]建安：郡名。郡治建安縣，今福建建甌市。

[4]趙武：人名。春秋時晋卿。　隨會：人名。即士會。春秋時晋大夫，食邑於隨，故稱。後更受范，又稱范武子。　夫子之家事治，言於晋國無隱情：此語出自《左傳》襄公二十七年。

[5]龍蛇之書：隱匿之書。龍蛇比喻隱匿。《易·繫辭下》：“龍蛇之蟄以存身也。”

[6]使持節：魏晋以後，重要軍事長官出征出鎮，加使持節，可誅殺二千石以下官員。遣大臣出巡、祭吊，亦使持節，表示權力和尊崇。

[7]監：官名。魏晋後，除中書、秘書、廷尉等官署設爲主官、屬官外，還有以較高官員監理某地區“諸軍事”者以統兵，是地區軍事長官。或有稱監某州、郡、縣者，即行使州刺史、郡守、縣令的職權。　都督：官名。地方軍政長官，分使持節、持節、假節三種。職權有別。

[8]車騎大將軍：官名。開府置僚屬，不領兵。多加權臣元老，以示尊崇。一品。

　　徐羨之等以廢弒之罪將見誅，弘既非首謀，弟曇首又爲上所親委，[1]事將發，密使報弘。羨之等誅，徵弘爲侍中、司徒、揚州刺史、録尚書。[2]給班劍三十人。[3]上西征謝晦，弘與驃騎彭城王義康居守，[4]入住中書下省，[5]引隊仗出入。司徒府權置參軍。

　　[1]曇首：人名。即王曇首。本書卷六三有傳。
　　[2]録尚書：職銜名。即録尚書事。多以公卿權重者居之，總領尚書省政務。位在三公上。
　　[3]班劍：本指飾有花紋之劍。晉朝代之以木。因其爲虎賁所持，故晉以後成爲隨從侍衛之代稱。且成爲皇帝對功臣之恩賜，亦作爲喪禮時之儀仗。
　　[4]義康：人名。即劉義康。宋武帝子。本書卷六八有傳。
　　[5]中書下省：官署名。中書門下省。中書省，掌納奏擬詔出令之職。

　　五年春，大旱，弘引咎遜位，曰："臣聞三才雖殊，其致則一。故世道休明，五福攸應；政有失德，咎徵必顯。臣抑又聞之，台輔之職，論道讚契，上佐人主，爕理陰陽。位以德授，則和氣淳穆；寇竊非據，則謫見于天。是以陳平有辭，不濫主者之局；[1]邴吉停駕，大懼牛喘之由。[2]斯固有國之所同，天人之遠旨。陛下聖哲御世，光隆中興，[3]宜休徵表祥，醴泉毖涌。[4]而頃陰陽隔并，亢旱成災，秋無嚴霜，冬無積雪，疾厲之氣，彌歷四時。此豈非任失其人，覆餗之咎。[5]臣以庸短，自輩凡流，謬逢嘉運，叨恩在昔。陛下忘其不腆，又重之以今任。正位槐鼎，[6]統理神州，珥貂衣袞，總録朝端，内外要重，頓萃微躬，窮極寵貴，人臣莫比。令德居之，猶或難稱，矧伊陋昧，何以克任。此之易了，不俟明識。但受命之始，屬值時艱，六戎親戒，憂及社稷，誠是臣下致節忘身之時，當有何心，塵撓聖聽。所以僶俛從事，循墙馳驅，志在宣力，慮不及遠。既鯨鯢折首，[7]西夏底定，[8]便宜訴其本懷，避賢謝拙。而常人偷安，日甘一日，實亦仰佩天眷，未能自已。荏苒推遷，忽及三載。遂令負乘之釁，彰著幽明；[9]愆伏之災，患纏氓庶。[10]上缺皇朝緝熙之美，下增官謗覆折之災。伏念惶赧，五情飛散，雖曰厚顔，何以寧處。不遠而復，《大易》攸稱，小懲大戒，細人之福。近復之美，非所敢觖，懲戒之幸，竊懷庶幾。今履端惟始，朝慶禮畢，輒還私門，思愆家巷，庶微塞天譴，少弭謗讟。伏願鑑其所守，即而許之。臨啓愧塞，不自宣盡。”

　　[1]陳平：人名。西漢陽武户牖鄉（今河南原陽縣）人。在楚漢戰争中歸附劉邦，官至丞相。　　不濫主者之局：《史記》卷五六《陳丞相世家》記載：“里中社，平爲宰，分肉食甚均。父老曰：‘善！陳孺子之爲宰！’平曰：‘嗟乎，使平得宰天下，亦如是肉矣。’”

　　[2]邴吉：人名。西漢魯國（今山東曲阜市）人。官至丞相。大懼牛喘之由：邴吉出行，“逢人逐牛，牛喘吐舌。吉止駐，使騎吏問：‘逐牛行幾里矣？’”掾史怪之。吉言：“方春少陽用事，

未可大熱，恐牛近行，用暑故喘，此時氣失節，恐有所傷害也。三公典調和陰陽，職當憂，是以問之。"見《漢書》卷七四《魏相丙吉傳》。

[3]光隆中興：各本並缺"中興"二字，中華本據《元龜》卷三三二補。

[4]醴泉毖涌：甜美的泉水流涌。古時認爲這是吉祥和平的瑞應。典出《論衡·是應》。毖，泉水流淌。

[5]覆餗：比喻因不勝任而敗事。《易·鼎卦》"鼎折足，覆公餗"謂鼎足壞，食物從鼎裏倒出來。

[6]槐鼎：即三槐、鼎足，比喻三公之位。

[7]鯨鯢折首：喻指謝晦破敗。

[8]西夏：指荊州，在京師建康之西，故稱。

[9]負乘：喻小人居於君子之位。　幽明：善惡，賢愚。《尚書·舜典》："三載考績，三考，黜陟幽明。"

[10]愆伏：氣候失常，多指大旱或酷暑。　氓庶：民衆。

先是彭城王義康爲荊州刺史，鎮江陵。平陸令河南成粲與弘書曰：[1]"僕聞軌物設教，必隨時制宜；世代盈虛，亦與之消息。夫勢之所處，非親不居。是以周之宗盟，異姓爲後。[2]權軸之要，任歸二南。[3]斯前代之明謨，當今之顯轍。明公位極台鼎，四海具瞻，劬勞夙夜，義同吐握。[4]而總錄百揆，兼牧畿甸，功實盛大，莫之與儔。天道福謙，宜存挹損。驃騎彭城王道德昭備，上之懿弟，宗本歸源，所應推先，〔宜入秉朝政，翊贊皇猷。竟陵、衡陽春秋已長，又〕宜出據列蕃，齊光魯、衛。[5]明公高枕論道，燮理陰陽，則天下和平，災害不作，福慶與大宋升降，享年與松、喬齊久，[6]名垂萬代，豈不美歟？”弘本有退志，挾粲言，由是固自陳請，乃降爲衛將軍、開府儀同三司。

[1]平陸：縣名。治所在今山東汶上縣西北。　河南：郡名。治所在今河南洛陽市。　成粲：人名。其事不詳。

[2]周之宗盟，異姓爲後：語出《左傳》隱公十一年。滕侯、薛侯來朝，爭長，隱公對薛侯所説的話。

[3]二南：本指《詩經·國風》之《周南》《召南》，此代指周公、召公。

[4]吐握：吐哺握髮。喻禮賢下士。《韓詩外傳》卷三記周公“一沐三握髮，一飲三吐哺，猶恐失天下之士”。

[5]宣入秉朝政，翊贊皇猷。竟陵、衡陽春秋已長，又：諸本皆無，中華本據《建康實録》補。竟陵，指竟陵王劉誕，宋文帝第六子。本書卷七九有傳。衡陽，指衡陽王劉義季，宋武帝子。本書卷六一有傳。　魯、衛：指周代的魯國和衛國，均爲周王宗室。魯國爲周公姬旦子伯禽的封國，衛國爲周武王母弟康叔封的封國。

[6]松、喬：人名。指赤松子與王子喬，傳説中的仙人。

　　六年，弘又上表曰：“臣聞異姓爲後，宗周之明義；[1]親不在外，有國之所先。[2]故魯長滕君，[3]《春秋》所美，楚出棄疾，前史垂誡。[4]矧乃茂親明德，道光一時，述職侯甸，[5]朝政弗及，而以庶族庸陋浮華之臣，超踰先典，居中贊契，豈所以憲章古式，緝熙治道？驃騎將軍臣義康，徽猷淵邈，明德彌劭，敷政江漢，化被荆南，搢紳屬情，想樂當務，周旦之寄，[6]不謀同詞，分陝雖重，[7]比此爲輕。臣實空闇，階恩踰越，俯積素餐，仰玷盛化，公私二三，無一而可。昔孫叔未進，優孟見弨；[8]展季在下，臧文貽譏。[9]況道隆地昵，義兼前禮。臣於古人，無能爲役，負乘竊位，萬物謂何，雖曰厚顏，胡寧以處。斯亡之懼，[10]實疚其心。乞解州録，[11]以允民望。伏願陛下遠存至公，近鑑丹款，俯順朝野，改授親賢。豈唯下臣，獲免大戾，凡厥衆隸，孰不慶幸。若天眷罔已，脫復遲回，請出臣表，逮聞外内，朝議輿誦，[12]或有可擇。”詔曰：“省表，遠擬隆周經國之體，[13]近述《大易》卑牧之志，[14]三復沖旨，良用憮然。公體道淵虛，明識經遠，毗翼艱難，勳猷光茂，俾朕獲辰居垂拱，司契委成。豈容高遜總録，固辭神州，使成務有虧，以重朕之不德邪！深存體國，所望黃亮。驃騎親賢之寄，地均旦、奭，[15]還入内輔，參讚機務，輒敬從所執。”義康由是代弘爲司徒，與之分録。

[1]異姓爲後，宗周之明義：異姓諸侯排在後面，是西周聖明的道義。《左傳》隱公十一年：“周之宗盟，異姓爲後。”

[2]親不在外，有國之所先：《左傳》昭公十一年：“親不在外，羈不在内。”

[3]魯長滕君：事見《左傳》隱公元年。

[4]楚出棄疾：事見《史記》卷四〇《楚世家》。棄疾即楚平王，恭王子、靈王弟。靈王八年，使公子棄疾將兵滅陳。十年，使棄疾定蔡。靈王無道，棄疾入國爲亂。靈王自殺，棄疾爲王。

[5]侯甸：即侯服和甸服，古代近畿之地。

[6]周旦：即周公姬旦，周武王弟。

[7]分陝：西周使周公旦和召公奭分陝而治，周公治其東，召公治其西。陝，今河南陝縣之陝原。

[8]孫叔未進，優孟見弦：此指孫叔敖之子生活困苦，優孟戲諫楚莊王事。典出《史記》卷一二六《滑稽列傳》。孫叔，即孫叔敖，春秋楚國名相。優孟，楚國樂人。滑稽多智，常以談笑諷諫。

[9]展季在下，臧文貽譏：事見《國語·魯語上》。展季，即展禽，又稱季子、柳下季，名獲。春秋時期魯國賢人。臧文，即臧文仲，又稱臧孫。魯國大夫。有海鳥曰"爰居"止於魯東門之外三日，臧文仲使國人祭之，展禽譏之非宜。

[10]斯亡之懼：出自《左傳》成公七年。郤成季文子曰："有上不弔，其誰不受亂。吾亡無日矣。"君子曰："知懼如是，斯不亡矣。"

[11]録：總領。

[12]輿誦：衆人的議論。

[13]隆周：興盛的周朝。

[14]卑牧：即以卑自牧。意謂有謙卑的自我修養。語見《易·謙卦》。

[15]旦奭：周公姬旦和召公姬奭。

弘又表曰："近冒表聞，披陳愚管，實冀天鑒，體其至誠。而奉被還詔，未蒙酬察，徒塵聖覽，仰延優旨，顧影慚惶，罔識攸厝。臣忝荷要重，四載于今。既違前史量力之誡，又微古人進賢之美，尸位固寵，日積官謗，旋觀周行，興愧已厚。況在親賢，朝野歸德，甫思引身，曷云能補，惟塵大典，虧喪已多。不悟天眷之隆，復垂恩獎，名器弗改，蒙寵如舊，愚惑自揆，[1]茫若無涯。臣義康既總録百揆，毗讚盛化，忝厠下風，諮稟有所。內朝細務，庶可免竭，神州任重，望實兼該，臣何人斯，寇竊不已。爲尒推遷，覆敗將及，就無人事之愆，必有陰陽之患。伏念惟憂，痰如疾首，不知何理，可以自安。但成旨已決，渙汗難反，[2]加臣懦劣，少無此志，進不能抗言陳辭，以死自固，退不能重繭置冰，鮮食爲瘠，[3]祇畏天威，遂復俛仰。至於攝督所部，料綜文案，曹局吏役，所須不多，其餘文武，皆爲冗長。相府初建，或有未充，請留職僚同事而已，自此以外，及諸資實，一送司徒。臣受恩深重，休戚是預，義無虛飾，苟自貶損。伏願聖察，特垂許順，不令誠訴，見其抑奪。"[4]上又詔曰："衛軍表如此，[5]司徒宜須事力，可順公雅懷，割二千人配府。資儲不煩事送。"

[1]愚惑自揆：中華本校勘記云："'愚惑'各本並作'感愚'，《永樂大典》卷六八三一作'感恩'，《元龜》三三一作'愚惑'。今據《元龜》改。"

[2]渙汗：比喻帝王發布號令，如汗出於身，不能收回。

[3]重繭置冰，鮮食爲瘠：《左傳》襄公二十一年："重繭衣裘，鮮食而寢。"意爲穿厚棉衣躺在冰上，吃少了會變瘦，喻進退兩難。

[4]見其：各本並作"其見"，中華本據《元龜》卷三三一改正。

[5]衛軍："衛將軍"之省稱。

弘博練治體，留心庶事，斟酌時宜，每存優允。與八座丞郎疏曰：[1]"同伍犯法，無士人不罪之科，然每至詰謫，輒有請訴。若垂恩宥，則法廢不可行；依事糾責，則物以爲苦怨。宜更爲其制，使得優苦之衷也。[2]又主守偷五匹，常偷四十四，並加大辟，[3]議者咸以爲重，宜進主守偷十匹、常偷五十匹死，四十匹降以補兵。既得小寬民命，亦足以有懲也。想各言所懷。”

[1]八座：高級官員的合稱。魏晉至隋用以稱尚書令、左右僕射和五曹尚書爲八座，或尚書令、僕與六曹尚書爲八座。　丞郎：尚書左右丞及六部侍郎、郎中之通稱。

[2]優苦：“優”各本並作“憂”，中華本據《元龜》卷六一五改。

[3]大辟：古代死刑之一。

左丞江奧議：[1]“士人犯盜贓不及棄市者，[2]刑竟，自在贓汙淫盜之目，清議終身，[3]經赦不原。當之者足以塞愆，聞之者足以鑒誡。若復雷同群小，謫以兵役，愚謂爲苦。符伍雖比屋鄰居，[4]至於士庶之際，實自天隔，舍藏之罪，無以相關。奴客與符伍交接，有所藏蔽，可以得知，是以罪及奴客。自是客身犯愆，非代郎主受罪也。如其無奴，則不應坐。”

[1]江奧：人名。本書、《南齊書》各一見，其事不詳。

[2]棄市：古代死刑之一。

[3]清議：指名流對當代政治或人物的評論。晉朝士人遭清議則受禁錮。

[4]符伍：即閭伍。因閭伍中有傳符（傳遞公文）任務，而士人在閭里中不傳符，稱爲押符。故閭里又稱符伍。

右丞孔默之議：[1]“君子小人，既雜爲符伍，不得不以相檢爲義。士庶雖殊，而理有聞察。譬百司居上，所以下不必躬親而後同坐。是故犯違之日，理自相關。[2]今罪其養子、典計者，[3]蓋義存戮僕。如此，則無奴之室，豈得宴安。但既云復士，[4]宜令輸贖。常盜四十匹，主守五匹，降死補兵。雖大存寬惠，以紓民命，然官及二千石及失節士大夫，時有犯者，罪乃可戮，恐不可以補兵也。謂此制可施小人，士人自還用舊律。”

[1]孔默之：人名。魯國人，曾任廣州刺史。

[2]理自相關：各本並脫“相”字，中華本據《元龜》卷六一五補。

[3]養子：收養的孩子，地位如家生奴，但與主人有很強的依附關係。　典計：士族的財務主管。

[4]復士：有復除租役特權的士人。

尚書王准之議：[1]“昔爲山陰令，[2]士人在伍，謂之押符。同伍有愆，得不及坐，士人有罪，符伍糾之。此非士庶殊制，實使即刑當罪耳。夫束脩之胄，[3]與小人隔絕，防檢無方，宜及不逞之士，事接群細，既同符伍，故使糾之。于時行此，非唯一處。左丞議奴客與鄰伍相關，可得檢察，符中有犯，使及刑坐。即事而求，有乖實理。有奴客者，類多使役，東西分散，住家者少。其有停者，左右驅馳，動止所須，出門甚寡，典計者在家十無其一。奴客坐伍，濫刑必衆，恐非立法當罪本旨。右丞議士人犯偷，不及大辟者，宥補兵。雖欲弘士，懼無以懲邪。乘理則君子，違之則小人。制嚴於上，猶冒犯之，以其宥科，犯者或衆。使畏法革心，[4]

乃所以大宥也。且士庶異制，意所不同。

[1]尚書：官名。時已出爲朝官，分掌尚書省諸曹，品秩提高，成爲行政官員。三品。　王准之：人名。琅邪臨沂人。本書卷六〇有傳。

[2]山陰：縣名。治所在今浙江紹興市。

[3]束脩之胄：有文化修養士人的後代。

[4]畏法革心："革"各本並作"其"，中華本據《元龜》卷六一五改。

　　殿中郎謝元議謂：[1]"事必先正其本，[2]然後其末可理。本所以押士大夫於符伍者，所以檢小人邪？[3]爲使受檢於小人邪[4]？案左丞稱士庶天隔，[5]則士無弘庶之由，以不知而押之於伍，則是受檢於小人也。然則小人有罪，士人無事，僕隸何罪，而令坐之。若以實相交關，責其聞察，[6]則意有未因。何者？名實殊章，公私異令，奴不押符，是無名也，民乏貲財，是私賤也。以私賤無名之人，豫公家有實之任，公私混淆，名實非允。由此而言，謂不宜坐。還從其主，於事爲宜。無奴之士，不在此例。若士人本檢小人，則小人有過，已應獲罪，而其奴則義歸戮僕，然則無奴之士，未合宴安，使之輸贖，於事非謬。二科所附，惟制之本耳。此自是辯章二本，欲使各從其分。至於求之管見，宜附前科，區別士庶，於義爲美。盜制，按左丞議，士人既終不爲兵革，幸可同寬宥之惠，不必依舊律，於議咸允。"

[1]殿中郎：官名。即殿中郎將。爲尚書省殿中曹長官之通稱。

謝元：人名。陳郡陽夏人。曾任尚書左丞。本書卷六四有附傳。

[2]事必先正其本：“事必先正”四字，宋本空格，弘治本、北監本、毛本、殿本、局本作“宜先治”三字，中華本據《元龜》卷六一五補。

[3]本所以押士大夫於符伍者，所以檢小人邪：“押”各本並作“探”，中華本據《元龜》卷六一五改。“伍者所”三字，宋本殘葉空白，弘治本、北監本、毛本、殿本、局本作“而末所”三字，中華本據《元龜》卷六一五補。

[4]爲使受檢於小人邪：“爲”宋本殘葉空白，弘治本、北監本、毛本、殿本、局本作“可”字，中華本據《元龜》卷六一五補改。

[5]案左丞稱：此四字宋本殘葉空白，弘治本、北監本、毛本、殿本、局本作“士犯作奴是”五字，中華本據《元龜》卷六一五補改。

[6]責其聞察：“責”各本並作“責”，中華本據《元龜》卷六一五改。

吏部郎何尚之議：[1]“按孔右丞議，士人坐符伍爲罪，有奴罪奴，無奴輸贖。既許士庶緬隔，則聞察自難，不宜以難知之事，定以必知之法。夫有奴不賢，無奴不必不賢。今多僮者傲然於王憲，無僕者怵迫於時網，是爲恩之所霑，恒在程、卓，[2]法之所設，必加顏、原，[3]求之鄙懷，竊所未愜。謝殿中謂奴不隨主，於名分不明，誠是有理。然奴僕實與閭里相關，今都不問，恐有所失。意同左丞議。”

[1]吏部郎：官名。尚書省吏部曹長官通稱。六品。　何尚之：人名。字彥德，廬江灊（今安徽霍山縣）人。本書卷六六有傳。

　　〔2〕程、卓：指漢代蜀郡程鄭和卓氏，二家均以冶鑄致富。此代指豪富之家。事見《漢書》卷九一《貨殖傳》。

　　〔3〕顏、原：指春秋時期孔丘弟子顏淵和原憲，二人皆安貧樂道。此代指貧賤之家。事見《史記》卷六七《仲尼弟子列傳》。

　　弘議曰：“尋律令既不分別士庶，又士人坐同伍罷謫者，無處無之，多為時恩所宥，故不盡親謫耳。吳及義興適有許、陸之徒，[1]以同符合給，二千石論啓丹書。[2]己未間，[3]會稽士人云十數年前，亦有四族坐此被責，以時恩獲停。而王尚書云人舊無同伍坐，所未之解。恐莅任之日，偶不值此事故邪。聖明御世，士人誠不憂至苦，然要須臨事論通，上干天聽為紛擾，不如近為定科，使輕重有節也。又尋甲符制，[4]躅士人不傳符耳，令史復除，亦得如之。共相押領，有違糾列，了無等衰，非許士人閭里之外也。諸議云士庶緬絶，不相參知，則士人犯法，庶民得不知。若庶民不許不知，何許士人不知。小民自非超然簡獨，永絶塵粃者，比門接棟，小以為意，終自聞知，不必須日夕來往也。右丞百司之言，粗是其況。如袤陵士人，實與里巷關接，[5]相知情狀，乃當於冠帶小民。今謂之士人，便無小人之坐；署為小民，輒受士人之罰。於情於法，不其頗歟？且都令不及士流，士流為輕，則小人令使徵預其罰，便事至相糾，閭伍之防，亦為不同。謂士人可不受同伍之謫耳，罪其奴客，庸何傷邪？無奴客，可令輸贖，又或無奴僮為衆所明者，官長二千石便當親臨列上，依事遣判。又主偷五匹，常偷四十四，[6]謂應見優量者，實以小吏無知，臨財易昧，或由疏慢，事蹈重科，求之於心，常有可愍，故欲小進匹數，寬其性命耳。至於官長以上，荷蒙祿榮，付以局任，當正己明憲，檢下防非，而親犯科律，亂法冒利，五匹乃已爲弘矣。士人無私相偷四十匹理，就使至此，致以明罰，固其宜耳，並何容復加哀矜。且此輩士人，可殺不可譎，有如諸論，本意自不在此也。近聞之道路，聊欲共論，不呼乃爾難精。既衆議糾紛，將不如其已。若呼不應停寢，謂宜集議奏聞，決之聖旨。"太祖詔："衛軍議爲允。"

[1]義興：郡名。治所在今江蘇宜興市。　許、陸之徒：其人其事皆不詳。

[2]二千石：官秩等級。因所得俸祿以米穀爲準，故以"石"名之。宋太子太傅（三品）、太子詹事（三品）、州牧、太守、五營校尉等爲二千石。自漢朝至魏晉南北朝，二千石亦作州牧、郡守、國相以及地位與之相當的中央高級官員的泛稱。　丹書：罪人名册。古用丹筆書寫，故稱。亦爲帝王頒發給功臣的一種證件。

[3]己未間：干支紀年。晉恭帝元熙元年（419）。

[4]甲符制："甲"乃"押"之訛，即前文之押符制。

[5]關接：有關係有接觸。"接"宋本殘葉空白，弘治本、北監本、毛本、殿本、局本作"通"，中華本據《元龜》卷六一五補改。

[6]又主偷五匹，常偷四十匹：各本並作"偷五匹，四十匹"，中華本據《南史》訂補。

弘又上言："舊制，民年十三半役，十六全役。當以十三以上，能自營私及公，故以充役。而考之見事，猶或未盡。體有强弱，不皆稱年。且在家自隨，力所能堪，不容過苦。移之公役，動有定科，循吏隱恤，可無其患，庸宰守常，已有勤劇，況值苛政，豈可稱言。乃有務在豐役，增進年齒，孤遠貧弱，其敝尤深。至令依寄無所，生死靡告，一身之切，逃竄求免，家人遠討，胎孕不育，巧避羅憲，實亦由之。今皇化惟新，四方無事，役召之宜，[1]應存乎消息。[2]十五至十六，宜爲半丁。十七爲全丁。"[3]從之。

[1]役召之宜：各本並脱"宜"字，中華本據《通典・食貨典》、《元龜》卷四八六補。

[2]消息：變化。孔融《肉刑議》："上失其道，民散久矣，而欲繩之以古刑，投之以殘棄，非所以與時消息也。"

[3]十七爲全丁：各本並脱"丁"字，中華本據《南史》《通典・食貨典》、《元龜》卷四八六補。

其後弘寢疾，弘表屢乞骸骨，上輒優詔不許。九年，進位太保，[1]領中書監，[2]餘如故。其年，薨。[3]時年五十四。即贈太保、中書監，給節，加羽葆、鼓吹，[4]增班劍爲六十人，侍中、録尚書、刺史如故。謐曰文昭公。[5]配食高祖廟廷。其年，詔曰："乃者三逆煽禍，[6]實繁有徒，爰初遵養，暨于明罰，外虞内慮，實惟艱難。故太保華容縣公弘、故衛將軍華、故左光禄大夫曇首，[7]抱義懷忠，乃情同至，籌謀廟堂，竭盡智力，經綸夷險，[8]簡自朕心。國恥既雪，允膺茅土，而並執謙挹，志不命蹈，故用佇朝典，將有後命。盛業不究，

相係殞落，永懷傷嘆，痛恨無已。弘可增封千户。華、
曇首封開國縣侯，食邑各千户。護軍將軍建昌公彦
之，[9]深誠密謨，比蹤齊望，[10]其復先食邑，以酬忠
勳。”又詔：“聞王太保家便已匱乏，清約之美，同規古
人。言念始終，情增淒嘆。可賜錢百萬，米千斛。”

[1]太保：官名。與太宰、太傅並爲上公。一品。多用作贈官，
用以安置元老勳舊大臣，無職掌。

[2]中書監：官名。爲中書省長官之一，多用作重臣加官。
三品。

[3]其年，薨：據本書卷五《文帝紀》，王弘卒於元嘉九年
（432）五月壬申。

[4]羽葆：儀仗名。以鳥羽爲飾者。　鼓吹：樂隊。

[5]文昭公：按《謚法》：“愍民惠禮曰文。”“道德博聞曰文。”
“昭德有勞曰昭。”“容儀恭美曰昭。”

[6]三逆：指徐羨之、傅亮、謝晦，事見各自本傳及本書卷五
《文帝紀》。

[7]華：人名。即王華。琅邪臨沂人。本書卷六三有傳。

[8]經綸夷險：宋本殘葉作“經□□險”，弘治本、北監本、
毛本、殿本作“經營艱險”，中華本據《元龜》卷三一八改。所引
出處作“二一八”，誤，應爲“三一八”。

[9]護軍將軍：官名。掌護京師以外諸軍。　建昌：縣名。治
所在今江西永修縣艾城。　彦之：人名。即到彦之。彭城武原（今
江蘇邳州市）人，曾率宋軍北伐。《南史》卷二五有傳。

[10]齊望：即西周初輔佐周王的姜尚，封爲齊太公。初周文王
得之渭濱，云：“吾先君太公望子久矣！”故號太公望。

　　世祖大明五年，車駕遊幸，經弘墓。下詔曰：“故

侍中、中書監、太保、録尚書事、揚州刺史華容文昭公弘，德猷光劭，鑒識明遠。故散騎常侍、左光禄大夫、太子詹事豫寧文侯曇首，[1] 夙尚恬素，理心貞正。並綢繆先眷，契闊屯夷，內亮王道，外流徽譽。以國圖令勳，民思茂惠。朕薄巡都外，瞻覽墳塋，永言想慨，良深于懷。便可遣使致祭墓所。"

[1]左光禄大夫：官名。作爲在朝顯職的加官，以示優崇，或授予年老有病者爲致仕之官，亦常用作卒後贈官。無職掌。二品。

太子詹事：官名。掌東宮內外庶務，爲東宮官屬之首領。三品。

豫寧：縣名。治所在今江西武寧縣西。各本並作"豫章"，中華本據本書卷六三《王曇首傳》改。按本書《州郡志》有豫寧縣，無豫章縣。

弘明敏有思致，既以民望所宗，造次必存禮法，凡動止施爲，及書翰儀體，後人皆依倣之，謂爲王太保家法。雖歷任藩輔，[1] 不營財利，薨亡之後，家無餘業。而輕率少威儀，性又褊隘，人忤意者，輒面加責辱。少時嘗摴蒲公城子野舍，[2] 及後當權，有人就弘求縣，辭訴頗切。此人嘗以蒲戲得罪，弘詰之曰："君得錢會戲，何用禄爲！"答曰："不審公城子野何在？"弘默然。

[1]藩輔：各本並作"藩翰"，中華本據《南史》改。

[2]摴蒲：古代博戲，以擲骰決勝負，得彩有盧、雉、犢、白等名目，其術久失傳。後爲擲骰之泛稱。　公城子野：人名。本書僅此一見。

子錫嗣。少以宰相子，起家爲員外散騎，[1]歷清職，[2]中書郎，太子左衞率，江夏内史。[3]高自位遇。太尉江夏王義恭當朝，[4]錫箕踞大坐，殆無推敬。卒官。子僧亮嗣。齊受禪，降爵爲侯，食邑五百户。弘少子僧達，别有傳。

[1]員外散騎：官名。員外散騎侍郎之簡稱。屬散騎省。初多以公族、功臣子充任，爲閑散之職。常用以安置閑退人員、衰老之士。

[2]清職：清高、閑散、體面的職位，是門閥士族子弟入仕的特選。

[3]中書郎：官名。爲中書通事郎、中書侍郎的省稱。　江夏：地名。郡國治夏口，今湖北武漢市武昌區。

[4]義恭：人名。即劉義恭。宋武帝劉裕子。本書卷六一有傳。

弘弟虞，廷尉卿。[1]虞子深，有美名，官至新安太守。[2]虞弟抑，光禄大夫。抑弟孺，侍中。孺弟曇首，别有傳。

[1]廷尉卿：官名。爲廷尉之尊稱。掌獄案，爲主司法之長官。三品。

[2]新安：郡名。治在今浙江淳安縣西北。

弘從父弟練，晋中書令珉子也。[1]元嘉中，歷顯官，侍中，度支尚書。[2]練子釗，世祖大明中，亦經清職，黄門郎，臨海王子頊、晋安王子勛征虜、前軍長史，[3]左民尚書。[4]太宗初，[5]爲司徒左長史。隨司徒建安王休

仁出赭圻，[6]時居母憂，加冠軍將軍。[7]忤犯休仁，出爲
始興相。[8]休仁恚之不已，太宗乃收付廷尉。賜死。

[1]珉：人名。即王珉。字季琰，琅邪臨沂人。王導孫。《晋
書》卷六五有傳。

[2]度支尚書：官名。尚書省度支曹長官，掌會計軍國財用。
三品。

[3]臨海王：王爵名。王國在今浙江臨海市東南章安鎮。　子
頊：人名。即劉子頊。字孝列，宋孝武帝第七子。本書卷八〇有
傳。　晋安王：王爵名。王國在今福建福州市。

[4]左民尚書：官名。尚書省左民曹長官。掌修繕功作，鹽池
園苑等土木工程。

[5]太宗：宋明帝劉彧廟號。

[6]休仁：人名。即劉休仁。宋文帝第十二子。本書卷七二有
傳。　赭圻：城名。在今安徽繁昌縣西北長江南岸。

[7]冠軍將軍：官名。將軍名號。三品。

[8]始興相：官名。始興王國行政長官，職務相當於郡守。

史臣曰：晋綱弛紊，其漸有由，孝武守文於上，化
不下及，道子昏德居宗，憲章墜矣。重之以國寶啓
亂，[1]加之以元顯嗣虐，而祖宗之遺典，群公之舊章，
莫不葉散冰離，掃地盡矣。主威不樹，臣道專行，國典
人殊，朝綱家異，編户之命，竭於豪門，王府之蓄，變
爲私藏。由是禍基東妖，[2]難結天下，蕩蕩然王道不絶
者若綖。高祖一朝創義，事屬橫流，改亂章，布平道，
尊主卑臣之義，定於馬棰之間。[3]威令一施，内外從禁，
以建武、永平之風，[4]變太元、隆安之俗，[5]此蓋文宣公

之爲也。爲一代宗臣，配饗清廟，豈徒然哉！

[1]國寶：人名。即王國寶。太原晋陽（今山西太原市）人。
與司馬道子共亂朝政，謀除王恭兵權，王恭起兵反抗。《晋書》卷
七五有附傳。

[2]東妖：孫恩、盧循起兵反晋，因以天師道聚衆起兵東土，
故稱。

[3]馬箠：馬杖，馬鞭，指揮棒。《史記》卷九九《劉敬叔孫
通列傳》：“太王以狄伐故，去豳，杖馬箠居岐，國人爭隨之。”

[4]建武：漢光武帝劉秀年號（25—56）。 永平：漢明帝劉
莊年號（58—75）。

[5]太元：晋孝武帝司馬曜年號（376—396）。 隆安：晋安
帝司馬德宗年號（397—401）。